데이터 과학자가 되는
핵심 기술

KB037163

Korean edition copyright ⓒ 2018 by acorn publishing Co. All rights reserved.

Copyright ⓒ Packt Publishing 2016.
First published in the English language under the title
'Principles of Data Science - (9781785887918)'

이 책은 Packt Publishing과 에이콘출판㈜가 정식 계약하여 번역한 책이므로
이 책의 일부나 전체 내용을 무단으로 복사, 복제, 전재하는 것은 저작권법에 저촉됩니다.

데이터 과학자가 되는 핵심 기술

데이터 분석에 필요한 수학, 통계, 프로그래밍의 기본

시난 오즈데미르 지음

유동하 옮김

Packt>   i!i
         에이콘

| 지은이 소개 |

시난 오즈데미르 Sinan Ozdemir

데이터 과학자이고, 스타트업 창업자이자 교육자다. 샌프란시스코 베이 지역에서 강아지 찰리와 고양이 유클리드, 수염 난 도마뱀 피에로와 함께 살고 있다. 존스홉킨스대학교에서 순수 수학을 공부하면서 학업을 시작했다. 존스홉킨스대학교와 주의회에서 수년간 데이터 과학을 강의했다. 이후에는 인공 지능 및 데이터 과학을 사용하는 스타트업(Legion Analytics)을 설립해 기업의 영업 팀을 지원하고 있다.

와이콤비네이터 Y Combinator 액셀러레이터에서 연구원 생활을 마친 후 빠르게 성장하고 있는 자신의 회사에서 대부분 시간을 보내고, 데이터 과학을 위한 교육 자료를 만들고 있다.

존스홉킨스대학교의 팸 셰프 박사(Dr. Pam Sheff)와 대학 리더십 동아리 Sigma Chi의 지도교수인 네이선 닐(Nathan Neal)을 비롯해 주변의 여러 멘토와 그 동안 지지해준 부모님과 누나에게 감사드린다.
데이터 과학의 원리와 이 분야가 앞으로의 모든 삶에 어떻게 영향을 미칠지에 대해 공유하도록 기회를 준 팩트출판사에 감사드린다.

| 기술 감수자 소개 |

사미르 매드하반^{Samir Madhavan}

업계에서 6년 이상의 풍부한 데이터 과학 경험을 보유하고 있으며, 『Mastering Python for Data Science』(packt, 2005)라는 책을 썼다. 마인드트리^{Mindtree}에서 경력을 시작했으며, 인도의 사회보장번호와 동일한 아드하르^{Aadhar}라는 UID^{Unique Identification} 프로젝트의 사기 탐지 알고리즘 팀의 일원이었다. 그 후 Flutura Decision Sciences & Analytic에 첫 직원으로 영입돼 100명이 넘는 조직으로 회사를 키운 핵심 멤버로 활동했다. Flutura의 일원으로 회사 내에서 빅데이터와 머신 러닝 실행 업무를 수립하고, 비즈니스 개발에도 도움을 줬다. 현재 Zapprx라는 보스톤 소재 제약 기술 회사의 분석 팀을 이끌며, 데이터 기반으로 제품을 만들어 고객에게 판매할 수 있게 도움을 주고 있다.

올렉 오쿤^{Oleg Okun}

머신 러닝 전문가며 4권의 책과 수많은 저널 기사 및 학회 논문의 저자/편집자다. 25년 이상의 경력으로, 모국인 벨라루스와 해외(핀란드, 스웨덴, 독일)의 학계와 산업 분야에서 모두 일했다. 문서 이미지 분석, 지문 생체 인식, 생물 정보학, 온라인/오프라인 마케팅 분석, 신용 점수 분석 등의 업무를 수행했다.

분산 머신 러닝과 인터넷의 모든 측면에 관심이 있다. 현재 독일 함부르크에서 거주하며 일하고 있다.

부모님께서 나에게 해주신 모든 것에 깊은 감사를 드린다.

| 옮긴이 소개|

유동하(dongha.yoo@gmail.com)

디지털 분석 기업인 넷스루^{NETHRU}에서 전략 기획을 담당하며, 서울과학종합대학원 ^{aSSIST} 빅데이터 MBA 과정에서 웹 마이닝 과목을 가르치고 있다. 한국외국어대학교 경영대학원 경영정보학과에서 웹 마이닝을 가르쳤고, 이 밖에도 한국방송통신대학교에서 인터넷 마케팅, 네이버 사내 강의와 네이버 검색 광고주 대상으로 웹 분석과 관련된 강의를 했다.

국내외 게임 회사와 인터넷 쇼핑몰, 금융권, 공공기관 등의 웹 분석 프로젝트를 수행했다. 월간 마이크로소프트웨어에 데이터 마이닝과 웹 마이닝 주제로 강좌를 연재했고, 네이버 키워드 스퀘어에 인터넷 광고 측정에 관한 칼럼을 쓰기도 했다.

| 옮긴이의 말 |

구글에서 'Data Science'로 검색하면 약 7천만 건의 결과가 나오고, '데이터 과학'으로 검색하면 70만 건의 한국어 검색 결과가 나온다. 데이터 과학 분야가 자리를 잡아가고 있음을 보여주는 유의미한 숫자다.

데이터 과학은 이미 오래전부터 통계, 수학, 프로그래밍 분야에서 존재해 왔다. 과거 '데이터 과학'은 그리 많지 않은 데이터 속에서 분야별로 추구하는 목적과 접근 방법이 달랐다면 요즘은 잠자기 전까지도 손을 떼지 못하게 만드는 모바일 디지털 환경과 매순간을 알리고 싶은 소셜 미디어 유저들의 활동으로 인해 기하급수적으로 늘어난 데이터를 과학적으로 해석하려는 것을 아우르는 개념이 '데이터 과학'이다.

이 책은 데이터 과학에서 통계, 수학, R과 파이썬 같은 프로그램을 왜 공부해야 하는지 확실히 알려준다. 데이터를 수집해서 정제하고, 유형을 살펴서 분석하고, 해석까지 필요한 원리를 복합적으로 다룬다. 꼭 필요한 최소한의 수학적 개념을 소개하지만, 수학 울렁증이 있는 사람도 쉽게 읽을 수 있다. 이 책을 읽고 나면 등한시했던 확률을 중심으로 수학과 통계를 재정립할 수 있다.

또한 데이터 과학의 원리를 전달하려는 이 책의 기본적 취지에 맞게 통계나 수학적 수식이 형성되는 개념도 설명해준다. 목적을 이해하고 원리를 알면 수식을 무작정 외울 필요가 없다는 것을 깨닫게 된다.

그리고 원리를 실행으로 옮겨 보기 위해 파이썬으로 실습할 수 있게 했다. 정확히 말하면 데이터 과학에 필요한 기본적인 파이썬 모듈을 익히게 된다. 프로그래밍을 잘 몰라도 파이썬 코드를 이해하기 쉽도록 기술했다. 읽어 갈수록 어렵다면 파이썬 내장 함수 구문을 따라 하기만 해도 된다. 핵심은 파이썬의 출력 결과를 정확히 해석하는 것이다.

단순히 통계 용어 풀이가 아니라, 다양한 예제를 통해 여러 관점에서 통계를 적용하는 안목을 키울 수 있다. 특히 현실적인 경험을 예제로 다루기 때문에 이해가 쉽고 나중에 응용하기에도 유리하다. 머신 러닝을 알게 되고 실습을 따라 해보면 딥러닝과 텐서플로도 엿볼 수 있다. 여러 가지 재미있는 예제도 많다. 안면 인식, 필체 감지, 트윗으로 주가 예측, 심지어 배우자의 외도를 예측하는 모델도 다룬다.

궁극적으로 이 책은 데이터 과학을 위해 기초 수학과 통계가 어떻게 연결돼 있는지 비밀을 푸는 열쇠를 제공한다.

이제 책을 펼쳐서 열쇠를 찾아보자!

| 차례 |

| 들어가며 |

이 책의 주제는 데이터 과학이다. 데이터 과학은 지난 수십 년 동안 빠르게 성장해 온 연구 및 응용 분야로, 점점 커져가는 미디어 시장과 직업 시장에서 많은 주목을 받고 있다. 최근 미국은 최초의 수석 데이터 과학자로 DJ 파틸[Patil]을 임명했다. 솔직히 말하면 이러한 움직임은 대대적으로 데이터 팀을 채용하기 시작한 기술 회사를 모델로 한 것이다. 데이터 과학 기술은 수요가 많고 응용 분야는 오늘날의 직업 시장보다 훨씬 더 범위가 확장되고 있다.

이 책은 수학/프로그래밍/도메인 전문 지식 간의 격차를 줄이려고 한다. 오늘날 대부분의 사람은 그중 적어도 한 가지(아마도 두 가지)의 전문 지식을 보유하고 있지만, 바람직한 데이터 과학은 세 가지 모두 조금씩 필요하다. 우리는 세 가지 영역의 주제로 뛰어들어 복잡한 문제를 해결할 것이다. 또한 과학적이고 정확한 결론을 도출하기 위해 데이터를 정제하고 탐색하고 분석할 것이다. 복잡한 데이터 작업을 해결하기 위해 머신 러닝과 딥러닝 기술이 적용될 것이다.

▌ 이 책의 구성

1장, 데이터 과학자처럼 말하는 방법에서는 데이터 과학자가 사용하는 기본 용어를 소개하고, 이 책 전반에 걸쳐 해결할 문제의 유형을 살펴본다.

2장, 데이터 유형에서는 데이터의 다양한 수준과 유형 및 각 유형을 조작하는 방법을 살펴보면서 데이터 과학에 필요한 수학을 다루기 시작한다.

3장, 데이터 과학의 다섯 단계에서는 데이터 조작 및 정제를 비롯해 데이터 과학을 수행하는 다섯 가지 기본 단계를 알아보고, 각 단계의 예를 자세히 보여준다.

4장, 기초 수학에서는 미적분, 선형 대수 등의 예를 살펴보고 해결함으로써 데이터 과학자의 행동을 안내하는 기본 수학 원리를 발견할 수 있다.

5장, 확률의 기초와 원리에서는 초보자의 시각으로 확률 이론을 살펴보고, 무작위 세상을 이해하는 데 확률이 어떻게 사용되는지 설명한다.

6장, 고급 확률에서는 앞에서 살펴본 원리를 사용하고 세상의 숨겨진 의미를 밝히기 위해 베이즈 정리 같은 원리를 소개하고 적용한다.

7장, 기초 통계에서는 통계적 추론이 실험의 기본, 표준화, 무작위 표본 추출을 사용해서 설명하려는 문제 유형을 다룬다.

8장, 고급 통계에서는 가설 검정과 신뢰 구간을 사용해 실험으로부터 통찰력을 얻는다. 적절한 검정 방법을 선택하고, p-값과 다른 결과를 해석하는 것은 매우 중요하다.

9장, 데이터 의미 전달에서는 상관관계와 인과관계가 데이터 해석에 어떻게 영향을 주는지 설명한다. 또한 결과를 공유할 수 있도록 시각화를 사용한다.

10장, 머신 러닝 요점에서는 머신 러닝의 정의에 중점을 두고 머신 러닝이 언제 어떻게 적용되는지에 대한 실제 사례를 살펴본다. 모델 평가의 타당성에 대한 기본적인 지식도 소개한다.

11장, 의사 결정 트리에서 자라는 예측에서는 좀 더 복잡한 데이터 관련 작업을 해결하기 위해 의사 결정 트리 및 베이지안 기반 예측과 같은 좀 더 복잡한 머신 러닝 모델을 살펴본다.

12장, 필수 요소를 넘어서에서는 편향과 분산을 포함해 데이터 과학을 안내하는 신비한 힘을 소개한다. 신경망은 현대의 딥러닝 기술로 소개한다.

13장, 사례 연구에서는 다수의 사례 연구를 통해 데이터 과학의 아이디어를 확고히 한다. 주가 예측 및 필체 감지를 비롯해 여러 가지 예를 통해 전체 데이터 과학의 작업 흐름을 처음부터 끝까지 여러 번 따라갈 것이다.

▌ 준비 사항

이 책은 파이썬을 사용해 모든 코드 예제를 완성한다. 파이썬 2.7이 설치된 유닉스 계열 터미널에 액세스할 수 있는 컴퓨터(Linux/Mac/Windows)가 필요하다. 아나콘다^{Anaconda} 배포판에는 예제에 사용된 대부분의 패키지가 포함돼 있으므로 설치를 권장한다.

▌ 이 책의 대상 독자

이 책은 모든 도메인에 대한 데이터 과학의 기본 업무를 이해하고 활용하고자 하는 사람들을 위한 책이다.

기본 수학(대수, 아마도 확률)을 잘 알고 있어야 하며, 의사 코드뿐만 아니라 R/파이썬의 코드 조각을 읽기 편해야 한다. 데이터 분야의 작업 경험은 없어도 된다. 그러나 이 책에서 제시한 기술을 배워서 자신들의 데이터셋이나 제공된 데이터셋에 적용하려는 열정은 있어야 한다.

▌ 편집 규약

이 책에서는 다른 종류의 정보를 구분하기 위해 여러 글꼴 스타일을 사용한다. 여기서 각 스타일에 대한 예시와 의미를 설명한다. 문장 중에 사용된 코드, 데이터베이스 테이블 이름, 사용자 입력, 트위터 핸들^{Twitter Handle}은 다음과 같이 표기한다.

"이 연산자의 경우 boolean 데이터 유형이라는 점을 명심하자."

코드 블록은 다음과 같이 표기한다.

```
tweet = "RT @j_o_n_dnger: $TWTR now top holding for
        Andor, unseating $AAPL"

words_in_tweet = first_tweet.split(' ') # list of words in tweet
```

코드 블록의 특정 부분에 주의를 기울이려는 경우 관련 줄이나 항목을 굵게 표기
한다.

```
for word in words_in_tweet:          # for each word in list
    if "$" in word:                  # if word has a "cashtag"
    print "THIS TWEET IS ABOUT", word # alert the user
```

 경고나 중요한 내용은 이와 같이 나타낸다.

 팁이나 요령은 이와 같이 나타낸다.

▌독자 의견

독자로부터의 피드백은 항상 환영한다. 이 책에 대해 무엇이 좋았는지 또는 좋지
않았는지 소감을 알려주길 바란다. 독자 피드백은 앞으로 더 좋은 책을 발행하는
데 매우 중요하다.

일반적인 피드백을 우리에게 보낼 때는 간단하게 feedback@packtpub.com으로 이메일을 보내면 되고, 메시지의 제목에 책 이름을 적으면 된다.

여러분이 전문 지식을 가진 주제가 있고, 책을 내거나 책을 만드는 데 기여하고 싶다면 www.packtpub.com/authors에서 저자 가이드를 참고하길 바란다.

▌ 고객 지원

팩트출판사의 구매자가 된 독자에게 도움이 되는 몇 가지를 제공하고자 한다.

예제 코드 다운로드

이 책에 사용된 예제 코드는 http://www.packtpub.com의 계정을 통해 다운로드할 수 있다. 다른 곳에서 구매한 경우에는 http://www.packtpub.com/support를 방문해 등록하면 파일을 이메일로 직접 받을 수 있다.

코드를 다운로드하려면 다음과 같이 한다.

1. 팩트출판사 웹사이트(http://www.packtpub.com)에서 이메일 주소와 암호를 이용해 로그인하거나 계정을 등록한다.
2. 맨 위에 있는 SUPPORT 탭으로 마우스 포인터를 이동한다.
3. Code Downloads & Errata 항목을 클릭한다.
4. Search 입력란에 책 이름을 입력한다.
5. 코드 파일을 다운로드하려는 책을 선택한다.
6. 드롭다운 메뉴에서 이 책을 구매한 위치를 선택한다.
7. Code Download 항목을 클릭한다.

파일을 다운로드한 후에는 다음과 같은 압축 프로그램의 최신 버전을 이용해 파일의 압축을 해제한다.

- **윈도우** WinRAR, 7-Zip
- **맥** Zipeg, iZip, UnRarX
- **리눅스** 7-Zip, PeaZip

이 책을 위한 코드 번들은 깃허브 https://github.com/PacktPublishing/Principles-of-Data-Science에서도 제공된다.

다음 주소에서 팩트출판사의 다른 책과 동영상 강좌의 코드도 다운로드할 수 있다.

https://github.com/PacktPublishing

에이콘출판사의 도서정보 페이지인 http://www.acornpub.co.kr/book/principle-data-science에서도 예제 코드를 다운로드할 수 있다.

컬러 이미지 다운로드

이 책에서 사용한 스크린샷이나 컬러 이미지는 PDF 파일로 제공한다. 컬러 이미지는 출력의 변화를 이해하는 데 도움을 줄 것이다. 이 파일은 https://www.packtpub.com/sites/default/files/downloads/PrinciplesofDataScience_ColorImages.pdf에서 다운로드 할 수 있다.

에이콘출판사의 도서정보 페이지인 http://www.acornpub.co.kr/book/principle-data-science에서도 다운로드할 수 있다.

정오표

내용을 정확하게 전달하기 위해 최선을 다했지만, 실수가 있을 수 있다. 팩트출판사의 도서에서 문장이든 코드든 간에 문제를 발견해서 알려준다면 매우 감사하게 생각할 것이다. 다른 독자에게 도움을 주고, 다음 버전의 도서를 더 완성도 높게 만들 수 있다. 오탈자를 발견한다면 http://www.packtpub.com/ submit-errata를 방문해 책을 선택하고, 구체적인 내용을 입력해주길 바란다. 보내준 오류 내용이 확인되면 웹사이트에 그 내용이 올라가거나 해당 서적의 정오표 부분에 그 내용이 추가될 것이다. http://www.packtpub.com/support에서 해당 도서명을 선택하면 기존 정오표를 확인할 수 있다.

한국어판은 에이콘출판사 도서정보 페이지 http://www.acornpub.co.kr/book/ principle-data-science에서 찾아볼 수 있다.

저작권 침해

인터넷에서의 저작권 침해는 모든 매체에서 벌어지고 있는 심각한 문제다. 팩트출판사에서는 저작권과 사용권 문제를 매우 심각하게 인식한다. 어떤 형태로든 팩트출판사 서적의 불법 복제물을 인터넷에서 발견한다면 적절한 조치를 취할 수 있도록 해당 주소나 사이트명을 알려주길 부탁한다.

의심되는 불법 복제물의 링크는 copyright@packtpub.com으로 보내주길 바란다. 저자와 더 좋은 책을 위한 팩트출판사의 노력을 배려하는 마음에 깊은 감사의 뜻을 전한다.

질문

이 책과 관련해 질문이 있다면 questions@packtpub.com으로 문의하길 바란다. 최선을 다해 질문에 답하겠다. 한국어판에 관한 질문은 이 책의 옮긴이나 에이콘출판사 편집 팀(editor@acornpub.co.kr)으로 문의해주길 바란다.

01

데이터 과학자처럼
말하는 방법

IT, 패션, 음식, 금융 분야 등 어떤 업종에서 일하든 데이터가 우리의 삶과 작업 환경에 영향을 미친다는 것은 의심의 여지가 없다. 이번 주에도 우리는 적어도 한 번 이상 데이터에 관한 이야기를 하거나 듣게 될 것이다. 언론 매체는 데이터 유출과 사이버 범죄, 데이터로 우리의 삶을 엿보는 방법에 관해 점점 더 많이 다루고 있다. 그런데 왜, 지금, 무엇이 이 시대를 데이터 관련 산업의 온상으로 만든 걸까?

19세기, 세계는 산업 시대의 지배하에 있었다. 인류는 거대한 기계 발명품과 함께 산업에서 그 자리를 모색하고 있었다. 헨리 포드^{Henry Ford}와 같은 산업 시대의 거물은 기계로 인한 주요 시장의 성장 기회를 인식하고, 과거에는 상상할 수 없었던 성과를 달성하게 됐다. 물론 산업 시대에도 장단점은 있었다. 대량 생산이 더 많은 소비자의 손에 물품을 쥐어주는 동안, 공해와의 전쟁도 이 시기에 시작됐다.

20세기 초, 인류는 거대한 기계 제작에 상당히 숙련돼 있었다. 좀 더 작고 빠르게 만드는 것이 당시의 목표였다. 산업 시대는 끝났고, 흔히 말하는 정보화 시대로 대체됐다. 세상을 이해할 목적으로 자신과 환경에 관한 정보(데이터)를 수집하고 저장하기 위해 기계를 사용하기 시작했다.

1940년대 초, 애니악^{ENIAC}(최초의 컴퓨터, 아니면 그중 하나로 여겨짐) 같은 기계는 전에는 해본 적 없는 수학 방정식을 계산하고 모델과 시뮬레이션을 실행했다.

애니악, http://ftp.arl.mil/ftp/historic-computers/

마침내 우리보다 더 잘 숫자를 다룰 수 있는 괜찮은 실험 조교를 갖게 됐다! 산업 시대와 마찬가지로 정보화 시대도 우리를 좋게도 만들고 나쁘게도 만들었다. 휴대 전화와 TV를 비롯한 특별한 기술은 좋은 점이다. 21세기 전 세계의 공해만큼 나쁘지는 않지만, 이 경우 나쁜 점은 데이터가 아주 많아졌다는 점이다.

그렇다. 정보화 시대는 데이터 조달에 있어 전자 데이터의 생산을 폭발적으로 증가시켰다. 통계에 따르면 2011년에 약 1.8조 기가바이트의 데이터가 만들어졌다

(이 수치가 얼마나 되는지 한번 생각해 보라). 불과 1년 후, 2012년에는 2.8조 기가바이트가 넘는 데이터가 만들어졌다! 이 숫자는 2020년까지 1년에 약 40조 기가바이트에 달하는 데이터를 생성하기 위해 더욱 폭발적으로 증가할 것이다. 사람들은 매시간 트윗을 하고, 페이스북에 포스팅을 하며, 마이크로소프트 워드에 새 이력서를 저장하고, 엄마에게 문자 메시지로 사진을 보낸다.

전례 없는 속도로 데이터를 생성할 뿐만 아니라 가속화된 속도로 데이터를 소비한다. 불과 3년 전인 2013년에 휴대전화 사용자는 평균 한 달에 1GB 이하의 데이터를 사용했다. 오늘날 이 수치는 한 달에 2GB를 훨씬 상회하는 것으로 추산된다. 우리가 찾는 것은 그 다음에 올 특성에 대한 질문이 아니라 통찰력이다. 모든 데이터, 일부 데이터, 모두 유용하다. 그리고 이제 통찰력을 찾는 것이 가능하다!

우리는 21세기의 문제에 직면하고 있다. 많은 양의 데이터를 보유하고 더 많이 만들고 있다. 연중무휴로 하루 종일 데이터를 수집하는 대단히 작은 기계를 만들었고, 이 모든 것을 이해하는 것이 임무가 됐다. 데이터 시대를 생각해보자. 이 시대는 19세기의 조상들이 꿈꾸던 기계와 20세기의 후손이 만든 데이터를 가지고 지구상의 모든 인간이 누릴 수 있는 통찰력과 지식의 원천을 만드는 시대다. 미국 정부는 수석 데이터 과학자라는 완전히 새로운 역할을 만들었다. 레딧Reddit과 같은 기술 회사는 이전까지는 팀에 데이터 과학자가 없었지만, 지금은 팀에서 데이터 과학자를 쉽게 볼 수 있다. 데이터를 사용해 정확한 예측 및 시뮬레이션을 수행하면 이전에 볼 수 없었던 세상을 들여다 볼 수 있다는 것이 매우 명백해졌다.

멋지게 들린다. 하지만 구체적으로 뭘까?

1장에서는 현대 데이터 과학자의 용어와 어휘에 대해 살펴본다. 이 책 전반에 걸쳐 다룰 데이터 과학 토론에 필수적인 핵심 단어와 문구를 살펴본다. 이 책에서 사용된 기본 언어인 파이썬Python 코드를 살펴보기 전에 데이터 과학이 파생된 세 가지 주요 도메인과 데이터 과학을 사용하는 이유에 대해서도 살펴본다.

- 데이터 과학의 기본 용어
- 데이터 과학의 세 가지 영역
- 기본적인 파이썬 구문

▌ 데이터 과학이란 무엇인가?

더 자세히 살펴보기 전에 이 책 전반에서 사용되는 기본적인 정의를 살펴보자. 데이터 과학 분야에서 대단한 사실은 이러한 정의가 교과서나 신문, 백서와 달리 너무 새롭다는 점이다.

기본 용어

여기서 설명하는 용어는 일반적으로 일상적인 대화에서도 쓰이고, 데이터 과학의 원리를 소개하는 이 책의 목적을 달성하기 위해서도 사용된다.

데이터가 무엇인지 정의해보자. 첫 번째 용어 정의치고는 어리석게 보일지 모르지만, 데이터는 매우 중요하다. 우리가 '데이터'라는 단어를 사용할 때마다 구조적 또는 비구조적 형식의 정보를 수집하는 것을 의미한다.

- **구조적 데이터**^{Organized data}: 행/열 구조로 정렬된 데이터를 말하며, 모든 행은 단일 관찰을 나타내고, 열은 해당 관찰의 특성을 나타낸다.
- **비구조적 데이터**^{Unorganized data}: 형식이 자유로운 데이터 타입을 말하며, 구조화되려면 구성 요소를 분석해야 하는 텍스트나 원시 오디오/신호가 일반적이다.

    엑셀 프로그램(또는 다른 스프레드시트 프로그램)을 열 때마다 구조적 데이터를 기다리는 빈 행/열 구조가 표시된다. 이러한 프로그램은 비구조적 데이터를 제대로 처리하지 못한다. 대부분 통찰력을 얻기 가장 쉬운 구조적 데이터를 다룰 것이다. 하지만 원시 텍스트와 구조화되지 않은 형식의 데이터를 처리하는 방법을 보면서 두려워할 필요는 없다.

데이터 과학은 데이터를 통해 지식을 습득하는 예술이자 과학이다.

이러한 큰 주제에 대한 작은 정의는 무엇일까? 데이터 과학은 여러 페이지로 나열할 만큼 아주 많은 것을 다룬다(내가 알아야 했고, 시도했고, 편집해본 것들이다).

데이터 과학은 데이터를 취하는 방법, 지식을 습득하는 데 데이터를 사용하는 방법, 지식을 사용해 다음과 같은 일을 수행한다.

- 의사 결정
- 미래 예측
- 과거/현재의 이해
- 새로운 산업/제품 창출

이 책은 데이터를 어떻게 처리해 통찰력을 얻고, 정보에 기반을 둔 의사 결정과 예측을 위해 어떤 통찰력을 사용하는지를 비롯한 데이터 과학 방법에 관한 것이다.

데이터 과학은 데이터를 사용하지 않으면 놓치게 되는 새로운 통찰력을 얻기 위해서 데이터를 사용하는 것이다.

예를 들어 여러 명이 테이블에 둘러 앉아 있다고 상상해보자. 이 사람들은 어떤 데이터를 기반으로 결정을 해야 한다. 고려해야 할 의견은 네 가지가 있다. 이 테이블에서는 다섯 번째, 여섯 번째, 심지어 일곱 번째 의견을 제시하려고 데이터 과학을 사용할 것이다.

이것이 바로 데이터 과학이 인간의 뇌를 대체하지는 않지만, 그것을 보완하고 함께 작업하는 이유다. 데이터 과학을 데이터가 가진 문제의 최종 해결책으로 생각해서는 안 된다. 이것은 단지 의견이며, 물론 매우 정보에 입각한 의견이지만 그럼에도 불구하고 의견일 뿐이다. 데이터 과학은 테이블에 앉을 자격이 있다.

왜 데이터 과학인가?

데이터 시대에 우리는 과잉 데이터를 갖고 있음이 분명하다. 그렇다면 어째서 완전히 새로운 어휘 집합이 필요할까? 이전의 분석 형식에서 무엇이 잘못됐을까? 우선 데이터의 엄청난 양으로 인해 사람이 합리적인 시간에 문구를 분석하는 것은 말 그대로 불가능하다. 데이터는 다양한 형태와 여러 출처에서 수집되며, 종종 많이 구조화돼 있지 않다.

데이터가 누락되거나 불완전하거나 오차가 발생할 수 있다. 때로는 매우 다른 척도의 데이터를 갖게 돼 서로 비교하기도 어렵다. 중고차 가격 책정과 관련한 데이터를 검토하고 있다고 가정하자. 특성 하나는 차가 만들어진 연식이고, 다른 특성은 그 차의 주행거리일지도 모른다. 데이터를 정리해보면(이 책에서 상당히 많이 다루게 될 작업), 데이터 간의 관계가 더욱 명확해지고 수백만 행의 데이터에 깊이 파묻혀 있던 지식이 쉽게 보인다. 데이터 과학의 주요 목표 중 하나는 데이터에서 이러한 관계를 발견하고 적용하기 위한 명시적인 실행과 절차를 만드는 것이다.

앞에서는 다소 역사적인 관점에서 데이터 과학을 살펴봤지만, 이번에는 간단한 예제를 통해 비즈니스에서의 역할에 대해 알아보자.

예제: Sigma Technologies

Sigma Technologies의 CEO인 벤 런클[Ben Runkle]은 거대한 문제를 해결하려고 노력하고 있다. 회사는 단골 고객을 꾸준히 잃어가고 있다. 단골 고객이 왜 떠나는지 알지 못하지만 빨리 조치를 취해야 한다. CEO는 고객 이탈을 줄이기 위해 새로운 제품과 기능을 만들고 기존 기술을 통합해야 한다고 확신한다. 확실히 하기 위해 수석 데이터 과학자 제시 허그안[Jessie Hughan] 박사를 부른다. 그러나 허그안 박사는 새로운 제품과 기능만으로 회사를 구할 것이라고 확신하지 않는다. 대신에 박사는 최근 고객 서비스 표의 녹취록을 참조한다. 박사는 CEO인 런클에게 가장 최근의 녹취록을 보여주며 놀라운 것을 발견한다.

- "...이걸 어떻게 내보내는지 방법을 몰라요?"
- "새 목록을 만드는 버튼은 어디에 있습니까?"
- "잠깐, 슬라이더가 어디 있는지 아십니까?"
- "오늘 이거 해결 못하면 정말 문제가 됩니다..."

기존 UI/UX에 문제가 있고 기능이 부족하지만 화를 내지 않고 있음이 분명하다. 런클과 허그안은 UI/UX에 대해 정밀 검사를 착수했고, 판매량도 그 어느 때보다도 많지 않았다.

물론 마지막 예제에서 사용된 과학은 미미했지만, 한 가지 중요한 점이 있다. 흔히들 런클과 같은 사람을 운전자라고 부르는 경향이 있다. 오늘날 감에 의존하는 보통의 CEO는 모든 결정을 신속하게 내리고, 효과를 발휘할 때까지 솔루션을 반복한다. 허그안 박사는 훨씬 더 분석적이다. 그녀는 런클 못지않게 문제 해결을 원하지만, 감에 의존한 해결 대신 사용자로 인해 만들어진 데이터를 사용했다. 데이터 과학은 분석적 마인드의 기술을 적용하고, 마치 운전자처럼 사용하는 것이다.

이 두 가지 정신은 오늘날의 기업에 자리 잡고 있다. 그러나 데이터 과학의 아이디어를 지배하는 것은 허그안의 사고방식이다. 즉, 솔루션을 선택하고 사용하는 것보다, 회사에서 만들어진 데이터를 정보 소스로 사용하는 것이다.

▌데이터 과학 벤 다이어그램

박사 학위를 소지한 사람이나 똑똑한 천재만이 데이터 과학 이면의 수학/프로그래밍을 이해할 수 있다는 생각은 일반적인 오해다. 절대 그렇지 않다. 데이터 과학에 대한 이해는 다음과 같은 세 가지 기본 영역으로 시작된다.

- **수학/통계**: 분석을 수행하기 위해서 방정식과 공식을 사용한다.
- **컴퓨터 프로그래밍**: 컴퓨터에서 결과를 만들기 위해서 코드를 사용하는 능력이다.
- **도메인 지식**: 문제의 도메인(의학, 금융, 사회 과학 등)을 이해하는 것을 의미한다.

다음 벤 다이어그램은 데이터 과학의 세 영역이 교차하는 방식을 시각적으로 보여준다.

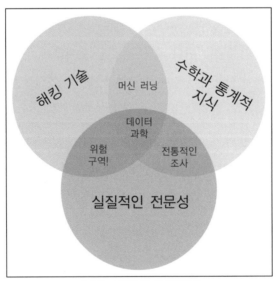

데이터 과학의 벤 다이어그램

해킹 기술을 가진 사람들은 컴퓨터 언어를 사용해 복잡한 알고리즘을 개념화하고 프로그래밍을 할 수 있다. 수학과 통계적 지식이 기반이 되면 알고리즘을 이론화하고 평가하며, 특정 상황에 맞춰 기존 절차를 조정할 수 있다. 실질적인 전문성(도메인 전문성)을 갖추면 의미 있고 효과적인 방식으로 개념과 결과를 적용할 수 있다.

위의 세 가지 특성 중 두 가지 특성만 갖고 있으면 지능형으로 만들 수는 있지만 격차가 발생한다. 여러분이 코딩에 매우 숙련돼 있고 데이 트레이딩day trading 주식 거래를 하는 공식적인 훈련을 받았다고 생각하자. 여러분이 있는 장소에서 주식 거래를 할 수 있는 자동화된 시스템을 만들 수 있지만, 알고리즘을 평가할 수 있는 수학 능력은 부족하기 때문에 장기적으로는 돈을 잃게 될 것이다. 진정으로 데이터 과학을 수행할 수 있는 코딩과 수학, 도메인 지식을 자랑할 수 있는 때가 바로 지금이다.

놀랍게도 그중 하나는 도메인 지식이다. 여러분이 일하고 있는 분야에 대한 지식이다. 재무 분석가가 심장마비에 관한 데이터 분석을 하려면 많은 숫자를 이해하기 위해 심장 전문의의 도움이 필요하다.

데이터 과학은 앞서 언급한 세 가지 핵심 영역의 교차점이다. 데이터로부터 지식을 얻으려면 컴퓨터 프로그래밍을 활용해 데이터에 액세스하고, 파생된 모델 뒤에 있는 수학을 이해하며, 무엇보다도 일하는 분야에서 분석의 위치를 이해할 수 있어야 한다. 여기에는 데이터 프레젠테이션이 포함된다. 환자의 심장 발작을 예측하는 모델을 작성하는 경우 이 정보의 PDF를 만드는 것이 좋을까? 숫자를 입력하고 빠른 예측을 얻을 수 있는 애플리케이션을 만드는 것이 좋을까? 이러한 모든 결정을 데이터 과학자가 해야 한다.

> ℹ️ 또한 수학과 코딩의 교차점은 머신 러닝이라는 것을 알아야 한다. 이 책은 머신 러닝을 나중에 자세히 살펴본다. 그러나 어떤 모델이나 결과를 도메인으로 일반화할 명확한 능력이 없다면 머신 러닝 알고리즘은 그대로 컴퓨터에만 있는 알고리즘으로 남게 된다. 암을 예측하는 가장 좋은 알고리즘을 만들 수도 있다. 과거 암 환자 데이터를 기반으로 99% 이상의 정확성으로 암을 예측할 수 있지만, 의사와 간호사가 쉽게 사용할 수 있게 이 모델을 실용적인 방식으로 적용하는 방법을 모른다면 이 모델은 쓸모가 없다.

이 책에서는 컴퓨터 프로그래밍과 수학 모두를 광범위하게 다룬다. 도메인 지식은 데이터 과학의 실습과 다른 사람들의 분석 사례를 함께 읽으면서 알게 된다.

수학

대부분의 사람들은 누군가 수학이라는 단어를 말하면 듣지 않으려고 한다. 사람들은 어려운 주제에 대해 무시하는 속마음을 숨기려고 그냥 고개만 끄덕인다. 이 책은 데이터 과학과 통계, 확률에 필요한 수학을 소개한다. 소위 모델이라고 말하는 것을 만들기 위해 수학의 하위 도메인을 사용한다.

데이터 모델data model은 데이터 요소 간의 체계적이고 공식적인 관계를 말하며, 대개 현실 세계의 현상을 시뮬레이션한다.

본질적으로 변수 간의 관계를 형식화하기 위해 수학을 사용한다. 전에는 순수 수학자였고 지금은 수학 선생인 나는 이것이 얼마나 어려운지 알고 있다. 최대한 모든 것을 분명히 설명하기 위해 최선을 다할 것이다. 세 가지 데이터 과학 분야에서 수학은 우리를 도메인에서 도메인으로 이동할 수 있게 해준다. 여러분이 이론을 이해하면 패션 산업을 위해 만든 모델을 재무 모델에도 적용할 수 있다.

이 책에서 다루는 수학은 기초 대수에서 고급 확률론적, 통계적 모델링에 이르기까지 다양하다. 이미 알고 있거나 또는 두렵더라도 1장을 건너뛰면 안 된다. 주의 깊게 예제와 목적, 모든 수학적 개념을 소개할 것이다. 이 책에서 다루는 수학은 데이터 과학자에게 필수적이다.

예제: spawner-recruit 모델

생물학에서는 생물 종의 생물학적 건강을 판단하기 위해 spawner-recruit 모델을 사용한다. 이것은 한 종의 건강한 부모 단위 수와 동물 집단의 새로운 단위 수 사이의 기본적인 관계다. 연어에서 산란어와 미숙어의 종 숫자에 대한 공개 데이터셋을 보면 다음 그래프는 이 둘의 관계를 시각적으로 보여준다. 다소 긍정적인 관계가 있다는 것을 명백하게 알 수 있다(하나는 올라가고, 다른 하나도 올라간다). 그런데 어떻게 이 관계를 공식화할 수 있을까? 예를 들어 한 집단의 산란어 수를 알고 있다면 이 집단의 미숙어 수를 예측할 수 있을까? 또는 반대의 경우로도 예측할 수 있을까?

본질적으로 모델을 사용하면 하나의 변수를 연결해 다른 변수를 얻을 수 있다. 다음 예제를 살펴보자.

$$Recruits = 0.5 * Spawners + 60$$

이 예제에서 연어 집단에 1.15(수천)의 산란어가 있다고 가정해보자. 그러면 다음과 같이 될 것이다.

$$Recruits = 0.5 * 1.15 + 60$$

이 결과는 집단의 건강 상태가 어떻게 변하는지를 추정하는 데 매우 유용할 수 있다. 이런 모델을 만들 수 있다면 두 변수 간의 관계가 어떻게 변할지를 시각적으로 관찰할 수 있다.

확률 및 통계 모델을 포함한 여러 유형의 데이터 모델이 있다. 이 두 가지 모두 머신 러닝이라고 하는 더 큰 패러다임의 부분집합이다. 이 세 가지 주제의 핵심 아이디어는 가능한 한 최상의 모델을 만들기 위해 데이터를 사용한다는 점이다. 이제 더 이상 인간의 본능에 의존하지 말고 차라리 데이터에 의존하자.

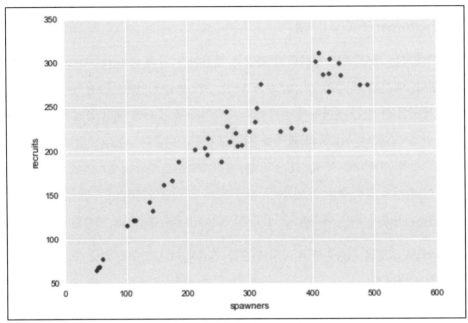

Spawner-Recruit 모델 시각화

이 예제의 목적은 수학 방정식을 사용해 데이터 요소 간의 관계를 정의할 수 있는 방법을 보여주기 위한 것이다. 연어의 건강 데이터를 사용한 것은 사실 무의미하다! 이 책 전반에 걸쳐 마케팅 비용, 심리 데이터, 식당 리뷰 등의 관계를 살펴볼 것이다. 그 주된 이유는 독자 여러분이 가능하면 많은 도메인에 노출되기를 바라는 마음 때문이다.

수학과 코딩은 데이터 과학자들이 사실상 어디에서든 기술을 적용할 수 있게 해주는 도구가 된다.

컴퓨터 프로그래밍

솔직히 이야기해보자. 아마도 컴퓨터 과학이 수학보다 더 낫다고 생각할 것이다. 괜찮다. 그렇다고 여러분을 비난하지 않는다. 뉴스를 보면 기술에 관한 뉴스는 있지만 수학에 관한 뉴스로 채워진 경우는 없다. 소수에 관한 새로운 이론을 보기 위해 TV를 켜지 않지만 최신 스마트폰으로 고양이 사진을 더 좋게 찍는 방법에 대한 내용은 보게 된다. 컴퓨터 언어는 우리가 기계와 의사소통하고 명령을 수행하는 방법이다. 컴퓨터는 많은 언어를 사용하며, 책과 같이 여러 언어로 작성될 수 있다. 마찬가지로 데이터 과학은 여러 언어로도 수행될 수 있다. 파이썬, 줄리아^Julia, R은 사용할 수 있는 많은 언어 중 일부다. 이 책은 파이썬^Python 사용에만 중점을 둔다.

왜 파이썬인가?

다음과 같은 다양한 이유로 파이썬을 사용할 것이다.

* 파이썬은 이전에 코딩을 해본 적이 없더라도 읽고 쓰는 데 있어 매우 간단한 언어이므로 이 책을 읽은 후에도 나중에 예제를 쉽게 읽고 받아들일 수 있다.
* 생산 및 학습 환경에서 가장 공통적인 언어 중 하나다(실제로 가장 빠르게 성장하고 있는 언어 중 하나다).
* 언어의 온라인 커뮤니티가 광범위하고 친절하다. 즉, 구글^Google 검색을 하면 유사한 상황(정확히 일치하지는 않은 상황)을 마주하고 해결한 사람들의 여러 결과를 얻을 수 있다.
* 파이썬에는 초보 및 베테랑 데이터 과학자가 활용할 수 있게 미리 만들어진 데이터 과학 모듈이 있다.

이 중에서 마지막이 파이썬에 중점을 두는 가장 큰 이유일 것이다. 이렇게 미리 만들어진 모듈은 강력할 뿐만 아니라 쉽게 가져올 수 있다. 처음 몇 장이 끝날 무렵에는 이러한 모듈에 매우 익숙해질 것이다. 이런 모듈 중 일부는 다음과 같다.

- pandas
- sci-kit learn
- seaborn
- numpy/scipy
- requests(웹 데이터 마이닝용)
- BeautifulSoup(웹 HTML 구문 분석용)

파이썬 실습

계속 진행하기 전에 파이썬에서 필요한 코딩 기술을 형식화하는 것이 중요하다.

파이썬에는 객체의 위치 표시자인 변수가 있다. 처음에는 몇 가지 유형의 기본 객체에만 초점을 맞춘다.

- int(정수)
  - 예: 3, 6, 99, -34, 34, 11111111
- float(소수)
  - 예: 3.14159, 2.71, -0.34567
- boolean(True 또는 False)
  - 일요일은 주말이다. 이 문장은 True다.
  - 금요일은 주말이다. 이 문장은 False다.
  - 파이는 정확히 원의 둘레와 지름의 비율이다. 이 문장은 True다(맞나?).
- string(문자로 구성된 텍스트 또는 단어)
  - "나는 햄버거를 사랑한다."(그런데 누가 햄버거를 싫어해?)
  - "철수는 대단하다."
  - 트윗은 문자열이다.
- list(객체의 모음)

○ 예: [1, 5.4, True, "apple"]

또한 기초 논리적인 연산자를 이해해야 한다. 이 연산자의 경우 boolean 데이터 유형을 염두에 두자. 모든 연산자는 True(참) 또는 False(거짓)으로 평가된다. 다음을 살펴보자.

- == 양쪽이 동등한 경우 True로 평가되고, 그렇지 않으면 False로 평가된다.
  ○ 3 + 4 == 7(True로 평가)
  ○ 3 - 2 == 7(False로 평가)
- <(보다 작다)
  ○ 3 < 5(True)
  ○ 5 < 3(False)
- <=(보다 작거나 같다)
  ○ 3 <= 3(True)
  ○ 5 <= 3(False)
- >(보다 크다)
  ○ 3 > 5(False)
  ○ 5 > 3(True)
- >=(보다 크거나 같다)
  ○ 3 >= 3(True)
  ○ 5 >= 3(True)

파이썬으로 코딩할 때 파운드 기호(#)를 사용하면 코드로 처리되지 않고 '주석'으로 만들어서 독자와 소통할 수 있다. # 기호 오른쪽에 있는 내용은 실행 중인 코드에 대한 주석이다.

기본 파이썬 예제

파이썬에서는 공백/탭을 사용하면 코드의 다른 행에 속한 연산자를 나타낸다.

> if문을 사용하면 여러분이 의미하는 바를 정확히 전달한다. if문 다음의 문이 True이면 다음 코드와 같이 그 아래의 탭 부분이 실행된다.
>
> ```
> X = 5.8
> Y = 9.5
> X + Y == 15.3        # 이것은 True이다!
> X - Y == 15.3        # 이것은 False이다!
> if x + y == 15.3:    # 이 문장이 True이면
>     print "True!"    # 이것을 출력한다!
> ```
>
> print "True!"문은 앞에 있는 if x + y == 15.3:문에 속한다. print문은 if문 바로 아래에 있고 탭으로 들어가 있기 때문이다. 즉, x + y가 15.3인 경우에만 print문이 실행된다.

다음의 list 변수인 my_list는 여러 유형의 객체를 포함하고 있다. 여기서는 int와 float, boolean, string 유형이다(순서대로).

```
my_list = [1, 5.7, True, "apples"]

len(my_list) == 4        # my list의 객체 수

my_list[0] == 1          # 첫 번째 객체

my_list[1] == 5.7        # 두 번째 객체
```

앞의 코드는 다음과 같다.

- len 명령을 사용해 목록의 길이(4개)를 얻었다.
- 파이썬의 제로 첨자에 유의해야 한다. 대부분의 컴퓨터 언어는 1 대신 0에서 시작된다. 따라서 첫 번째 요소를 원한다면 첨자를 0으로 하고, 95번째 요소를 원하면 첨자를 94로 호출한다.

예제: 단일 트윗 구문 분석

여기 파이썬 코드가 더 있다. 이 예제에서는 주가에 관한 트윗을 분석한다(이 책에서 다루는 중요한 사례 연구 중 하나는 소셜 미디어에서 대중의 심리에 기반을 둔 주식시장 움직임을 예측하는 것이다).

```python
tweet = "RT @j_o_n_dnger: $TWTR now top holding for
        Andor, unseating $AAPL"

words_in_tweet = tweet.split(' ')              # 트윗의 단어 목록

for word in words_in_tweet:                    # 목록의 각 단어
    if "$" in word:                            # 단어에 "$(캐시 태그)"가 있으면
    print "THIS TWEET IS ABOUT", word          # 이것에 대한 트윗이라고 출력한다.
```

이 코드 조각에 대한 몇 가지 사항을 한 줄씩 살펴보자.

- 텍스트를 저장하기 위한 변수를 설정한다(파이썬에서 문자열로 알려짐). 이 예제에서 문제의 트윗은 "RT @robdv: $TWTR now top holding for Andor, unseating $AAPL"이다.
- words_in_tweet 변수는 트윗을 토큰화한다(단어별로 구분). 이 변수를 인쇄하려면 다음을 보자.

```python
['RT',
 '@robdv:',
 '$TWTR',
 'now',
 'top',
 'holding',
 'for',
 'Andor,',
 'unseating',
```

```
'$AAPL']
```

- 이 단어 목록을 반복한다. 이것을 for 루프라고 한다. 단어 목록을 하나씩 검토하는 것을 의미한다.
- 또 다른 if문이 있다. 트윗의 각 단어에 $ 문자가 포함돼 있는 경우 $는 트위터^{Twitter}에서 주식 시세를 표시하는 방식이다.
- 앞의 if문이 true인 경우(즉, 트윗에 캐시 태그가 있는 경우), 이것을 출력하고 사용자에게 보여준다.

이 코드의 출력 결과는 다음과 같다.

```
THIS TWEET IS ABOUT $TWTR
THIS TWEET IS ABOUT $AAPL
```

이 출력물이 캐시 태그를 사용하는 트윗의 유일한 단어이기 때문에 이러한 결과가 나왔다. 이 책에서 파이썬을 사용할 때마다 필자는 코드의 각 행에서 하는 일에 대해 가능한 한 명확하게 설명할 것이다.

도메인 지식

앞에서 언급했듯이 이 카테고리는 주로 여러분이 작업하는 특정 주제의 지식에 중점을 둔다. 예를 들어 주식시장 데이터를 분석하는 재무 분석가인 경우 이 분야의 지식이 많다. 전 세계 취업률을 살피는 저널리스트인 경우 현장 전문가와 상의하는 것이 좋다. 이 책은 의학, 마케팅, 금융, 심지어 UFO 관찰과 같은 여러 문제 영역의 사례를 보여준다.

그럼 의사가 아니라면 의료 데이터로는 작업할 수 없다는 뜻일까? 당연히 아니다! 훌륭한 데이터 과학자는 비록 해당 분야에 익숙하지 않더라도 어떤 분야에든 기술을 적용할 수 있다. 데이터 과학자는 분석을 완수하고 해당 분야에 적용해서 의미 있는 기여를 할 수 있다.

도메인 지식^{domain knowledge}의 큰 부분은 프레젠테이션이다. 청중에 따라 제시하는 방법이 크게 달라질 수 있다. 결과는 여러분이 커뮤니케이션하는 수단과 같다. 99.99% 정확도로 시장의 움직임을 예측할 수 있지만, 프로그램을 실행할 수 없으면 결과는 사용되지 못한다. 마찬가지로 수단이 해당 분야에 부적절한 경우 결과도 똑같이 사용되지 못한다.

▌ 더 많은 전문 용어

이제 좀 더 많은 용어를 정의해보자. 이 시점까지 아마도 많은 데이터 과학 자료를 보면서 흥분하고, 이전에 사용하지 않았던 단어와 문구를 봤을 것이다. 다음은 어쩌면 이미 접해 봤을지도 모르는 일반적인 용어다.

- **머신 러닝**^{Machine Learning}: 프로그래머가 명시적으로 '규칙'을 주지 않고도 컴퓨터가 데이터로부터 학습할 수 있는 능력을 제공받는 것을 의미한다. 1장의 앞부분에 있는 머신 러닝 개념은 코딩과 수학 기술을 겸비한 사람의 조합으로 봤다. 여기서는 이 정의를 형식화하려고 한다. 머신 러닝은 데이터에서의 관계 발견을 자동화하고 강력한 데이터 모델을 생성하기 위해 컴퓨터의 힘과 지능형 학습 알고리즘을 결합한다. 데이터 모델에 관해서는 다음 두 가지 기본 유형의 모델에 관심을 기울여야 한다.
- **확률 모델**^{Probabilistic model}: 확률을 활용해 우연성의 정도가 포함된 요소들 사이의 관계를 찾는다.
- **통계 모델**^{Statistical model}: 통계 원리를 활용해 데이터 요소들 사이의 관계를 (일반적으로) 간단한 수학 공식으로 형식화한다.

통계 및 확률 모델은 모두 컴퓨터에서 실행될 수 있기에 머신 러닝으로 간주될 수 있지만, 머신 러닝 알고리즘은 일반적으로 다른 방식으로 관계를 학습하기 때문에 이러한 정의를 분리하고자 한다.

이후의 장들에서는 다음과 같이 통계 및 확률 모델을 살펴본다.

- **탐색적 데이터 분석**EDA, Exploratory Data Analysis은 결과를 표준화하고 신속하게 통찰력을 얻기 위해 데이터를 준비하는 것을 의미한다.
  EDA는 데이터 시각화 및 준비와 관련이 있다. 이 과정에서 비구조적 데이터를 구조적 데이터로 변환하고, 누락되거나 잘못된 데이터 요소를 정리한다. EDA 과정에서 많은 유형의 플롯plots을 작성하고 이러한 플롯을 사용해 데이터 모델에서 활용할 핵심 기능과 관계를 식별한다.
- **데이터 마이닝**Data mining은 데이터 요소 간의 관계를 찾는 프로세스다.
  데이터 마이닝은 데이터 과학의 한 부분으로, 변수 간의 관계를 찾는 것이다 (spawner-recruit 모델을 생각하라).
- 지금까지는 **빅데이터**big data라는 용어를 사용하지 않으려고 노력했다. 이 용어가 종종 잘못 사용된다고 생각하기 때문이다. 이 단어의 정의는 사람, 빅데이터 관점에서 다양하다. 빅데이터는 단일 컴퓨터에서 처리하기에는 너무 큰 데이터다(노트북 컴퓨터가 손상됐다면 빅데이터를 처리하다가 망가졌을 수 있다).

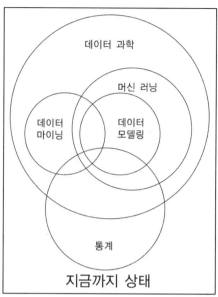

데이터 과학의 상태(지금까지), 이 다이어그램은 불완전하며 시각화 목적으로만 사용한다.

▌ 데이터 과학 사례 연구

수학과 컴퓨터 프로그래밍, 도메인 지식의 결합은 데이터 과학을 매우 강력하게 만든다. 종종 한 사람이 세 가지 영역을 모두 마스터하는 것은 어렵다. 그렇기 때문에 기업이 한 사람 대신 데이터 과학자 팀을 고용하는 것이 일반적이다. 실제로 동작하는 데이터 과학의 몇 가지 강력한 예제와 결과를 살펴보자.

사례 연구: 정부 보고서 작성 자동화

사회 보장 청구서는 그것을 읽는 상담원과 그 청구서를 쓰는 사람 모두에게 큰 번거로움으로 알려져 있다. 터무니없게 들리겠지만, 어떤 청구는 완전히 해결되기까지 2년이 걸린다! 청구서에 무엇이 들어가는지 살펴보자.

B. To be completed by the claimant

PLEASE PRINT

Please Answer the Following Questions:

(1) Have you been treated or examined by a doctor (other than a doctor at a hospital)
since the above date? ➤ ☐ Yes   ☐ No

(If yes, please list the names, addresses and telephone numbers of doctors who have treated or examined you since the above date. Also list the dates of treatment or examination. If possible, send updated reports from these doctors to the Administrative Law Judge before the date of your hearing.)

DOCTORS NAME(S)	ADDRESS(ES) & TELEPHONE NO.(S)	DATE(S)

(2) What have these doctors told you about your condition?

_____

_____

_____

_____

_____

_____

(3) Have you been hospitalized since the above date? ➤ ☐ Yes   ☐ No

(If yes, please list the name and address of the hospital. Also, explain why you were hospitalized and what treatment you received.)

사회 보장 청구서 양식 샘플

나쁘지 않다. 그나마 대부분 텍스트다. 이 칸을 채우고, 저 칸을 채우고, 여기에 무엇을 쓰고, 상담원이 하루 종일 이런 양식을 읽고 또 읽는 것이 어려울 수밖에 없다. 더 좋은 방법이 있어야 한다!

여기 있다. Elder Research 사는 이 비구조적 데이터를 분석해 모든 장애인 사회 보장 양식의 20%를 자동화할 수 있다. 컴퓨터가 이러한 서면 형식의 20%를 살펴볼 수 있고, 승인에 대한 의견을 제시할 수 있다.

뿐만 아니라 청구서의 승인을 위해 의뢰한 제 3의 회사는 인간이 책정한 청구서보다 기계가 등급을 책정한 청구서를 실제로 높이 평가했다. 따라서 컴퓨터가 업무 부담의 20%를 처리했을 뿐만 아니라 평균적으로 인간보다 뛰어났다.

모든 인간은 해고될까, 정말?

데이터 과학이 인간 노동자의 종말을 초래한다고 주장하는 이메일을 받고 분노하기 전에 컴퓨터는 단지 20%만 일을 처리할 수 있었다는 점을 기억하자. 다시 말해 청구서 양식의 80%는 인간이 힘들게 수행한다는 것을 의미한다! 이것은 컴퓨터가 단순한 양식 처리에 뛰어나기 때문이다. 사회 보장 청구를 인간이 처리할 때 몇 분이 걸렸지만 컴퓨터는 계산하는 데 몇 초가 걸렸다. 작업 처리에 몇 분씩 늘어나기도 하지만, 어쨌든 인간은 하루에 한 시간씩은 컴퓨터 계산으로 구원을 받는 것이다!

사람이 쉽게 읽을 수 있는 양식은 컴퓨터도 쉽게 사용할 수 있다. 양식이 너무 간결하거나 일반적인 문법에서 벗어나면 컴퓨터가 작업을 실패한다. 이런 모델은 인간이 복잡한 청구서에 더 많은 시간을 할애하고, 산더미 같이 쌓인 청구서에도 힘들어하지 않고 더 많은 관심을 갖기 때문에 훌륭하다.

 모델이라는 단어를 사용했음을 주목해보자. 모델은 요소들 사이의 관계라는 것을 기억하자. 이 경우 서면으로 작성한 단어와 청구가 승인된 상태가 관계가 된다.

사례 연구: 마케팅 비용

TV, 라디오, 신문과 같은 카테고리에서 지출된 비용 관계를 보여주는 데이터셋이 있다. 목표는 세 가지 마케팅 매체 간의 관계와 제품 판매에 미치는 영향을 분석하는 것이다. 데이터는 행과 열 구조의 형태다. 각 행은 영업 지역을 나타내고, 열은 각 매체에 지출된 비용과 해당 지역에서 얻은 수익을 알려준다.

일반적으로 데이터 과학자는 단위와 규모를 물어야 한다. 이 경우 TV와 라디오, 신문은 '수천 달러'로 측정되고, '판매된 수천 개의 위젯'은 판매량이 된다. 첫 번째 지역에서 TV 광고에 230,100달러, 라디오 광고에 37,800달러, 신문 광고에 69,200달러를 지출했음을 의미한다. 같은 지역에서 22,100개의 품목이 판매됐다.

	TV	Radio	Newspaper	Sales
1	230.1	37.8	69.2	22.1
2	44.5	39.3	45.1	10.4
3	17.2	45.9	69.3	9.3
4	151.5	41.3	58.5	18.5
5	180.8	10.8	58.4	12.9

광고 예산

예를 들어 세 번째 지역에서는 TV 광고에 17,200달러를 지출하고 9,300개의 위젯을 팔았다.

각 판매량에 대한 각각의 변수를 대입하면 다음과 같은 그래프가 표시된다.

```
import seaborn as sns
sns.pairplot(data, x_vars=['TV','Radio','Newspaper'], y_vars='Sales')
```

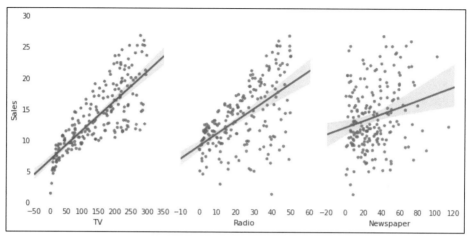

광고 예산 그래프

이 변수 중 어느 것도 매우 강한 라인을 형성하지 않으므로, 변수 자체만으로 판매를 예측하기에는 적합하지 않다. TV가 가장 근접하게 명백한 관계를 형성하지만, 여전히 좋지는 않다. 이 경우 spawner-recruiter 모델보다 복잡한 모델을 만들고 세 가지 변수를 결합해 판매 모델을 만들어야 한다.

이러한 유형의 문제는 데이터 과학에서 매우 일반적이다. 이 예제는 제품 판매와 관련된 주요 특징을 식별하려고 했다. 주요 특징을 분리할 수 있다면 이러한 관계를 활용하고 매출 증대를 위해 다른 장소에서 지출되는 광고비를 변경할 수 있다.

사례 연구: 직무 내용에는 어떤 것이 있는가?

데이터 과학 분야에서 일자리를 찾고 있는가? 좋다, 내가 도와주겠다. 이 사례 연구에서는 2016년 1월까지 적극적으로 데이터 과학자를 고용하려는 회사의 1,000가지 직무 내용을 웹에서 스크랩했다. 목표는 사람들이 직무 내용에 표현하는 가장 일반적인 키워드 중 일부를 살펴보는 것이다.

Machine Learning Quantitative Analyst
Bloomberg - ★★★★☆ 282 reviews - New York, NY
The Machine Learning Quantitative Analyst will work in Bloomberg's Enterprise Solutions area
and work collaboratively to build a liquidity tool for banks,...
8 days ago - email
Sponsored

Save lives with machine learning
Blue Owl - San Francisco, CA
Requirements for all data scientists. Expert in Python and core libraries used by data scientists
(Numpy, Scipy, Pandas, Scikit-learn, Matplotlib/Seaborn, etc.)...
30+ days ago - email
Sponsored

Data Scientist
Indeed - ★★★★☆ 132 reviews - Austin, TX
How a Data Scientist works. As a Data Scientist at Indeed your role is to follow the data. We are
looking for a mixture between a statistician, scientist,...
Easily apply
30+ days ago - email
Sponsored

데이터 과학자 취업 목록의 예

(두 번째 취업 목록은 핵심 파이썬 라이브러리를 요구한다. 이에 대해서는 책의 뒷부분에서
알아본다)

```python
import requests
# 웹에서 데이터를 가져오는 데 사용한다.

from BeautifulSoup import BeautifulSoup
# HTML 구문 분석에 사용한다.

from sklearn.feature_extraction.text import CountVectorizer
# 단어와 문구의 수를 세는 데 사용한다(이 모듈은 많이 사용하게 될 것이다).
```

처음 첫 번째와 두 번째는 Indeed.com 웹사이트에서 웹 데이터를 가져오는 데 사용
되며, 세 번째는 단어 또는 문구가 나타나는 횟수를 계산한다.

```
texts = []
# 다음의 목록에 직무 내용을 포함한다.

for index in range(0,1000,10):          # indeed에서 100개의 페이지를 살펴본다.
    page = 'indeed.com/jobs?q=data+scientist&start='+str(index)
    # 직무 목록이 있는 URL을 확인한다.

    web_result = requests.get(page).text
    # 실제로 방문할 url을 요청하는 데 사용한다.

    soup BeautifulSoup(web_result)
    # 결과 페이지의 html 구문을 분석한다.

    for listing in soup.findAll('span', {'class':'summary'}:
        # 페이지의 각 목록을 대상으로 한다.

        texts.append(listing.text)
        # 직무 목록에 있는 텍스트를 목록에 추가한다.
```

이 루프의 모든 작업은 100페이지의 직무 내용을 각각 모으고 있다. 여기서 중요한 변수는 1,000개가 넘는 직무 내용의 목록을 적은 텍스트다.

```
type(texts) # == list

vect = CountVectorizer(ngram_range=(1,2), stop_words='english')
# 하나와 두 개 단어 문구를 기본 카운팅한다.

matrix = vect.fit_transform(texts)
# 코퍼스의 어휘에 맞춰 학습하고 적용한다.

print len(vect.get_feature_names())     # 얼마나 많은 특징이 있는지
# 이 경우에는 하나와 두 개 단어 문구가 모두 11,293번 나왔다!
```

여기에는 일부 코드가 생략됐지만, 이 책에 대한 깃허브 저장소에 코드가 있다.

결과는 다음과 같다(문구와 해당 문구가 발생한 횟수를 표시).

```
experience 320
machine 306
learning 305
machine learning 294
techniques 266
statistical 215
team 197
analytics 173
business 167
statistics 159
algorithms 152
datamining 149
software 144
applied 141
programming 132
understanding 127
world 127
research 125
datascience 123
methods 122
join 122
quantitative 122
group 121
real 120
large 120
```

다음과 같은 내용에 주목하자.

- 머신 러닝과 경험은 목록의 맨 위에 있다. 경험은 연습과 함께 제공된다. 머신 러닝의 기본 개념이 이 책에서 제공된다.
- 수학과 이론에 대한 지식을 함축하는 통계 단어가 뒤에 나온다.
- 팀이라는 단어를 매우 높게 여기는 이유는 데이터 과학자 팀으로 협력해야 함을 암시한다. 그래야 여러분 혼자 외로운 늑대가 되지 않을 것이다.

- 알고리즘과 프로그래밍과 같은 컴퓨터 과학 용어가 널리 사용된다.
- 기술과 이해, 방법이란 단어는 모호한 하나의 도메인보다 이론적인 접근 방법을 의미한다.
- 비즈니스라는 단어는 특정 문제의 도메인을 의미한다.

이 사례 연구에서 주목할 만한 많은 점이 있지만 가장 큰 것은 데이터 과학의 역할이 되는 핵심 단어와 문구가 많다는 점이다. 단지 수학이나 코딩, 도메인 지식만을 말하는 게 아니다. 데이터 과학을 가능하고 강력하게 만들어주는 것은 세 가지 아이디어(여러 사람으로 구성된 팀이나 개인 모두에 해당)를 결합하는 것이다.

▌ 요약

1장의 시작 부분에서 독자에게 간단한 질문을 던졌다. 데이터 과학이 구체적으로 뭘까? 여기 하나 있다. 게임도 모델링도 아니고, 재미도 없다. 더 똑똑한 기계와 알고리즘을 추구하려면 대가가 필요하다. 데이터 트렌드를 발견하는 새롭고 혁신적인 방법을 모색할 때마다 야수는 그림자 안에 숨어 있다. 수학이나 프로그래밍의 학습 곡선이나 데이터 과잉을 말하는 게 아니다. 산업 시대는 공해와의 계속되는 전쟁으로 우리를 좌절시켰다. 이후의 정보 시대는 빅데이터의 흔적을 남겼다. 그렇다면 데이터 시대가 주는 위험은 무엇일까?

데이터 시대는 대량 데이터를 통한 개인의 비인간화라는 훨씬 더 불길한 것으로 이어질 수 있다.

점점 더 많은 사람들이 데이터 과학 분야에 무턱대고 뛰어 들고 있다. 이들 대부분은 수학이나 CS$^{Computer\ Science}$에 대한 경험이 없어서 표면적으로는 좋게 느낀다. 보통의 데이터 과학자들은 훈련을 시작하기 위해 수백만 개의 프로필 데이터, 트윗, 온라인 리뷰 등 더 많은 데이터에 접근한다.

그러나 이론에 대한 적절한 이해나 코딩 연습이 없고, 또는 작업하는 도메인을 존중하지 않고 데이터 과학에 뛰어 들면 모델링하려는 현상을 지나치게 단순화시키는 위험에 직면하게 된다.

예를 들어 세일즈 파이프라인을 자동화하기 위해서 링크드인^{LinkedIn} 프로필에서 매우 구체적인 키워드로 링크드인을 탐색하는 간단한 프로그램을 만든다고 가정해보자.

```
keywords = ["Saas", "Sales", "Enterprise"]
```

이제 링크드인을 신속하게 스캔해 기준에 맞는 사람들을 찾을 수 있다. 그러나 'SaaS' 대신 'Software as a Service'로 적었거나 'Enterprise'의 철자를 잘못 쓴 사람들은 어떻게 될까? 이런 경우는 매우 많이 발생한다. 누군가 내 책에서도 오타를 찾을 것이다. 이 사람들 또한 정확히 일치라는 것을 이 모델이 어떻게 찾아낼까? 데이터 과학자가 너무 쉬운 방법으로 지나치게 일반화시켜 버린 모델 때문에 이 사람들을 찾지 못하면 안 된다. 프로그래머는 사람들 검색을 위의 세 가지 기본 키워드만 찾는 것으로 단순화해서 테이블에 남겨진 많은 기회를 놓쳐 버렸다.

2장에서는 자유 형식 텍스트에서부터 고도로 구조화된 행/열 파일에 이르기까지 세상에 존재하는 다양한 유형의 데이터를 살펴본다. 또한 다양한 유형의 데이터에 통용되는 수학 연산을 살펴보고, 데이터 형식에 따라 통찰력을 추론한다.

02

데이터 유형

이제 데이터 과학의 세계에 대한 기본적인 소개와 분야가 왜 중요한지 이해했으니 데이터가 형성되는 다양한 방법을 살펴보자. 2장에서 다루는 내용은 다음과 같다.

- 구조적 데이터와 비구조적 데이터
- 정량적 데이터와 정성적 데이터
- 데이터의 4가지 수준

각 주제에서는 데이터 과학자들이 데이터를 조사하고 데이터로 작업하는 방법의 예를 살펴본다. 2장의 목표는 데이터 과학의 기초를 이루는 아이디어에 익숙해지는 것이다.

데이터의 특색

데이터의 다양한 특색을 이해하는 것은 여러 가지 이유로 중요하다. 데이터 유형은 데이터를 분석하고 결과를 추출하는 데 사용되는 방법을 결정할 뿐만 아니라 데이터가 비구조적으로 돼 있는지, 또는 정량적인지를 알아야 실제 현상을 측정할 수 있다. 다음과 같은 데이터의 세 가지 기본 분류를 살펴보겠다.

- 구조적 vs 비구조적(종종 조직적 vs 비조직적으로 불림)
- 정량적 vs 정성적
- 데이터의 4가지 수준

주의를 기울여야 할 첫 번째 사항은 데이터라는 단어를 사용한다는 것이다. 1장에서는 데이터를 단지 정보의 모음으로 정의했다. 이러한 모호한 정의는 데이터를 여러 범주로 나누고 자유롭게 정의하기 때문이다.

2장을 읽는 동안 어떤 유형의 데이터인지 이야기할 때 대부분 데이터셋의 구체적인 특성이나 전체적으로 완전한 데이터셋을 참조할 것이다. 언제든지 그 의미를 명확히 설명할 것이다.

데이터를 구분해야 하는 이유

통계 및 머신 러닝과 같은 흥미진진한 작업에 들어가기 전에 어떤 유형의 데이터가 있는지 생각하는 게 무의미한 것처럼 보일 수 있지만, 이것은 데이터 과학을 수행하는 데 필요한 가장 중요한 단계 중 하나다.

미국의 각 주에 대한 선거 결과를 보고 있다고 가정하자. 사람들에 대한 데이터셋에는 공간을 절약하기 위해서 식별 번호로 표시되는 '인종' 열이 있다. 예를 들어 아시아계 미국인은 2로 표시하고, 백인은 7로 표시한다. 이 숫자가 순서가 아님을 실제로 이해하지 못하면(7은 2보다 크므로 백인은 아시아계 미국인보다 크다) 분석에서 끔찍한 실수를 범하게 된다.

데이터 과학에도 동일한 원칙이 적용된다. 데이터셋이 주어지면 빨리 결과를 얻기 위해 탐색, 통계 모델 적용, 머신 러닝 애플리케이션 연구를 하고 싶어진다. 그러나 작업 중인 데이터의 유형을 이해하지 못하면 특정 유형의 데이터로는 효과가 없는 모델을 적용하는 데 많은 시간을 낭비하게 된다.

새로운 데이터셋이 주어지면 다음 절에서 이야기할 구분을 위해 항상 한 시간 정도(보통은 적게) 투자하는 것이 좋다.

▌ 구조적 데이터와 비구조적 데이터 비교

전체 데이터셋에 대해 구조적 데이터와 비구조적 데이터를 구분하는 것은 일반적으로 스스로에게 던지는 첫 번째 질문이다. 이 질문에 대한 대답은 적절한 분석을 수행하는 데 3일이 소요되는지, 3주가 소요되는지의 차이를 의미한다.

기본 분석은 다음과 같다(1장에서 정의한 구조적 데이터와 비구조적 데이터를 재정의한 것이다).

- **구조적(조직적) 데이터**: 이것은 관측치 및 특성으로 여겨지는 데이터다. 일반적으로 테이블 메소드(행 및 열 메소드)를 사용해 구성된다.
- **비구조적(비조직적) 데이터**: 이 데이터는 자유로운 객체로 존재하며, 표준 조직 계층 구조를 따르지 않는다.

두 가지를 구분하는 데 도움이 되는 몇 가지 예는 다음과 같다.

- 서버 로그 및 페이스북 게시물을 포함해 텍스트 형식으로 존재하는 대부분의 데이터는 비구조적으로 돼 있다.

- 꼼꼼한 과학자들이 기록한 과학적 관측치는 매우 깨끗하고 조직화된(구조적) 형식으로 유지된다.
- 화학적 뉴클레오티드nucleotides의 유전적 서열(예: ACGTATTGCA)은 비구조적으로 돼 있다. 뉴클레오티드의 순서는 중요하지만, 더 이상 보지 않더라도 행/열 형식을 사용한 서열의 기술어를 구성할 수 없기 때문이다.

구조적 데이터는 일반적으로 더 쉽게 작업하고 분석할 수 있다고 생각한다. 대부분의 통계 및 머신 러닝 모델은 구조적 데이터를 염두에 두고 만들었으며, 비구조적 데이터의 느슨한 해석에는 사용할 수 없다. 자연스러운 행과 열 구조는 인간과 기계의 눈으로 읽기 쉽다. 그렇다면 왜 비구조적 데이터에 대해서 이야기해야 할까? 그것은 매우 일반적인 형식이기 때문이다! 대부분의 경우 비구조적 데이터는 전 세계 데이터의 80~90%로 간주된다. 이 데이터는 여러 가지 형태로 존재하며, 대부분 사람의 눈에 띄지 않는 데이터 소스다. 트윗과 이메일, 문학, 서버 로그는 일반적으로 비구조적 데이터 형식이다.

데이터 과학자는 구조적 데이터를 선호하는 반면 세상의 엄청난 양의 비정형 데이터를 처리할 수 있어야 한다. 전 세계 데이터의 90%가 구조화되지 않은 경우 세계 정보의 약 90%가 어려운 형식으로 갇혀 있음을 의미한다.

따라서 대부분의 데이터가 이렇게 자유로운 형식으로 존재하므로, 추가 분석을 위해 적어도 데이터의 일부에 구조를 적용하는 전처리라고 하는 사전 분석 기법에 의존한다. 3장에서 전처리에 대해 자세히 다룬다. 이제 비구조적 데이터를 구조적 데이터로 변환하기 위해 적용하는 전처리 과정을 살펴본다.

데이터 전처리 예제

텍스트 데이터(거의 항상 비구조적으로 간주되는)를 볼 때 세트를 구조적 형식으로 변환할 수 있는 많은 옵션이 있는데, 데이터를 설명하는 새로운 특성을 적용해 수행한다. 이러한 특성은 다음과 같다.

- 단어/문구 수
- 어떤 특수 문자의 존재
- 텍스트의 상대적 길이
- 주제 선택

비구조적 데이터의 쉬운 예로서 다음의 트윗을 사용하지만, 트윗과 페이스북의 게시물을 비롯해 여러분이 원하는 구조화되지 않은 자유로운 형식의 텍스트를 사용해도 된다.

This Wednesday morn, are you early to rise? Then look East. The Crescent Moon joins Venus & Saturn. Afloat in the dawn skies.

대다수의 학습 알고리즘은 수치 데이터를 필요로 하기 때문에 이 트윗에 전처리를 하는 것이 중요하다(이 예제 후에 살펴볼 것이다).

특정 유형의 데이터를 요구하는 것보다 전처리를 통해 기존 특성에서 생성된 특성을 탐색한다. 예를 들어 위의 트윗에서 단어 수 및 특수 문자와 같은 특성을 추출할 수 있다. 텍스트에서 추출할 수 있는 몇 가지 기능을 살펴보자.

단어/문구 수

트윗을 단어/문구 수로 분해할 수 있다. this라는 단어는 다른 모든 단어와 마찬가지로 트윗에 한 번 나타난다. 이 트윗을 다음과 같이 구조적 형식으로 표현해 비구조적 단어 세트를 행/열 형식으로 변환할 수 있다.

	this	wednesday	morn	are	this wednesday
단어 수	1	1	1	1	1

1장에서 본 scikit-learn의 CountVectorizer를 사용하면 이런 형식을 얻을 수 있다.

특정 특수 문자의 존재

물음표와 느낌표 같은 특수 문자의 존재도 있다. 이러한 문자는 데이터에 대한 특정 아이디어를 암시한다. 예를 들어 이 트윗에 물음표가 포함돼 있다는 사실은, 이 트윗을 읽는 사람에게 질문한다는 것을 강하게 암시한다. 다음과 같이 앞의 테이블에 새로운 열이 추가된다.

	this	wednesday	morn	are	this wednesday	?
단어 수	1	1	1	1	1	1

텍스트의 상대적 길이

트윗의 길이는 121개 문자다.

```
len("This Wednesday morn, are you early to rise? Then look East. The
Crescent Moon joins Venus & Saturn. Afloat in the dawn skies.")
# 텍스트의 길이를 구한다(문자열의 문자 수)

# 121
```

분석해보니 하나의 트윗은 평균적으로 약 30개의 문자다. 따라서 상대적 길이(트윗의 길이를 평균 길이로 나눈 길이)라는 새로운 특성을 부여해 평균 트윗과 이 트윗의 길이를 비교한다. 이 트윗은 표시된 것처럼 평균 트윗보다 실제로 4.03배 길다.

$$\frac{121}{30} = 4.03$$

이 방법을 사용해 테이블에 또 다른 열을 추가할 수 있다.

	this	wednesday	morn	are	this Wednesday	?	Relative length
단어 수	1	1	1	1	1	1	4.03

주제 선택

트윗의 주제를 골라내 테이블에 열을 추가할 수 있다. 이 트윗은 천문학에 관한 것이므로 다음과 같이 열을 추가할 수 있다.

	this	wednesday	morn	are	this Wednesday	?	Relative length	Topic
단어 수	1	1	1	1	1	1	4.03	astronomy

그리고 마찬가지로 텍스트를 구조적/조직적 데이터로 변환해 모델 및 탐색적 분석에 사용할 수 있다.

주제는 트윗에서 자동으로 추론할 수 없는 유일한 추출 기능이다. 파이썬에서 단어수와 트윗의 길이를 보는 것은 쉽다. 그러나 고급 모델(주제 모델이라고 함)은 자연어 텍스트의 주제를 도출하고 예측도 할 수 있다.

데이터가 구조화됐는지 비구조화됐는지를 빠르게 인식하면 앞으로 작업할 몇 시간 또는 며칠의 시간을 절약할 수 있다. 일단 여러분 앞에 놓인 데이터의 구조를 식별할 수 있으면 다음 목표는 데이터셋의 개별적인 특성을 파악하는 것이다.

▌ 정량적 데이터와 정성적 데이터

데이터 과학자에게 "이것은 어떤 유형의 데이터입니까?"라고 물으면 대개 정량적인지 또는 정성적인지 여부를 묻는다고 생각한다. 이것은 데이터셋의 특정한 특성을 설명하는 가장 일반적인 방법일 가능성이 높다.

대부분의 경우 정량적 데이터에 대해 말할 때 보통은 엄격한 행/열 구조를 가진 구조적(비구조적 데이터는 어떤 특성을 갖고 있다고 생각하지 않기 때문에) 데이터셋이라고 한다. 전처리 단계가 왜 그렇게 중요한지 많은 이유가 여기에 있다.

이 두 가지 데이터 유형은 다음과 같이 정의할 수 있다.

- **정량적 데이터**: 이 데이터는 숫자와 기본 수학적 처리를 사용해 설명할 수 있으며, 데이터셋에 추가도 가능하다.
- **정성적 데이터**: 이 데이터는 숫자와 기본 수학을 사용해 설명할 수 없다. 이 데이터는 일반적으로 '가공하지 않은' 범주와 언어를 사용해 설명한다.

예제: 커피숍 데이터

다음과 같은 다섯 가지 기술어(특성)를 사용한 주요 도시의 커피숍에 대한 관측치가 있다고 가정하자.

데이터: 커피숍

- 커피숍 이름
- 수익(천 달러 단위)
- 우편번호
- 월 평균 고객
- 커피 원산지

이러한 각 특성은 정량적 또는 정성적으로 분류할 수 있으며, 이런 단순한 구분은 모든 것을 바꿀 수 있다. 각각을 살펴보자.

- 커피숍 이름: 정성적

  커피숍의 이름은 숫자로 표시되지 않으며, 커피숍 이름에 대해 수학 연산을 수행할 수 없다.

- 수익: 정량적

  카페에서 얼마나 많은 돈을 버는지가 분명히 숫자로 설명된다. 또한 1년치의 수익을 얻기 위해 12개월 동안의 수익을 합산하는 것과 같은 기본적인 작업을 수행할 수 있다.

- 우편번호: 정성적

  이건 까다롭다. 우편번호는 항상 숫자로 표시되지만 정량적 정의의 두 번째 부분에 맞지 않으므로 정성적이며, 따라서 우편번호에 대한 기본 수학 연산을 수행할 수 없다. 두 개의 우편번호를 합치면 무의미한 측정값이 나온다. 우편번호를 새로 얻을 필요도 없고, '우편번호를 두 배로' 만들 필요도 없다.

- 월 평균 고객: 정량적

  다시 말하면 숫자와 덧셈을 사용해 이 요소를 설명하는 것이 이치에 맞다. 매달 고객을 모두 추가하면 연간 고객이 나온다.

- 커피 원산지: 정성적

  같은 원산지의 커피를 파는 아주 작은 카페를 생각해보자. 커피 원산지의 국가는 숫자가 아닌 이름(에티오피아, 콜롬비아)을 사용해 설명된다.

주의해야 할 몇 가지 중요한 사항은 다음과 같다.

- 우편번호는 숫자를 사용해서 설명하지만 정량적이지 않다. 즉, 모든 우편번호의 평균이나 우편번호의 합계에 대해 말할 필요가 없기 때문이다. 이런 건 무의미한 설명이다.
- 한 단어가 특성을 설명하는 데 사용될 때는 언제나 정성적 요인이다.

기본적으로 데이터가 정성적인지 정량적인지 여부를 결정할 때 어떤 데이터인지 확인하는 것이 어려울 경우 데이터 특성에 대해 다음과 같은 몇 가지 기본적인 질문을 해보자.

- 숫자를 사용해 설명할 수 있습니까?
  - 아니요? 정성적입니다.
  - 예? 다음 질문으로 이동하십시오.
- 데이터를 함께 추가한 후에도 여전히 의미가 있습니까?
  - 아니요? 정성적입니다.
  - 예? 아마도 **정량적** 데이터가 있을 것입니다.

이 방법을 사용하면 대부분의 데이터를 이 두 범주 중 하나로 분류할 수 있다.

두 범주의 차이는 각 열에 대한 질문 유형을 결정한다. 정량적인 항목의 경우 다음과 같은 질문을 할 수 있다.

- 평균값은 얼마입니까?
- 시간이 지남에 따라 양이 증가 또는 감소합니까(시간이 요인일 경우)?
- 수치가 증가하거나 너무 낮으면 문제를 알리는 기준점이 있습니까?

정성적인 열의 경우 앞의 질문 중 어느 것도 대답할 수 없다. 그러나 다음 질문은 오직 정성적인 값에만 적용된다.

- 어떤 값이 가장 많이 또는 가장 덜 발생하는 것입니까?
- 고유한 값이 몇 개나 있습니까?
- 고유한 값은 무엇입니까?

예제: 세계 주류 소비 데이터

세계 보건기구^{WHO}는 전 세계 국가 사람들의 평균 음주 습관을 기술한 데이터셋을 발표했다. 더 나은 모양을 얻기 위해 파이썬과 데이터 탐색 도구인 Pandas를 사용하겠다.

```
import pandas as pd

# URL에서 CSV 파일로 읽는다.
drinks = pd.read_csv('https://raw.githubusercontent.com/sinanuozdemir/
principles_of_data_science/master/data/chapter_2/drinks.csv')

# 데이터의 처음 다섯 행을 검사한다.
drinks.head()        # 처음 5행을 출력한다.
```

위의 세 줄은 다음을 수행한다.

- 불러온 pandas는 앞으로 pd로 참조된다.
- CSV(쉼표로 구분된 값) 파일을 drinks라는 변수로 읽는다.
- 데이터셋의 처음 다섯 행을 표시하는 메소드 head를 호출한다.

 CSV가 담고 있는 깔끔한 행/열 구조에 주목하자.

	country	beer_servings	spirit_servings	wine_servings	total_litres_of_pure_alcohol	continent
0	Afghanistan	0	0	0	0.0	AS
1	Albania	89	132	54	4.9	EU
2	Algeria	25	0	14	0.7	AF
3	Andorra	245	138	312	12.4	EU
4	Angola	217	57	45	5.9	AF

이 예제에서 다루는 여섯 가지 열이 있다.

- country: 정성적
- beer_servings: 정량적
- spirit_servings: 정량적
- wine_servings: 정량적
- total_litres_of_pure_alcohol: 정량적
- continent: 정성적

정성적 열인 continent를 살펴보자. 이 비수치적 특성에 대한 몇 가지 기본적인 요약 통계를 얻기 위해 Pandas를 사용할 수 있다. 여기에 describe() 메소드가 사용되는데, 먼저 열이 정량적인지 정성적인지를 식별한 다음 전체적으로 열에 대한 기본 정보를 제공한다. 이는 다음과 같이 표시된다.

```
drinks['continent'].describe()

>> count     193
>> unique      5
>> top        AF
>> freq       53
```

WHO는 5개의 대륙에 관한 데이터를 수집하고, 193번 관측치 중 AF(아프리카) 대륙이 53번으로 가장 많았다고 밝혔다.

정량적 열 중 하나를 살펴보고 같은 방법으로 호출하면 다음과 같이 출력돼 차이를 볼 수 있다.

```
drinks['beer_servings'].describe()

>> mean    106.160622
```

```
>> min        0.000000
>> max      376.000000
```

이제 우리는 국가별 1인당 평균 맥주 소비량(106.2번 소비)뿐만 아니라, 가장 낮은 맥주 소비량(0번 소비), 기록된 최고 맥주 소비량(379번 소비)을 알 수 있다(하루에 맥주 한 번보다 많다).

더 깊이 들어가기

정량적 데이터는 한 단계 더 나아가 이산discrete 및 연속continuous 수량으로 나눌 수 있다.

이것은 다음과 같이 정의될 수 있다.

- **이산 데이터**: 계산된 데이터를 말한다. 특정 값만 사용할 수 있다.
  이산 정량적 데이터의 예로는 6개의 값만 사용하는 주사위 굴리기와 실제 범위의 사람들은 사용할 수 없는 카페 안에 있는 고객의 수다.
- **연속 데이터**: 측정된 데이터를 말한다. 값의 범위가 제한이 없다.
  연속 데이터의 좋은 예는 150파운드나 197.66파운드와 같은 사람의 체중이다(소수에 주의하자). 무한 규모의 소수가 가능하기 때문에 사람이나 건물의 높이가 연속되는 숫자다. 연속 데이터의 다른 예는 시간과 온도다.

▌지금까지 정리

2장에서는 지금까지 구조적 데이터와 비구조적 데이터의 차이점, 그리고 정성적 및 정량적 특성의 차이점을 살펴봤다. 이 두 가지 간단한 구분은 분석 작업에 큰 영향을 준다. 2장의 후반부로 이동하기 전에 요약해보자.

데이터를 전체로 보면 구조적이거나 비구조적으로 돼 있다. 즉, 데이터셋은 각 행을 설명하는 뚜렷한 특징으로 구조화된 행/열 구조를 취하거나, 쉽게 처리될 수 있게 일반적으로 전처리가 필요한 자유로운 형식으로 존재한다.

데이터가 구조화돼 있으면 데이터셋의 각 열(특징)이 정량적인지 정성적인지 알 수 있다. 기본적으로 수학과 숫자를 사용해 열을 설명할 수 있는가, 없는가? 2장의 다음 부분에서는 데이터를 네 가지의 매우 구체적인 수준과 세부 수준으로 분류한다. 차근차근 더 복잡한 수학 법칙을 적용하고 더 직관적이고 정량적으로 데이터를 이해할 수 있다.

▌ 데이터의 4가지 수준

일반적으로 구조적 데이터의 특정한 특성(특징/열)은 데이터의 4가지 수준 중 하나로 분류된다. 수준은 다음과 같다.

- 명목 수준nominal level
- 서열 수준ordinal level
- 등간 수준interval level
- 비율 수준ratio level

목록의 아래로 내려감에 따라 더 많은 구조를 얻고, 따라서 분석으로 더 많은 결과를 얻게 된다. 각 수준은 데이터의 중심을 측정할 때 자체적으로 허용되는 관행을 따른다. 일반적으로 중앙값/평균을 중심의 형식으로 생각하지만, 이것은 특정 유형의 데이터에만 해당된다.

명목 수준

첫 번째 수준의 데이터, 명목 수준은 순수하게 이름이나 범주로 설명되는 데이터로 구성된다. 기본적인 예로 성별이나 국적, 생물의 종, 맥주 효모 균주가 포함된다. 그런 것들은 숫자로 기술되지 않으므로 정성적이다. 다음은 몇 가지 예다.

- 동물의 유형은 명목 수준에 있다. 여러분이 침팬지라면 여러분은 포유동물 부류에 속한다고 말할 수 있다.
- 품사도 명목 수준으로 고려된다. she라는 단어는 대명사이며 명사이기도 하다.

물론 정성적이기 때문에 더하기나 나누기 같은 정량적 수학 연산을 수행할 수 없다. 이런 수학 연산은 의미를 전달하지 못한다.

허용된 수학 연산

다음 두 가지 예에서와 같이 기본적인 equality와 set membership 함수를 제외하고는 명목 수준 데이터로는 수학 연산을 할 수 없다.

- 기술 기업가는 기술 산업에 종사하는 것과 동일하지만, 그 반대로 기술 산업에 종사하는 것이 기술 사업가는 아니다.
- 정사각형으로 묘사된 도형은 직사각형으로 묘사되지만, 그 반대로 직사각형으로 묘사된 도형을 정사각형으로 묘사하지는 않는다.

중심의 측정

중심의 측정은 데이터의 경향을 설명하는 숫자다. 때로는 데이터의 균형점이라고도 한다. 일반적인 예로는 평균^{Mean}, 중앙값^{Median}, 최빈수^{Mode}가 있다.

명목 데이터의 중심을 찾기 위해 일반적으로 데이터셋의 최빈수(가장 일반적인 요소)

를 구한다. 예를 들어 WHO 주류 소비 데이터를 살펴보자. 조사에서 가장 보편적인 대륙은 아프리카였고, `continent` 열의 중심에 대한 가능한 선택이다.

평균과 중앙값 같은 중심의 측정은 관측치를 정렬하거나 함께 더할 수 없기 때문에 명목 수준에서는 의미가 없다.

명목 수준의 데이터는 무엇인가?

명목 수준의 데이터는 본질적으로 대부분 범주화돼 있다. 일반적으로 단어를 사용해 데이터를 설명하기 때문에 국가 간 번역에서 손실되거나 철자가 틀릴 수 있다.

명목 수준의 데이터는 확실히 유용하지만, 어떤 통찰력을 얻을 수 있는지 주의해야 한다. 기본적인 중심 측정 방법만으로는 평균 관측치에 대한 결론을 도출할 수 없다. 이 개념은 명목 수준에는 존재하지 않는다. 오직 다음 단계에서 관측치에 대해 진정한 수학을 시작할 수 있다.

서열 수준

명목 수준은 별로 중요하지 않아 보이는 요인 같지만 자연스럽게 관측치를 정렬할 수 없다는 이유로 수학적 연산 측면에서 많은 융통성을 제공하지 못했다. 서열 수준의 데이터는 순위를 제공하거나 다른 관측치 앞에 관측치 하나를 배치할 수 있게 해준다. 그러나 관측치 간의 상대적인 차이점을 제공하지는 않는다. 즉, 관측치를 처음부터 끝까지 순서대로 나열할 수는 있지만, 실제 의미를 얻기 위해 관측치를 더하거나 뺄 수는 없다.

예제

Likert는 가장 일반적인 서열 수준 척도 중 하나다. 1에서 10까지의 척도에 대한 만족도를 평가하는 설문 조사에서 서열 수준의 데이터가 제공된다. 1에서 10 사이의 답변을 나열할 수 있다. 8이 7보다 좋고 3이 9보다 나쁘다.

7과 6의 차이와 2와 1의 차이가 다를 수 있지만, 숫자의 차이는 별로 의미가 없다.

허용된 수학 연산

서열 수준은 수학적 연산에 있어서 훨씬 더 많은 자유가 허용된다. 명목 수준에서 허용된 모든 수학을 적용하고(equality와 set membership), 연산 목록에 다음을 추가할 수 있다.

- 정렬
- 비교

정렬은 데이터에 의해 제공된 자연스런 순서를 말한다. 그러나 때때로 까다로울 수 있다. 가시광선 스펙트럼에 관해 말할 때 빨간색, 주황색, 노란색, 초록색, 파란색, 남색, 보라색을 참조한다. 자연적으로 왼쪽에서 오른쪽으로 움직일 때 빛은 에너지와 다른 속성들을 얻는다. 이것은 자연 정렬이라고 할 수 있다.

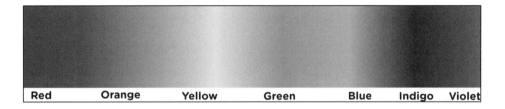

| Red | Orange | Yellow | Green | Blue | Indigo | Violet |

예술가가 어떤 색상을 만들기 위해 재료의 비용을 기준으로 색상을 정렬하는 것처럼 필요한 경우 데이터에 다른 순서를 지정할 수 있다. 이렇게 데이터의 순서를 바꿀 수 있지만 순서를 정하는 것 자체가 중요하지는 않다.

비교는 서열 수준에서 허용되는 또 다른 새로운 작업이다. 서열 수준에서는 어떤 나라가 당연히 다른 나라보다 좋았거나 연설의 어느 부분이 다른 연설보다 더 나빴다고 말하는 것은 합리적이지 못하다. 서열 수준에서는 이러한 비교를 할 수 있다.

예를 들어 설문 조사에 '7'을 쓴 것이 '10'을 쓴 것보다 더 나쁘다고 이야기할 수 있다.

중심의 측정

서열 수준에서 중앙값은 일반적으로 데이터의 중심을 정의하는 적절한 방법이다. 그러나 서열 수준에서는 나눗셈이 허용되지 않으므로 평균은 불가능하다. 명목 수준에서 허용된 최빈수를 사용할 수도 있다.

이제 중앙값을 사용하는 예를 살펴보자.

직원들에게 "1-5점 척도로 여기에서 일하게 돼 얼마나 행복합니까?"라고 묻는 설문 조사를 실시한 결과가 다음과 같다고 가정한다.

5, 4, 3, 4, 5, 3, 2, 5, 3, 2, 1, 4, 5, 3, 4, 4, 5, 4, 2, 1, 4, 5, 4, 3, 2, 4, 4, 5, 4, 3, 2, 1

파이썬을 사용해 이 데이터의 중앙값을 찾아보자. 대부분의 사람들은 이 점수의 평균이 정당하다고 주장할 것이다. 하지만 평균을 수학적으로 실행할 수 없는 이유는 두 점수를 빼거나 더했을 때, 예를 들어 4점에서 2점을 빼면 두 점수 차이가 실제로 아무 의미 없기 때문이다. 점수 사이에 더하기/빼기가 의미가 없다면 평균도 의미가 없다.

```
import numpy

results = [5, 4, 3, 4, 5, 3, 2, 5, 3, 2, 1, 4, 5, 3, 4, 4, 5, 4, 2, 1,
4, 5, 4, 3, 2, 4, 4, 5, 4, 3, 2, 1]

sorted_results = sorted(results)

print sorted_results
```

```
'''
[1, 1, 1, 2, 2, 2, 2, 2, 3, 3, 3, 3, 3, 3, 4, 4, 4, 4, 4, 4, 4, 4, 4,
4, 4, 5, 5, 5, 5, 5, 5, 5]
'''

print numpy.mean(results)        # == 3.4375

print numpy.median(results)      # == 4.0
```

 '''(삼중 아포스트로피)는 긴(2행 이상) 주석을 나타낸다. #과 유사한 방식으로 작동한다.

중앙값이 더 좋을 뿐만 아니라 설문 결과를 훨씬 좋아 보이게 한다.

재정리 및 확인

지금까지 데이터 수준의 절반을 살펴봤다.

- 명목 수준
- 서열 수준

명목 수준에서는 일반적으로 순서가 없고 수학을 거의 사용하지 않는 어휘(때로는 숫자) 데이터를 다룬다.

서열 수준에서는 숫자로 기술할 수 있는 데이터를 다루며, 또한 '자연스러운' 순서를 갖고 있어서 어떤 항목을 다른 항목 앞에 놓을 수 있다.

다음 예제를 순서 또는 명목 수준으로 분류해보자(답변은 2장의 끝에 있다).

- 커피 한잔에 들어간 커피콩의 원산지
- 도보 경주를 마친 후 수상하는 장소

- 경기 후 시상할 메달을 만들기 위해 사용된 금속
- 고객의 전화번호
- 하루에 마시는 커피 잔 수

등간 수준

이제 흥미로워지기 시작했다. 등간 수준에서 매우 정량화해 표현할 수 있는 데이터와 더 복잡한 수학 공식이 허용되는 데이터를 살펴본다. 서열 수준과 등간 수준의 기본적인 차이는 단지 뺄셈 허용 여부다.

등간 수준의 데이터는 데이터 요소 간의 의미 있는 뺄셈을 허용한다.

예제

온도는 등간 수준 데이터의 훌륭한 예다. 텍사스가 화씨 100도, 터키 이스탄불이 화씨 80도인 경우 텍사스는 이스탄불보다 20도 더 따뜻하다. 이 간단한 예제는 이전 예제보다 등간 수준에서 훨씬 더 많은 조작을 허용한다.

틀린 예제

서열 수준의 예(1부터 5를 사용하는 척도의 설문 조사)는 등간 수준의 목록에 부합하는 것처럼 보인다. 그러나 뺄셈을 했을 때 점수의 차이가 의미가 없으므로, 이것을 등간 수준의 데이터라 부를 수 없음을 기억하자.

허용된 수학 연산

다음 두 가지 주목할 만한 연산과 함께 하위 수준에서 허용되는 모든 연산(순서, 비교 등)을 사용할 수 있다.

- 더하기
- 빼기

이 두 가지 연산을 허용함으로써 등간 수준의 데이터를 완전히 새로운 방식으로 이야기할 수 있다.

중심의 측정

등간 수준에서는 중앙값과 최빈수를 사용해 이 데이터를 설명할 수 있다. 그러나 일반적으로 데이터 중심의 가장 정확한 설명은 산술 평균$^{Arithmetic\ mean}$으로, 일반적으로 간단히 '평균'이라고 한다. 평균의 정의는 모든 측정값을 합쳐야 함을 기억하자. 이전 수준에서는 더하기가 의미가 없었다. 따라서 평균은 지나치게 가치를 잃어 버렸다. 평균은 오직 등간 수준에만 있고, 산술 평균 이상의 의미가 있다.

이제 평균을 사용하는 예를 살펴볼 것이다.

제약 회사에서 새로운 백신을 담고 있는 냉장고의 온도를 살펴보자. 매 시간마다 다음과 같은 데이터 포인트(화씨)로 온도를 측정한다.

31, 32, 32, 31, 28, 29, 31, 38, 32, 31, 30, 29, 30, 31, 26

파이썬을 다시 사용해 데이터의 평균과 중앙값을 찾아보자.

```
import numpy

temps = [31, 32, 32, 31, 28, 29, 31, 38, 32, 31, 30, 29, 30, 31, 26]

print numpy.mean(temps)        # == 30.73

print numpy.median(temps)      # == 31.0
```

평균과 중앙값이 서로 매우 가깝고 둘 다 대략 31도라는 점에 주목하자. 문제는 평균적으로 냉장고가 얼마나 차가운가? 약 31도다. 하지만 백신 관리에는 경고가 발생한다.

이 백신을 29도 이하의 온도에 보관하지 마십시오.

적어도 두 번, 온도가 29도 아래로 떨어졌지만 그것이 문제가 될 만큼 충분하지 않다고 가정하면 끝난다.

여기서 온도 변화는 냉장고 상황이 얼마나 나쁜지를 이해하는 데 도움이 된다.

편차 측정

이것은 아직 논의하지 않은 새로운 것이다. 데이터의 중심에 대해 이야기하고 있지만, 데이터 과학에서는 데이터를 '펼치는' 방법에 대해 이야기하는 것이 매우 중요하다. 이 현상을 설명하는 측정을 편차 측정^{Measures of variation}이라고 한다. 이전에 '표준 편차'에 대해 들어 본 적이 있고, 통계 수업으로 인해 가벼운 PTSD(심적 외상 후 스트레스 장애)를 경험했을 것이다. 이 아이디어는 매우 중요하므로 요약해서 설명하려고 한다.

편차 측정(표준 편차와 같음)은 데이터가 어떻게 퍼져 있는가를 나타내는 숫자다.

중심 측정과 함께 편차 측정은 단지 두 개의 숫자로 데이터셋을 거의 완전히 설명할 수 있다.

표준 편차

등간 수준에서 표준 편차는 데이터 변동성의 가장 일반적인 척도다. 표준 편차^{Standard deviation}는 '평균값으로부터 데이터 포인트까지의 평균 거리'로 생각할 수 있다. 이 설명은 기술적으로나 수학적으로 올바른 방법은 아니지만 이해하기 편하다. 표준 편차 공식은 다음 단계로 나눌 수 있다.

1. 데이터의 평균을 구한다.

2. 데이터셋의 각 숫자에 대해 평균에서 숫자를 빼고, 그것을 제곱한다.

3. 각 제곱 차이의 평균을 구한다.

4. 3단계에서 얻은 수의 제곱근을 취한다. 이것이 표준 편차다.

위의 단계 중 하나가 실제로 산술 평균을 취하는 방법이다.

예를 들어 온도 데이터셋을 되돌아보자. 파이썬을 사용해 데이터셋의 표준 편차를 알아보자.

```python
import numpy

temps = [31, 32, 32, 31, 28, 29, 31, 38, 32, 31, 30, 29, 30, 31, 26]

mean = numpy.mean(temps)        # == 30.73

squared_differences = []
# 차이를 제곱한 빈 목록 o

for temperature in temps:
    difference = temperature - mean
    # 이 포인트와 평균 사이의 거리

    squared_difference = difference**2
    # 차이를 제곱한다.

    squared_differences.append(squared_difference)
    # 이것을 목록에 추가한다.

average_squared_difference = numpy.mean(squared_differences)
# 이 숫자는 또한 '분산(Variance)'이라고 부른다.

standard_deviation = numpy.sqrt(average_squared_difference)
# 이제 얻었다!

print standard_deviation        # == 2.5157
```

이 코드는 데이터셋의 표준 편차가 약 2.5며, '평균적으로' 데이터 포인트가 약 31도의 평균 온도로부터 2.5도 떨어져 있음을 알려준다. 이는 평균 기온이 조만간 다시 29도 이하로 떨어질 수 있다는 의미다.

 '실제 차이'가 아닌 각 포인트와 평균 사이의 '제곱 차이'를 구하는 이유는 실제로 값을 제곱하면 특이값(outliers, 비정상적으로 멀리 있는 데이터 포인트)에 중점을 두기 때문이다.

편차의 측정은 데이터가 어떻게 퍼져 나가고 분산됐는지에 대한 매우 명확한 그림을 제공한다. 이것은 데이터의 범위와 데이터가 어떻게 움직일 수 있는지에 관심 있는 경우 특히 중요하다(주식에 대한 수익률을 생각해보자).

등간 수준과 다음 소개되는 비율 수준의 데이터 간에 큰 차이를 보면 석연치 않은 무언가 있다.

등간 수준의 데이터에는 '자연적인 시작점 또는 자연적인 0'이 없다. 그렇다고 섭씨 0도를 '온도가 없음'으로 의미하지 않는다.

비율 수준

마지막으로 비율 수준을 살펴보자. 네 가지 수준 중 허용되는 수학적 연산이 가장 강력하다.

비율 수준은 순서와 차이를 정의할 수 있을 뿐만 아니라 곱하기와 나누기를 허용한다. 이것은 별로 크게 떠들 일도 아닌 것처럼 보이지만, 비율 수준은 데이터를 보는 방식에 대해서 거의 모든 것을 바꾼다.

예제

화씨와 섭씨가 간격 수준에 머물러 있는 동안 켈빈^{Kelvin} 온도는 자연적인 0을 갖고 있다. 측정값 제로 켈빈은 말 그대로 온도가 없음을 의미한다. 그것은 비임의적으로 0에서 시작한다. 실제로 200켈빈이 100켈빈 2배의 온도라고 과학적으로 말할 수 있다.

은행의 돈은 비율 수준이다. '은행에 돈이 없음'인 경우도 있고, $200,000는 $100,000가 '두 배로 많음'을 의미하는 경우다.

 많은 사람들이 섭씨와 화씨도 시작점을 갖고 있다고 주장하기도 한다(주로 켈빈에서 둘 중 하나로 전환할 수 있기 때문). 어리석게 보이지만 실제 차이점은 섭씨와 화씨로 전환하면 계산이 부정적인 결과를 낳기 때문에 섭씨와 화씨에서는 '자연적인' 0을 명확히 정의하지 않는다.

중심의 측정

산술 평균은 기하 평균$^{Geometric\ mean}$이라고 하는 새로운 유형의 평균과 마찬가지로, 비율 수준에서 여전히 의미를 유지한다. 이 척도는 일반적으로 비율 수준에서 많이 사용되지 않지만 언급할 만한 가치가 있다. 모든 값의 곱의 제곱근이다.

예를 들어 냉장고 온도 데이터에서 다음과 같이 기하 평균을 계산할 수 있다.

```
import numpy

temps = [31, 32, 32, 31, 28, 29, 31, 38, 32, 31, 30, 29, 30, 31, 26]

num_items = len(temps)
product = 1.

for temperature in temps:
```

```
    product *= temperature

geometric_mean = product**(1./num_items)

print geometric_mean        # == 30.634
```

이전에 계산한 산술 평균과 중앙값에 얼마나 근접한지 다시 한 번 확인하자. 이것은 항상 그런 것은 아니며, 이 책의 통계 장에서 아주 많이 다룰 것이다.

비율 수준의 문제

비율 수준에서는 모든 기능이 추가되지만, 비율 수준을 다소 제한적으로 만드는 매우 큰 가정을 생각해봐야 한다.

 비율 수준의 데이터는 일반적으로 음수가 아니다.

이런 이유로 많은 데이터 과학자들은 비율 수준보다 등간 수준을 선호한다. 이러한 제한적인 속성의 이유는 음수 값을 허용하면 비율이 항상 의미가 없기 때문이다.

은행 예에서 돈에 부채가 발생한다고 가정하자. $50,000의 잔고를 갖고 있다면 다음의 비율은 전혀 의미가 없다.

$$\frac{\$50,000}{-\$50,000} = -1$$

▎제 눈에 안경인 데이터

데이터에 구조를 적용할 수 있다. 예를 들어 기술적으로 서열 척도에서 1부터 5의 데이터에 평균을 사용할 수 없다고 말했지만, 많은 통계 전문가들이 이 숫자를 데이터셋의 설명자로 사용하는 데 문제가 없었다.

어떤 분석에서든지 초기에 거쳐야만 하는 거대한 가정이 데이터 수준의 해석이다. 일반적으로 데이터를 보고 서열 수준의 데이터로 생각하고 산술 평균과 표준 편차와 같은 도구를 적용하는 경우 이것은 데이터 과학자가 할 일이다. 주로 분석에서 이러한 가정을 계속 유효하게 유지하면 문제를 만날 수 있기 때문이다. 예를 들어 실수로 서열 수준에서 나누기가 가능하다고 가정하면 구조가 존재하지 않는데, 구조를 적용하는 것과 같다.

▎요약

살펴본 데이터 유형은 데이터 과학의 매우 큰 부분이다. 데이터의 유형은 가능한 분석 유형에 영향을 미치기 때문에 대부분 분석보다 데이터 유형 파악이 선행된다.

새로운 데이터셋에 직면할 때마다 다음과 같은 질문을 해야 한다. ㄴ

- 데이터가 구조화돼 있는가, 아니면 비구조화돼 있는가?
  예를 들어 데이터가 좋고 정제된 행/열 구조로 존재하는가?
- 각 열은 정량적인가, 아니면 정성적인가?
  예를 들어 값이 숫자인가, 문자열인가, 양을 나타내는가?
- 각 열의 데이터 수준은 무엇인가?
  예를 들어 명목, 서열, 등간, 비율 수준의 값인가?

이 질문에 대한 대답은 결국 데이터에 대한 지식에 영향을 줄뿐만 아니라, 분석의 다음 단계를 결정할 것이다. 그리고 사용할 수 있는 그래프 유형과 곧 나오게 될 데이터 모델을 어떻게 해석할 것인지를 결정한다. 때로는 더 많은 관점을 얻기 위해 한 수준에서 다른 수준으로 전환해야 한다. 3장에서는 서로 다른 수준의 데이터를 처리하고 탐색하는 방법에 대해 자세히 살펴본다.

이 책이 끝날 때까지 다양한 수준의 데이터를 알아볼 뿐만 아니라 이러한 수준에서 데이터를 어떻게 처리하는지 알게 될 것이다.

03

데이터 과학의 다섯 단계

데이터 유형의 개요와 유형에 따라 데이터셋에 접근하는 방법을 포함해 데이터 과학의 준비 단계를 살펴봤다. 3장에서는 데이터 탐색의 세 번째 단계에 대부분 초점을 맞춘다. 파이썬 패키지인 pandas와 matplotlib을 사용해 여러 가지의 데이터셋을 탐색한다.

▌ 데이터 과학 개론

많은 사람들이 데이터 과학과 데이터 분석의 가장 큰 차이가 뭐냐고 묻는다. 그 둘 사이에는 차이가 없다고 주장할 수 있지만, 어떤 사람들은 수백 가지가 있다고 주장할 것이다! 나는 두 조건 간에 얼마나 많은 차이가 있건 관계없이 가장 큰 것은 데이터 과학이 구조화된 단계별 프로세스를 따른다는 것이며, 따라서 결과에 무결성이 유지된다고 확신한다.

다른 과학적 노력과 마찬가지로 이 프로세스를 준수해야 한다. 그렇지 않으면 분석 및 결과를 검증해야 하는 위험에 처한다. 단순하지만 아마추어 데이터 과학자들이 엄격한 프로세스만 따르면 명확한 비전 없이도 데이터를 탐색하는 것보다 더 빨리 결과를 얻을 수 있다.

이러한 단계는 아마추어 분석가를 안내하는 교훈이지만, 비즈니스 및 학계의 최고 수준에 있는 모든 데이터 과학자를 위한 토대가 된다. 모든 데이터 과학자는 이러한 단계의 가치를 인식하고 어떤 방식으로든 따르게 된다.

▌ 다섯 단계 개요

데이터 과학을 수행하는 5가지 필수 단계는 다음과 같다.

- 흥미로운 질문하기
- 데이터 획득
- 데이터 탐색
- 데이터 모델링
- 결과 전달 및 시각화

먼저 크게 다섯 가지 단계를 살펴보자.

흥미로운 질문하기

이것은 내가 좋아하는 단계다. 기업가로서 내 자신에게, 그리고 다른 사람들에게 흥미로운 질문을 매일 한다. 나는 브레인스토밍 세션을 다루기 때문에 이 단계를 거친다. 대답할 수 있는 데이터가 있는지 여부에 관계없이 질문으로 시작한다. 그 이유는 두 가지다. 먼저 데이터를 검색하기 전에 자신을 편향되게 하고 싶지 않다. 둘째, 데이터를 얻는 것은 공공장소와 사적인 장소 모두를 검색하는 것이므로 매우 간단하지 않을 수 있다. 스스로에게 질문을 하고, 즉시 "하지만 거기에 도움이 될 만한 데이터가 없다"고 판단하며 목록을 건너뛰게 된다. 그렇게 하면 안 된다! 그것을 목록에 남겨놓아야 한다.

데이터 획득

집중할 질문을 정했으면 그 질문에 대답할 수 있는 데이터가 있는지 조사해야 한다. 앞서 언급했듯이 데이터는 다양한 출처에서 나올 수 있다. 따라서 이 단계는 매우 창조적이다!

데이터 탐색

데이터를 얻은 다음 이 책의 2장에서 배운 교훈을 사용해 다뤄야 할 데이터의 유형을 분석하기 시작한다. 이것은 프로세스에서 중요한 단계다. 이 단계가 완료되면 분석가는 일반적으로 코드나 기타 도구를 사용해 데이터를 조작하고 탐색하며, 도메인에 대해 학습하는 데 몇 시간을 보낸다. 분석가는 데이터가 무엇을 말하려고 하는지에 대해 매우 잘 알고 있다.

데이터 모델링

이 단계에서는 통계 및 머신 러닝 모델 사용과 연관된다. 이 단계에서 모델을 선택하고 맞출 뿐만 아니라 모델과 그 효과를 정량화하기 위해 수학적 검증 측정 지표를 주입한다.

결과 전달 및 시각화

이것은 틀림없이 가장 중요한 단계다. 명확하고 단순하게 보일 수도 있지만 이해하기 쉬운 형식으로 결과를 만드는 능력은 보기보다 훨씬 더 어렵다. 결과가 제대로 전달되지 않았거나 잘 표시되는 경우의 서로 다른 사례를 살펴볼 것이다.

이 책에서는 3, 4, 5단계에 주로 초점을 맞춘다.

 이 책에서 1단계와 2단계를 건너뛰는 이유는 무엇일까?

처음 두 단계는 의심의 여지없이 프로세스에 필수적이지만, 일반적으로 통계 및 프로그래밍 방식의 시스템보다 앞에서 이뤄진다. 이 책의 뒷부분에서 데이터를 얻기 위한 여러 가지 방법을 접하게 될 것이지만, 프로세스의 과학적인 측면에 좀 더 초점을 맞추기 위해 바로 데이터 탐색으로 시작한다.

▌ 데이터 탐색

데이터 탐색 프로세스는 간단히 정의되지 않는다. 여기에는 다양한 유형의 데이터를 인식하고, 데이터 유형을 변환하고, 모델링 단계에 대비하기 위해 전체 데이터셋의 품질을 체계적으로 향상시키는 코드를 사용하는 능력이 포함된다. 탐색 기술을 가장 잘 표현하고 가르치기 위해 몇 가지 다른 데이터셋을 제시하고 파이썬 패키지 pandas를 사용해 데이터를 탐색할 것이다. 탐색해 가는 동안 어떻게 데이터를 다루는지 여러 가지 팁과 트릭을 만날 것이다.

이전에 보지 못했던 새로운 데이터셋을 다룰 때 스스로에게 물어야 할 3가지 기본 질문이 있다. 이러한 질문은 데이터 과학의 시작과 끝이 아니라는 점을 명심하자. 새로 얻은 데이터셋을 탐색할 때 따라야 하는 지침이 있다.

데이터 탐색에 대한 기본 질문

새로운 데이터셋을 살펴볼 때, 이미 익숙할지 모르지만 예비 분석을 위한 지침으로 다음과 같은 질문을 사용한다.

- 데이터가 구조적인가?

  데이터가 행/열 구조로 표현되는지 여부를 확인한다. 대부분의 경우 데이터는 구조적 방식으로 표현된다. 이 책에서 예제의 90% 이상이 구조적 데이터로 시작한다. 그럼에도 불구하고 깊이 분석하기 전에 대답해야 하는 가장 기본적인 질문이다.

  일반적 경험에 의하면 데이터가 정리되지 않은 경우 행/열 구조로 변환하려고 한다. 예를 들어 이 책의 앞부분에서 단어/문구의 수를 계산해 텍스트를 행/열 구조로 변환하는 방법을 살펴봤다.

- 각 행은 무엇을 나타내는가?

  데이터가 어떻게 구성돼 있는지에 대한 해답을 얻고 정리된 행/열 기반의 데이터셋을 살펴보고 나서 각 행이 실제로 나타내는 것을 식별해야 한다. 이 단계는 일반적으로 매우 빠르며, 상황을 좀 더 빨리 파악하는 데 도움이 된다.

- 각 열은 무엇을 나타내는가?

  데이터의 수준과 정량적/정성적 여부 등으로 각 항목을 식별해야 한다. 이 분류는 분석이 진행됨에 따라 변경될 수 있지만, 가능한 한 빨리 이 단계를 시작하는 것이 중요하다.

- 누락된 데이터 포인트가 있는가?

  데이터는 완벽하지 않다. 때로는 인간이나 기계 오류로 인해 데이터가 손실될 수 있다. 이런 일이 발생하면 데이터 과학자는 이러한 불일치를 처리하는 방법을 결정해야 한다.

- 열에 대해서 변환 작업이 필요한가?

  각 열에 있는 데이터의 수준/유형에 따라 특정 유형을 변환해야 할지도 모른다. 예를 들어 일반적으로 통계 모델링과 머신 러닝을 위해 각 열을 숫자로 나타내려고 한다. 물론 모든 변환을 위해 파이썬을 사용할 것이다.

그동안 전반적인 질문을 던졌다. 예비 추론 통계에서 무엇을 추론할 수 있을까? 여러분이 데이터를 처음 발견했을 때보다 좀 더 데이터를 이해할 수 있기 바란다.

충분히 이야기했고, 이제 다음 절의 예제를 살펴보자.

데이터셋 1: Yelp

우리가 살펴볼 첫 번째 데이터셋은 대중음식점 리뷰 사이트 Yelp가 제공한 공개 데이터셋이다. 모든 개인 식별 정보는 삭제됐다. 먼저 다음과 같이 데이터를 읽어보자.

```
import pandas as pd

yelp_raw_data = pd.read_csv("yelp.csv")

yelp_raw_data.head()
```

위 코드가 수행하는 작업을 간단히 요약하면 다음과 같다.

- pandas 패키지를 불러오고 닉네임을 pd로 한다.
- 웹에서 .csv 파일을 읽는다. 호출은 yelp_raw_data다.
- 데이터의 head 부분(처음 몇 줄만)을 본다.

	business_id	date	review_id	stars	text	type	user_id	cool	useful	funny
0	9yKzy9PApeiPPOUJEtnvkg	2011-01-26	fWKvX83p0-ka4JS3dc6E5A	5	My wife took me here on my birthday for breakf...	review	rLtl8ZkDX5vH5nAx9C3q5Q	2	5	0
1	ZRJwVLyzEJq1VAihDhYiow	2011-07-27	IjZ33sJrzXqU-0X6U8NwyA	5	I have no idea why some people give bad review...	review	0a2KyEL0d3Yb1V6aivbluQ	0	0	0
2	6oRAC4uyJCsJl1X0WZpVSA	2012-06-14	IESLBzqUCLdSzSqm0eCSxQ	4	love the gyro plate. Rice is so good and I als...	review	0hT2KtfLiobPvh6cDC8JQg	0	1	0
3	_1QQZuf4zZOyFCvXc0o6Vg	2010-05-27	G-WvGaISbqqaMHiNnByodA	5	Rosie, Dakota, and I LOVE Chaparral Dog Park!!...	review	uZetl9T0NcROGOyFfughhg	1	2	0
4	6ozycU1RpktNG2-1BroVtw	2012-01-05	1uJFq2r5QfJG_6ExMRCaGw	5	General Manager Scott Petello is a good egg!!!...	review	vYmM4KTsC8ZfQBg-j5MWkw	0	0	0

데이터가 구조적인가?

- 행/열 구조가 좋기 때문에 이 데이터가 꽤 체계적으로 보인다는 결론을 내릴 수 있다.

각 행은 무엇을 나타내는가?

- 각 행은 비즈니스 리뷰를 제공하는 사용자를 나타내는 것이 분명하다. 그 다음으로 해야 할 일은 각 행을 검사하고 그 행에 포함된 데이터 유형으로 라벨을 정하는 것이다. 이 시점에서 파이썬을 사용하면 데이터셋이 얼마나 큰지 알 수 있다. 데이터프레임^{Dataframe}의 품질은 shape를 사용해 다음과 같이 확인할 수 있다.

```
yelp_raw_data.shape

# (10000,10)
```

- 이 데이터셋에는 10,000개의 행과 10개의 열이 있음을 알 수 있다. 이것을 말하는 또 다른 방법은 이 데이터셋이 10,000개의 관측치와 10개의 특성을 갖고 있다는 것이다.

각 열은 무엇을 나타내는가?

여기에는 다음과 같은 10개의 열이 있다.

- business_id: 리뷰에 대한 비즈니스의 고유 식별자일 가능성이 높다. 이 식별자에는 자연스러운 순서가 없기 때문에 이것은 명목 수준이다.

- date: 리뷰가 게시된 날짜일 것이다. 이것은 연, 월, 일 특성으로 보인다. 시간은 일반적으로 연속적인 것으로 간주되지만, 날짜가 갖는 자연적인 순서 때문에 이 열은 개별적으로 간주되며 서열 수준으로 간주된다.

- review_id: 각 게시물이 나타내는 리뷰의 고유 식별자일 가능성이 높다. 이 식별자에는 자연스러운 순서가 없기 때문에 이것은 명목 수준이다.

- stars: 언뜻 보면(걱정할 필요 없다. 곧 추가 분석을 수행할 것이다) 리뷰 작성자가 레스토랑에 최종 점수로 준 항목을 나타내는 정렬된 열임을 알 수 있다. 이것은 질서 정연하다. 따라서 이것은 서열 수준이다.

- text: 이것은 각 리뷰 작성자가 쓴 원시 텍스트일 가능성이 높다. 대부분의 텍스트에서와 마찬가지로 이 값은 명목 수준으로 취급한다.

- user_id: 리뷰 작성자의 고유 식별자일 가능성이 높다. 다른 고유 ID와 마찬가지로 이 데이터도 명목 수준으로 놓는다.

> ℹ️ 모든 열을 살펴본 후 모든 데이터가 서열 수준이나 명목 수준에 있음을 확인했으면 다음 사항을 살펴봐야 한다. 이것은 드문 일이 아니지만 언급할 만한 가치가 있다.

누락된 데이터 포인트가 있는가?

- isnull 연산을 수행하자. 예를 들어 데이터프레임의 이름이 awesome_dataframe인 경우 파이썬 명령어 awesome_dataframe.isnull ( ). sum ( )은 각 열에서 누락된 값의 수를 표시한다.

열에 대해서 변환 작업이 필요한가?

- 이 시점에서 우리는 몇 가지를 찾고 있다. 예를 들어 일부 정량적 데이터의 척도를 변경해야 하는가, 아니면 정성적 변수에 더미 변수를 만들어야 하는가? 이 데이터셋은 정성적인 열만 있으므로, 순서 및 명목 척도 변환에만 집중할 수 있다.

시작하기 전에 파이썬의 데이터 탐색 모듈인 pandas에 대한 간단한 용어를 살펴보자.

데이터프레임

데이터셋을 읽을 때 pandas는 데이터프레임^{Dataframe}이라는 사용자 객체를 생성한다. 이것은 스프레드시트의 파이썬 버전이라고 생각하면 된다. 이 경우 변수 yelp_raw_data가 데이터프레임이다.

이것이 사실인지 확인하려면 파이썬에서 다음 코드를 입력해본다.

```
type(yelp_raw_data)

# pandas.core.frame.DataFrame
```

데이터프레임은 사실상 2차원의 스프레드시트처럼 행/열 구조로 구성된다. 데이터프레임이 스프레드시트 소프트웨어보다 나은 주된 이점은 데이터프레임이 일반적인 스프레드시트 소프트웨어보다 훨씬 더 큰 데이터를 처리할 수 있다는 것이다. R 언어에 익숙하다면 데이터프레임이라는 단어를 알고 있을 것이다. 실제로 이 단어를 R 언어에서 빌려왔기 때문이다!

다루게 될 대부분의 데이터는 구조적이기 때문에 데이터프레임은 pandas에서 가장 많이 사용되는 객체고, 두 번째로 시리즈^{Series} 객체에 속한다.

시리즈

시리즈^{Series} 객체는 하나의 차원이고 데이터프레임이지만, 본질적으로는 데이터 포인트 목록이다. 데이터프레임의 각 열은 시리즈 객체로 간주된다. 이것을 확인해보자. 첫 번째 작업은 데이터프레임에서 하나의 열을 가져 오는 것이다. 일반적으로 괄호 표기법^{bracket notation}이라고 알려진 것을 사용한다. 예제는 다음과 같다.

```
yelp_raw_data['business_id']      # 데이터프레임의 열 하나를 가져온다.
```

몇 개의 시작 행과 마지막 행을 나열한다.

```
0       9yKzy9PApeiPPOUJEtnvkg
1       ZRJwVLyzEJq1VAihDhYiow
2       6oRAC4uyJCsJl1X0WZpVSA
3       _1QQZuf4zZOyFCvXc0o6Vg
4       6ozycU1RpktNG2-1BroVtw
5       -yxfBYGB6SEqszmxJxd97A
6       zp713qNhx8d9KCJJnrw1xA
```

type 함수를 사용해 이 열이 시리즈인지 확인한다.

```
type(yelp_raw_data['business_id'])

# pandas.core.series.Series
```

정성적 데이터를 탐색하는 팁

이 두 개의 Pandas 객체를 사용해 예비 데이터 탐색을 시작하자. 정성적 데이터에 대해 명목 수준과 서열 수준을 구체적으로 살펴볼 것이다.

명목 수준 열

명목 수준에서 데이터는 정성적이며 순수하게 이름으로 설명된다는 것을 상기하자. 이 데이터셋에서는 business_id, review_id, text, type, user_id를 참조한다. 다음과 같이 Pandas를 사용해 좀 더 깊이 들어가 보자.

```
yelp_raw_data['business_id'].describe()

# count                   10000
# unique                   4174
# top       JokKtdXU7zXHcr20Lrk29A
# freq                       37
```

describe 함수는 따옴표에 입력되는 이름 열에 대한 간단한 통계를 제공한다. 어떻게 Pandas가 business_id를 정성적인 열로 자동 인식하고, 우리가 이해할 수 있게 통계를 제공하는지 살펴보자. 정성적인 열에서 describe 함수가 호출되면 항상 다음과 같은 네 가지 항목을 제공한다.

- count: 채워진 값의 수
- unique: 채워진 고유한 값의 수
- top: 데이터셋에서 가장 공통적인 항목의 이름
- freq: 가장 공통적인 항목이 데이터셋에서 나타나는 빈도

명목 수준에서는 일반적으로 변환이 필요한 몇 가지 것들을 찾아보게 된다.

- 고유 항목이 보통 20개 미만이면 합리적인 수인가?

- 열은 자연적 텍스트인가?
- 이 열은 모든 행에서 완전히 고유한가?

따라서 business_id 열에 대해서는 10,000이 계산된다. 속으면 안 된다! 그렇다고 해서 10,000개의 비즈니스 리뷰가 있다는 것이 아니다. 이것은 10,000개의 리뷰 행 중 business_id 열이 10,000번 모두 채워져 있음을 의미한다. 다음 항목인 unique 는 이 데이터셋에서 4174개의 고유 비즈니스 리뷰가 있음을 나타낸다. 가장 많이 리뷰된 비즈니스는 37번 리뷰된 비즈니스 JokKtdXU7zXHcr20Lrk29A다.

```
yelp_raw_data['review_id'].describe()

# count                      10000
# unique                     10000
# top          eTa5KD-LTgQv6UT1Zmijmw
# freq                           1
```

10000이라는 count와 10000이라는 unique가 있다. 이게 무슨 의미인지 잠깐 생각 해보자. 각 행이 무엇을 의미하고, 이 열은 무엇을 의미하는지 생각해보자.

그렇다! 이 데이터셋의 각 행은 비즈니스에 대한 단일의 고유한 리뷰를 나타내고 있으며, 이 열은 리뷰를 위한 고유한 식별자로 사용된다. 따라서 review_id 열에 10000개의 고유 항목이 있다는 것은 의미가 있다. 그렇다면 왜 eTa5KD-LTgQv 6UT1Zmijmw가 가장 공통적인 리뷰일까? 이것은 10,000에서 무작위로 선택된 것이고 아무런 의미가 없다.

```
yelp_raw_data['text'].describe()

count                                                      10000
unique                                                      9998
top          This review is for the chain in general. The l...
```

freq	2

사람들이 실제로 쓴 텍스트를 나타내는 이 열은 흥미롭다. 두 사람이 똑같은 것을 썼다면 이상하게 보일 수 있기 때문에 이것은 모두 고유한 텍스트여야 한다는 점에서 review_id와 유사하다고 생각한다. 하지만 똑같은 텍스트로 된 2개의 리뷰가 있다! 이 부분을 자세히 검토하기 위해 잠시 시간을 내서 데이터프레임 필터링에 대해 알아보자.

Pandas에서 필터링

필터링filtering이 어떻게 동작하는지 이야기를 좀 해보자. 특정 기준에 따라 행을 필터링 하는 것은 Pandas에서 매우 쉽다. 데이터프레임에서 몇 가지 검색 기준에 따라 행을 필터링하려면 행 단위로 이동해 행이 특정 조건을 충족시키는지 확인해야 한다. Pandas는 True와 False(불리언)의 시리즈를 통과해 이 문제를 처리한다.

문자 그대로 True와 False 데이터 목록을 다음과 같은 의미로 데이터프레임에 전달한다.

- True: 이 행은 조건을 만족한다.
- False: 이 행은 조건을 만족하지 않는다.

따라서 먼저 조건을 만들어보자. 다음 코드 라인으로 두 번 발생하는 텍스트를 가져온다.

```
duplicate_text = yelp_raw_data['text'].describe()['top']
```

텍스트 일부는 다음과 같다.

> "This review is for the chain in general. The location we went to is
> new so it isn't in Yelp yet. Once it is I will put this review there
> as well..."

추측이지만 아마도 이것은 동일한 체인점에 속한 두 개의 비즈니스를 검토하고 똑
같은 리뷰를 작성한 사람 중 한 명일 것이다.

 duplicate_text 변수는 string 유형 중 하나다.

이제 이 텍스트가 생겼으니 몇 가지 마법을 사용해 true 및 false의 시리즈를 작성
해보자.

```
text_is_the_duplicate = yelp_raw_data['text'] == duplicate_text
```

혼란스러울 수도 있다. 여기서 작업한 것은 데이터프레임의 텍스트 열을 가져 와서
duplicate_text 문자열과 비교한 것이다. 10,000개의 요소 목록을 단일 문자열과
비교하는 것처럼 보이기 때문에 이상하게 보인다. 물론 응답은 정확히 잘못된 것
이다.

Pandas의 시리즈는 매우 흥미로운 특징이 있다. 시리즈를 객체와 비교하면 동일한
길이의 또 다른 불리언의 시리즈를 반환한다는 것으로, 질의에 대한 응답은 true와
false로 나온다. 이 요소는 비교 대상 요소와 동일한 요소인가? 매우 편리하다!

```
type(text_is_the_duplicate)       # True와 False의 시리즈다.

text_is_the_duplicate.head()      # 시리즈에서 False 몇 개를 보여준다.
```

파이썬에서는 true와 false 각각을 1과 0처럼 더하거나 뺄 수 있다. 예를 들어 True + False - True + False + True == 1이다. 따라서 모든 값을 합산해 이 시리즈가 올바른지 확인할 수 있다. 여러 행 중에서 두 개만 중복 텍스트를 포함하므로 시리즈의 합계는 2가 돼야 한다. 이것은 다음과 같이 표시된다.

```
sum(text_is_the_duplicate)    # == 2
```

이제 불리언의 시리즈를 만들었으므로, 괄호 표기법을 사용해 데이터프레임에 직접 전달하고 그림과 같이 필터링된 행을 얻을 수 있다.

```
filtered_dataframe = yelp_raw_data[text_is_the_duplicate]
# 필터링된 데이터프레임

filtered_dataframe
```

	business_id	date	review_id	stars	text	type	user_id	cool	useful	funny
4372	jvvh4Q00Hq2XyIcfmAAT2A	2012-06-16	ivGRamFF3KurE9bjkl6uMw	2	This review is for the chain in general. The I...	review	KLekdmo4FdNnP0huUhzZNw	0	0	0
9680	rIonUa02zMz_ki8eF-Adug	2012-06-16	mutQE6UfjLIpJ8Wozpq5UA	2	This review is for the chain in general. The I...	review	KLekdmo4FdNnP0huUhzZNw	0	0	0

의심은 옳았으며, 같은 날에 한 사람이 같은 체인점의 일부인 두 개의 다른 business_id에 똑같은 리뷰를 했다. 나머지 열을 계속 살펴보자.

```
yelp_raw_data['type'].describe()

count      10000
unique         1
top       review
freq       10000
```

이 열을 기억하는가? type 열의 값은 review라는 이름으로 모두 똑같다.

```
yelp_raw_data['user_id'].describe()

count                   10000
unique                   6403
top       fczQCSmaWF78toLEmb0Zsw
freq                       38
```

business_id 열과 마찬가지로 모든 10000 값은 6403명의 고유 사용자로 채워지고, 한 사용자가 38번 리뷰했다!

이 예제에서는 어느 변환도 할 필요가 없다.

서열 수준 열

서열 수준 열로 가서 date와 stars를 살펴본다. 각 열에 대해 describe 메소드가 무엇을 불러 오는지 살펴보자.

```
yelp_raw_data['stars'].describe()
# count   10000.000000
# mean        3.777500
# std         1.214636
# min         1.000000
# 25%         3.000000
# 50%         4.000000
# 75%         5.000000
# max         5.000000
```

와아! 이 열은 서열 수준 임에도 불구하고 describe 메소드가 정량적인 열에 해당되는 통계를 반환했다. 이것은 프로그램이 많은 수의 숫자를 읽고 평균값이나 최솟값, 최댓값과 같은 통계를 원한다고 판단했기 때문이다. 이것은 문제가 되지 않는다.

value_counts라는 메소드를 사용해 다음과 같이 숫자 분포를 살펴보자.

```
yelp_raw_data['stars'].value_counts()
# 4   3526
# 5   3337
# 3   1461
# 2    927
# 1    749
```

value_counts 메소드는 모든 열에 대해 값의 분포를 반환한다. 이 경우 별점 4가 3526 값으로 가장 많이 사용된 것으로 나타났고, 별점 5가 그 뒤를 따랐다. 이 데이터는 plot으로 멋진 시각 효과를 얻을 수도 있다. 먼저 별점으로 정렬한 다음 미리 작성된 plot 메소드를 사용해 막대형 차트를 만든다.

```
dates = yelp_raw_data['stars'].value_counts()
dates.sort()
dates.plot(kind='bar')
```

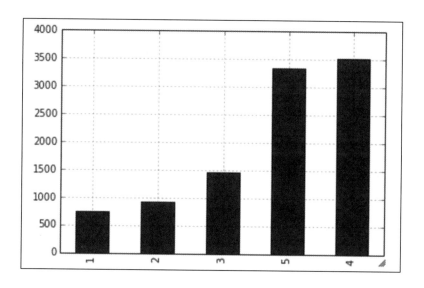

일반적으로 사람들은 나쁜 경험을 해도 좋은 별점을 부여할 가능성이 높다! date 열에도 이 프로시저를 수행할 수 있다. 여러분이 각자 시도해보기 바란다. 이제 새로운 데이터셋을 살펴보자.

데이터셋 2: titanic

titanic 데이터셋에는 1912년에 타이타닉 호가 빙산과 부딪쳤을 때 그 안에 있던 사람들의 표본이 들어 있다. 여기에 표시된 대로 실행시켜보자.

```
titanic = pd.read_csv('short_titanic.csv')
titanic.head()
```

	Survived	Pclass	Name	Sex	Age
0	0	3	Braund, Mr. Owen Harris	0	22
1	1	1	Cumings, Mrs. John Bradley (Florence Briggs Th...	1	38
2	1	3	Heikkinen, Miss. Laina	1	26
3	1	1	Futrelle, Mrs. Jacques Heath (Lily May Peel)	1	35
4	0	3	Allen, Mr. William Henry	0	35

이 데이터프레임에는 일반적으로 더 많은 열이 있다. 그러나 이 예제에서는 주어진 열에만 초점을 맞춘다.

이 데이터는 대부분의 스프레드시트 데이터와 마찬가지로 행/열 구조로 정의된다. 여기에 표시된 것처럼 크기를 빠르게 살펴보자.

```
titanic.shape

# (891, 5)
```

891개의 행과 5개의 열이 있다. 열과 관련해서 각 행은 선박의 승객 한 명을 표현하는 것으로 보인다. 다음 목록은 그 내용이 무엇인지를 알려준다.

- Survived: 이것은 승객이 사고에서 살아남았는지 여부를 나타내는 이진 변수다(살아있을 경우 1, 사망한 경우 0). 두 가지 옵션만 있기 때문에 명목 수준일 가능성이 높다.
- Pclass: 승객이 탑승했던 클래스다(삼등석의 경우 3). 이것은 서열 수준이다.
- Name: 이것은 승객의 이름이며 명목 수준이다.
- Sex: 승객의 성별을 나타낸다. 이것은 명목 수준이다.
- Age: 이것은 약간 까다롭다. 틀림없이 나이를 정량적 또는 정성적으로 지정할 수도 있겠지만 나는 나이가 정량적인 상태, 즉 비율 수준에 속한다고 생각한다.

정성적 상태에 관계없이 일반적으로 변형에 관한 한 모든 열이 숫자이기를 원한다. 이것은 Name과 Sex가 어떻게든 숫자 열로 변환돼야 함을 의미한다. Sex에 따라 승객이 여성이면 1을, 남성이라면 0을 유지하게 열을 변경할 수 있다. Pandas를 사용해 변경하자. 그림과 같이 numpy 또는 numerical Python이라는 다른 파이썬 모듈을 불러와야 한다.

```python
import numpy as np
titanic['Sex'] = np.where(titanic['Sex']=='female', 1, 0)
```

np.where 메소드는 세 가지를 필요로 한다.

- 불리언 목록(true 또는 false)
- 새로운 값
- 백업 값

이 메소드는 모든 true를 첫 번째 값(이 경우 1)으로 바꾸고 false를 두 번째 값(이 경우 0)으로 바꿔서 원래의 Sex 열과 동일한 것을 나타내는 새로운 숫자 열을 만든다.

```
titanic['Sex']
```

```
# 0    0
# 1    1
# 2    1
# 3    1
# 4    0
# 5    0
# 6    0
# 7    0
```

모든 열을 한 번에 설명한 결과는 다음과 같다.

```
titanic.describe()
```

	Survived	Pclass	Sex	Age
count	891.000000	891.000000	891.000000	714.000000
mean	0.383838	2.308642	0.352413	29.699118
std	0.486592	0.836071	0.477990	14.526497
min	0.000000	1.000000	0.000000	0.420000
25%	0.000000	2.000000	0.000000	20.125000
50%	0.000000	3.000000	0.000000	28.000000
75%	1.000000	3.000000	1.000000	38.000000
max	1.000000	3.000000	1.000000	80.000000

정성적인 열이 어떻게 정량적으로 처리됐는지 주목하자. 그러나 데이터 형식에 무관한 무언가를 찾아보자. count 행에 유의하자. Survived, Pclass, Sex에는 모두 891개의 값(행 수)이 있지만, Age에는 714개의 값만 있다. 일부가 누락됐다! 재확인을 위해 다음과 같이 isnull과 sum이라는 Pandas 함수를 사용하자.

```
titanic.isnull().sum()

Survived    0
Pclass      0
Name        0
Sex         0
Age       177
```

각 열에 누락된 값의 수가 표시된다. 따라서 다뤄야 할 값이 누락된 유일한 열은 Age다.

누락된 값을 처리할 때는 대개 다음 두 가지 옵션이 있다.

- 누락된 값이 있는 행을 삭제하기
- 값을 채우기

행을 삭제하는 것이 쉬운 선택이다. 그러나 귀중한 데이터를 잃을 위험이 있다! 예를 들어 이 경우 177개의 누락된 연령 값(891-714)이 데이터의 거의 20%다. 데이터를 채우기 위해 우리는 역사서로 돌아가거나, 각 사람을 하나씩 찾아보고, 나이를 채울 수도 있고, 또는 나이에 플레이스홀더placeholder(빠져 있는 것을 대신하는 기호나 텍스트의 일부) 값으로 채울 수도 있다.

데이터셋에 있는 사람들의 전반적인 평균 나이를 Age 열의 누락된 값에 채운다. 이를 위해 mean과 fillna라는 두 가지 새로운 메소드를 사용할 것이다. isnull을 사용하면 어떤 값이 null인지 알려주고 mean 함수는 Age 열의 평균값을 알려준다.

fillna는 null 값을 주어진 값으로 바꾸는 Pandas 메소드다.

```
print sum(titanic['Age'].isnull())        # == 177 누락된 값

average_age = titanic['Age'].mean()        # 평균 나이를 구한다.

titanic['Age'].fillna(average_age, inplace = True)
# 누락된 값을 없애기 위해서 fillna 메소드를 사용한다.

print sum(titanic['Age'].isnull())         # == 0 누락된 값
```

다 됐다! 누락된 각 값을 데이터셋의 평균 연령인 26.69로 대체했다.

```
titanic.isnull().sum()

Survived      0
Pclass        0
Name          0
Sex           0
Age           0
```

잘 했다! 누락된 것이 없고 행을 제거할 필요도 없다.

```
titanic.head()
```

	Survived	Pclass	Name	Sex	Age
0	0	3	Braund, Mr. Owen Harris	male	22
1	1	1	Cumings, Mrs. John Bradley (Florence Briggs Th...	female	38
2	1	3	Heikkinen, Miss. Laina	female	26
3	1	1	Futrelle, Mrs. Jacques Heath (Lily May Peel)	female	35
4	0	3	Allen, Mr. William Henry	male	35

이 시점에서 이런 질문을 받으면 좀 더 복잡해진다. 예를 들어 여성이나 남성의 평균 연령은 얼마입니까? 이에 답하기 위해 각 성별로 필터링하고 평균 나이를 구할 수 있다. 다음에 보여주는 것처럼 Pandas에는 groupby라는 내장 함수가 있다.

```
titanic.groupby('Sex')['Age'].mean()
```

이것은 Sex 열로 데이터를 그룹화한 다음, 각 그룹의 평균 나이를 알려주는 것을 의미한다. 이것은 다음과 같은 결과를 준다.

```
Sex
0     30.505824
1     28.216730
```

이러한 어렵고 복잡한 질문을 더 많이 하고 파이썬과 통계로 대답할 수 있어야 한다.

▌요약

이것은 데이터 탐색에 대한 단지 첫 번째 사례일 뿐이므로 걱정할 필요는 없다. 이것은 데이터 과학 및 탐색을 위해 수행하는 마지막 단계가 아니다. 이제부터는 새로운 데이터를 살펴볼 때마다 탐색 단계를 사용해 데이터를 변환, 분석, 표준화한다. 3장에서 설명한 단계는 지침일 뿐이며, 데이터 과학자가 작업하는 일반적인 관행을 형상화한 것이다. 이 단계는 분석이 필요한 모든 데이터셋에 적용 할 수 있다.

여러분은 이 책에서 통계적, 확률적, 머신 러닝 모델을 다루는 분야에 빠르게 접근하고 있다. 진정으로 이러한 모델로 뛰어 들기 전에 수학의 기초에 대해 살펴봐야만 한다. 4장에서는 모델링에서 좀 더 복잡한 연산을 수행하는 데 필요한 약간의 수학을 살펴보겠지만, 걱정할 필요는 없다. 이 프로세스에 필요한 수학은 최소화돼 있으며, 단계별로 살펴볼 것이다.

04

기초 수학

이제 데이터 과학을 다룰 때 편리하게 사용할 수 있는 몇 가지 기본 수학 원리를 살펴볼 차례다. 수학이라는 단어는 많은 사람의 마음속에 두려움을 주지만, 가능한 한 재미있게 설명해 보려고 한다. 4장에서 다루는 내용은 다음과 같다.

- 기본 기호/용어
- 로그/지수
- 집합 이론
- 미적분학
- 행렬(선형) 대수

수학의 다른 분야도 다룬다. 또한 수학을 다른 과학적인 시도뿐만 아니라 데이터 과학의 다양한 측면에 적용하는 방법을 살펴본다.

3장에서 수학은 데이터 과학의 세 가지 주요 구성 요소 중 하나임을 확인했다. 4장에서는 확률적 및 통계적 모델을 볼 때 책에서 중요하게 다루는 개념과 유용한 개념을 살펴본다. 이와 관계없이 4장의 모든 개념은 데이터 과학자가 되기 위한 기본 사항으로 봐야 한다.

▌ 학문으로서의 수학

과학으로서의 수학은 인류의 가장 오래된 논리적 사고 형태 중 하나다. 고대의 메소포타미아^{Mesopotamia}와 그보다 앞선 기원전(기원 3,000년) 이후로 인간은 삶의 가장 큰 문제에 답하기 위해 산술적이며 좀 더 도전적인 형태의 수학에 의존해 왔다.

오늘날 우리는 일상생활에서 가장 중요한 부분을 수학에 의지한다. 진부하게 들리겠지만 사실이다. 식물에 물을 주거나 개에게 먹이를 줄 때 여러분 내부의 수학적 엔진은 끊임없이 돌아가고 있다. 지난 주 하루에 물을 식물에 얼마나 줬는지 계산하고, 지금 개에게 먹이를 주면 다음에 언제 배가 고플지를 예상한다. 수학의 원리를 의식적으로 사용하든 아니든 개념은 모든 사람의 뇌 깊숙한 곳에 있다. 이것을 깨닫게 하는 것이 수학 선생으로서 나의 의무다.

▌ 기본 기호 및 용어

먼저 수학 프로세스에서 사용되는 가장 기본적인 기호와 데이터 과학자가 사용하는 좀 더 섬세한 표기법을 살펴보자.

벡터 및 행렬

벡터^{vector}는 크기와 방향을 모두 가진 객체로 정의된다. 그러나 이 정의는 사용하기에 약간 복잡하다. 목적을 위해 벡터는 단순히 일련의 수를 나타내는 1차원 배열^{array}이다. 달리 말하자면 벡터는 숫자 목록이다.

다음과 같이 일반적으로 화살표 또는 굵은 글꼴로 표시된다.

$$\vec{x} \ \text{또는} \ x$$

벡터는 벡터의 개별 구성원인 구성 요소^{components}로 나눠진다. 그림과 같이 첨자 표기법$^{index \ notations}$을 사용해 이러한 요소를 나타낸다.

$$\text{If} \quad \vec{x} = \begin{pmatrix} 3 \\ 6 \\ 8 \end{pmatrix} \quad \text{then} \ x_1 = 3$$

> ℹ️ 컴퓨터 과학에서 일반적으로 첫 번째 요소를 첨자 0으로 지칭하는 것과 달리, 수학에서는 일반적으로 첫 번째 요소를 첨자 1로 지칭한다. 여러분이 어떤 첨자 시스템을 사용하고 있는지 아는 것이 중요하다.

파이썬에서는 여러 가지 방법으로 배열을 표현할 수 있다. 위의 배열을 나타내기 위해 단순히 파이썬 list를 사용할 수 있다.

```
x = [3, 6, 8]
```

그러나 벡터 연산을 수행할 때 훨씬 더 많은 유틸리티를 제공하므로 배열을 나타낼 때 다음에 보여주는 것처럼 numpy 배열 유형을 사용하는 것이 좋다.

```
import numpy as np
x = np.array([3, 6, 8])
```

파이썬 표현에 관계없이 벡터는 단일 데이터 포인트/관측의 여러 차원^{multiple} ^{dimensions}을 저장하는 간단한 방법을 제공한다.

3개 부서의 직원들 평균 만족도(0~100)를 HR 57건, Engineering 89건, Management 94건으로 측정한다고 가정하자. 이것은 다음과 같은 수식의 벡터로 나타낼 수 있다.

$$x = \begin{pmatrix} x_1 \\ x_2 \\ x_3 \end{pmatrix} = \begin{pmatrix} 57 \\ 89 \\ 94 \end{pmatrix}$$

이 벡터는 데이터에 대한 세 가지 정보 비트^{bit}를 갖고 있다. 이것은 데이터 과학에서 완벽한 벡터 사용의 예다.

벡터를 Pandas 시리즈 객체의 이론적인 일반화라고 생각할 수도 있다. 자연스럽게 데이터프레임을 표현할 무언가가 필요하다.

단일 차원 이상으로 이동하고 여러 차원으로 데이터를 표현하기 위해 배열 개념을 확장할 수 있다.

행렬^{matrix}은 숫자 배열의 2차원 표현이다. 행렬들(복수형)에는 알아야 할 두 가지 주요 특징이 있다. n × m(n by m)으로 표시되는 행렬의 차원은 행렬이 n행과 m열을 가짐을 알려준다. 행렬들은 일반적으로 X와 같이 대문자로 표기한다. 다음 예를 살펴보자.

$$\begin{pmatrix} 3 & 4 \\ 8 & 55 \\ 5 & 9 \end{pmatrix}$$

114

이것을 3행 2열이기 때문에 3 × 2(3 by 2) 행렬이다.

 행렬의 행과 열의 수가 같은 경우 행렬을 정방 행렬(square matrix)이라고 한다.

행렬은 Pandas 데이터프레임을 일반화한 것이다. 이것은 틀림없이 툴킷[1]에서 가장 중요한 수학적 객체 중 하나다. 이 경우에는 구조화된 정보를 보관하는 데 사용된다.

앞의 예제를 다시 살펴보면서 서로 다른 위치에 세 개의 사무실이 있고, 각 사무실에는 세 개의 부서가 있다고 가정하자. 각 부서는 HR, Engineering, Management 이렇게 세 부서로 나눠져 있다. 이때 서로 다른 세 가지 벡터를 만들 수 있는데, 다음과 같이 세 가지 벡터는 각 사무실의 서로 다른 공식적인 만족도 점수를 갖고 있다.

$$x = \begin{pmatrix} 57 \\ 89 \\ 94 \end{pmatrix}, y = \begin{pmatrix} 67 \\ 87 \\ 84 \end{pmatrix}, z = \begin{pmatrix} 65 \\ 98 \\ 60 \end{pmatrix}$$

그러나 이것은 성가실 뿐만 아니라 확장할 수도 없다. 100개의 사무실이 있다면 어떨까? 그럼 이 정보를 저장하기 위해 100개의 다른 1차원 배열이 필요할 것이다.

행렬은 이 문제를 완화시킨다. 다음과 같이 각 행이 다른 부서를 나타내고, 각 열이 다른 사무실을 나타내는 행렬을 만든다.

	Office 1	Office 2	Office 3
HR	57	67	65
Engineering	89	87	98
Management	94	84	60

---

1. 툴킷(toolkit): 프로그래머가 특정 머신이나 응용에 쓸 프로그램 작성에 사용할 수 있는 프로그램이나 루틴의 세트 – 옮긴이

이것이 훨씬 자연스럽다. 이제 라벨을 벗겨내고 행렬을 남겨보자.

$$X = \begin{pmatrix} 57 & 67 & 65 \\ 89 & 87 & 98 \\ 94 & 84 & 60 \end{pmatrix}$$

빠른 연습

1. 네 번째 사무실을 추가하면 새 행이나 열이 필요한가?

2. 네 번째 사무실을 추가 한 후에는 행렬의 차원은 어떻게 될까?

3. 원래 X 행렬에서 Management 부서를 제거하면 새 행렬의 차원은 어떻게 될까?

4. 행렬의 요소 수를 알 수 있는 일반적인 수식은 무엇인가?

정답

1. 열

2. 3 × 4

3. 2 × 3

4. n × m(n은 행의 수이고, m은 열의 수이다)

산술 기호

이 절에서는 대부분의 데이터 과학 튜토리얼과 서적에서 볼 수 있는 기초 산술과 관련된 기호를 살펴본다.

합계

대문자 시그마 기호 Σ는 덧셈을 위한 범용 기호다. 시그마 기호의 오른쪽에 있는 것이 무엇이든 일반적으로 반복 가능하다. 즉, 하나씩 차례로 간다는 것을 의미한다 (예를 들어 벡터).

예를 들어 벡터 표현을 작성해보자.

```
X = [1, 2, 3, 4, 5]
```

이 콘텐츠의 합계를 찾으려면 다음 수식을 사용할 수 있다.

$$\sum x_i = 15$$

파이썬에서는 다음 수식을 사용한다.

```
sum(x) # == 15
```

예를 들어 일련의 숫자의 평균을 계산하는 수식은 매우 일반적이다. 길이 n의 벡터 x를 갖는다면 벡터의 평균은 다음과 같이 계산될 수 있다.

$$mean = \frac{1}{n}\sum x_i$$

이것은 x의 각 요소를 더해서 x_i로 표시한 다음, 합계에 $1/n$을 곱한다. 그렇지 않으면 벡터의 길이를 n으로 나눠도 된다.

비례

소문자 기호 α는 서로 비례하는 값을 나타낸다. 즉, 하나의 값이 변경되면 다른 값도 변경된다. 값이 이동하는 방향은 값이 비례하는 방식에 따라 다르다. 값은 직접 또는 간접적으로 변할 수 있다. 값이 직접적으로 변하는 경우 둘 다 동일한 방향으로 이동한다(하나가 올라갈 때 다른 하나도 올라간다). 간접적으로 변하는 경우 반대 방향으로 이동한다(하나가 내려가면 다른 하나는 올라간다).

다음 예제를 살펴보자.

- 회사의 매출은 고객 수와 직접적으로 변한다. 이것은 $Sales\,\alpha\,Customers$처럼 쓸 수 있다.
- 가스 가격은 석유 가용성에 따라 간접적으로 변하며, 이는 석유의 가용성이 떨어지면(더 부족하게 됨) 가스 가격이 올라갈 것이다. 이것은 $Gas\,\alpha\,Oil\,Availability$처럼 나타낼 수 있다.

나중에 베이즈 공식[Bayes formula]이라고 하는 변형 기호가 포함된 매우 중요한 공식을 살펴볼 것이다.

내적[2]

내적은 덧셈이나 곱셈 같은 연산자다. 다음과 같이 두 개의 벡터를 결합하는 데 사용된다.

$$\begin{pmatrix} 3 \\ 7 \end{pmatrix} \cdot \begin{pmatrix} 9 \\ 5 \end{pmatrix} = 3*9+7*5 = 62$$

이것이 무엇을 의미할까? 예를 들어 코미디, 로맨틱, 액션의 세 가지 장르 영화에 대한 고객의 심리를 나타내는 벡터가 있다고 가정해보자.

 내적을 사용할 때 응답은 스칼라라고 하는 단일 숫자라는 점에 유의하자.

---

2. 내적(dot product)은 벡터의 내적(inner product)을 나타내는 기호로 점(·)이 사용되어서 점곱이라고도 하며, 그 결과가 스칼라이기 때문에 스칼라 곱(scalar product)이라고도 한다. – 옮긴이

1–5의 척도로 고객이 코미디를 사랑하고 로맨틱 영화를 싫어하며, 액션 영화는 괜찮다고 응답했다면 다음과 같이 표현할 수 있다.

$$\begin{pmatrix} 5 \\ 1 \\ 3 \end{pmatrix}$$

여기서 다음과 같다.

- 5는 코미디에 대한 사랑을 의미한다.
- 1은 로맨틱에 대한 싫어함을 의미한다.
- 3은 액션에 대한 무관심을 의미한다.

이제 두 개의 새로운 영화가 있다고 가정하자. 그중 하나는 로맨틱 코미디고, 다른 하나는 재미있는 액션 영화다. 영화에는 특성 벡터가 있고, 다음과 같다.

$$m_1 = \begin{pmatrix} 4 \\ 5 \\ 1 \end{pmatrix} \text{과} \quad m_2 = \begin{pmatrix} 5 \\ 1 \\ 5 \end{pmatrix}$$

여기서 m_1은 로맨틱 코미디고 m_2는 재미있는 액션 영화다.

추천을 하기 위해 각 영화에 대한 고객의 선호도 사이에 내적을 적용한다. 가치가 높은 영화가 사용자에게 추천될 것이다.

각 영화의 추천 점수를 계산해보자. 영화 1의 경우 다음과 같이 계산한다.

$$\begin{pmatrix} 5 \\ 1 \\ 3 \end{pmatrix} \cdot \begin{pmatrix} 4 \\ 5 \\ 1 \end{pmatrix}$$

이 문제를 다음과 같이 생각할 수 있다.

Customer:　　　M_1

$$\begin{pmatrix} 5 \\ 1 \\ 3 \end{pmatrix} \cdot \begin{pmatrix} 4 \\ 5 \\ 1 \end{pmatrix} = \begin{array}{l} (5 . 4) \\ + \\ (1 . 5) \\ + \\ (3 . 1) \\ \hline 28 \end{array}$$

(5.4) → 사용자는 코미디를 좋아하고 이 영화는 재미있다.

(1.5) → 사용자는 로맨스를 싫어하지만, 이 영화는 로맨틱하다.

(3.1) → 사용자는 액션이 괜찮지만, 이 영화는 액션이 많지 않다.

얻을 수 있는 대답은 28이지만, 이 숫자가 무엇을 의미하는가? 어떤 규모인가? 얻을 수 있는 최고 점수는 모든 값이 5일 때고, 결과는 다음과 같이 나온다.

$$\begin{pmatrix} 5 \\ 5 \\ 5 \end{pmatrix} \cdot \begin{pmatrix} 5 \\ 5 \\ 5 \end{pmatrix} = 5^2 + 5^2 + 5^2 = 75$$

가장 낮은 점수는 다음과 같이 모든 값이 1일 때다.

$$\begin{pmatrix} 1 \\ 1 \\ 1 \end{pmatrix} \cdot \begin{pmatrix} 1 \\ 1 \\ 1 \end{pmatrix} = 1^2 + 1^2 + 1^2 = 3$$

따라서 3-75에서 28점을 생각해야 한다. 이렇게 하려면 3에서 75 사이의 숫자 라인을 상상해보자. 이것은 다음과 같이 설명된다.

```
|----------|------------------|
3         28                 75
```

이제 영화 2를 살펴보자.

$$\begin{pmatrix} 5 \\ 1 \\ 3 \end{pmatrix} \cdot \begin{pmatrix} 5 \\ 1 \\ 5 \end{pmatrix} = (5*5) + (1*1) + (3*5) = 41$$

이것은 28보다 높다! 이전과 같은 숫자 라인에 이 숫자를 넣으면 다음과 같이 시각적으로 더 나은 점수임을 알 수 있다.

따라서 영화 1과 영화 2 사이에서 사용자에게 영화 2를 추천한다. 이것은 본질적으로 대부분의 영화 예측 엔진이 작동하는 방식이다. 영화 엔진은 고객 프로파일을 작성하며, 이것을 벡터로 표현한다. 그런 다음 제공해야 하는 각 영화에 대해 벡터 표현을 취하고, 이것을 고객 프로파일(아마도 내적으로)과 결합해 고객별로 추천한다. 물론 대부분의 회사는 훨씬 더 큰 규모로 이 작업을 수행해야 한다. 이때 선형대수학이라고 하는 특정 분야의 수학이 매우 유용하다. 이는 4장의 뒷부분에서 살펴본다.

그래프

의심의 여지없이 여러분은 인생에서 지금까지 수백 번 또는 수십 번 그래프를 봤을 것이다. 이 절에서는 그래프에 관한 규칙과 표기법에 대해 주로 이야기하려고 한다.

이것은 기본적인 데카르트 그래프^{Cartesian graph}(x와 y 좌표)다. x와 y 표기법은 매우 표준적이지만 때로는 큰 그림을 완전히 설명하지는 않는다. 때때로 x 변수를 독립변수로 참조하고, y를 종속 변수로 참조한다. 이것을 함수로 쓰면 y는 x의 함수라고 말한다. 즉, y의 값은 x의 값에 따라 달라진다는 것을 의미한다. 그래프가 보여주는 것은 다음과 같다.

다음과 같이 그래프에 두 점이 있다고 가정하자.

점들은 (x_1, y_1)과 (x_2, y_2)다.

이 두 점 사이의 기울기^{slope}는 다음과 같이 정의된다.

$$slope = m = \frac{y_2 - y_1}{x_2 - x_1}$$

이전에 이 수식을 봤을 수도 있지만, 중요하기 때문에 언급할 가치가 있다. 기울기는 두 점 사이의 변화율을 정의한다. 변화율은 데이터 과학에서 매우 중요하고, 특히 미분 방정식과 미적분학 관련된 영역에서 중요하다.

변화율은 변수들이 함께 움직이는 정도를 나타내는 방식이다. 앉아있는 시간과 관련해 커피의 온도를 모델링한다고 가정하자. 아마도 다음과 같은 변화율을 얻을 것이다.

$$-\frac{2\,degrees\,F}{1\,minute}$$

이 변화율은 분마다 커피 온도가 화씨 2도씩 떨어지고 있음을 알려준다.

이 책의 뒷부분에서는 선형 회귀^{linear regression}라고 불리는 머신 러닝 알고리즘을 살펴본다. 선형 회귀에서는 변수 간의 변화율에 관심을 가져야 한다. 예측 목적으로 이 관계를 이용할 수 있기 때문이다.

> ℹ️ 데카르트 평면을 두 요소가 있는 벡터의 무한 평면으로 생각하자. 3D나 4D 같은 더 높은 차원을 말할 때 단순히 더 많은 요소의 벡터를 보유하는 무한한 공간을 나타낸다. 3D 공간은 길이가 3인 벡터를 보유하는 반면 7D 공간은 7개 요소의 벡터를 보유한다.

로그/지수

지수는 숫자를 곱해야 하는 횟수를 알려준다. 그림과 같다.

$$2^{\overset{\text{지수}}{4}} = 2 \cdot 2 \cdot 2 \cdot 2 = 16$$

밑

로그는 다음과 같은 질문에 대답하는 숫자다. "어떤 지수^{exponent}가 밑^{base}으로 이러한 수를 얻는가?" 이것은 다음과 같이 나타낼 수 있다.

$$\log_2 (16) = 4$$

밑   로그

이 두 개념이 비슷하게 보이면 올바른 것이다! 지수와 로그는 많은 관련이 있다. 사실 지수와 로그라는 단어는 실제로 같은 것을 의미한다! 로그는 지수다. 앞의 두 방정식은 실제로 동일한 두 가지 버전이다. 기본 아이디어는 2번 2번 2번 2번이 16번이라는 것이다.

다음은 두 버전을 사용해 동일한 것을 말할 수 있는 방법을 묘사한 것이다. 화살표를 사용해 로그 수식에서 지수 수식으로 이동하는 방법에 유의하자.

$$\log_2 (16) = 4 \leftrightarrow 2^4 = 16$$

다음 예제를 고려하자.

- $\log_3 81 = 4$, 왜냐하면 $3^4 = 81$이기 때문이다.
- $\log_5 125 = 3$, 왜냐하면 $5^3 = 125$이기 때문이다.

첫 번째 방정식을 다음과 같이 다시 작성하면 흥미롭다.

$$\log_3 81 = 4$$

그런 다음 81을 다음과 같이 동등한 구문 3^4로 대체하면 다음과 같다.

$$\log_3 3^4 = 4$$

흥미로운 점이 있다. 3s는 상쇄된 것처럼 보인다. 3s와 4s보다 작업하기 더 어려운 숫자를 처리할 때 실제로 이것은 매우 중요하다.

지수와 로그는 성장을 다룰 때 가장 중요하다. 수량이 증가하거나 성장이 감소하는 경우 지수/로그가 이 동작을 모델링하는 데 종종 도움이 된다.

예를 들어 숫자 e는 약 2.718이며, 많은 실제 애플리케이션을 갖고 있다. 매우 일반적인 애플리케이션은 자산 증가에 대한 계산이다. 3%의 이자율로 계속 복리 이자를 주는 은행에 5천 달러를 입금했다고 가정하면 다음 수식을 사용해 자산의 증가를 모델링해 볼 수 있다.

$$A = Pe^{rt}$$

여기서 의미는 다음과 같다.

- A는 최종 금액을 나타낸다.
- P는 원금(5000)을 나타낸다.
- e는 상수(2.718)를 나타낸다.
- r은 성장률(.03)을 나타낸다.
- t는 시간(년)을 나타낸다.

궁금한 점이 있다. 언제 자산이 두 배가 될까? 100% 성장을 달성하기 위해 얼마나 오랜 시간 동안 투자해야 하는가? 기본적으로 다음과 같다.

$$10000 = 5000e^{.03t}$$

풀어야 할 수식은 이것이다.

$$10000 = 5000e^{.03t}$$

$$2 = e^{.03t} \text{ (양쪽을 5000으로 나눈다)}$$

이 시점에서 풀어야 하는 지수는 변수를 갖고 있다. 이런 경우가 발생하면 지수 표기법을 사용해 계산할 수 있다!

$$2 = e^{.03t} \leftrightarrow \log_e(2) = .03t$$

따라서 $\log_e(2)$ = $.03t$가 된다.

e를 밑으로 갖는 수의 로그를 취할 때 이것을 자연로그라고 한다. 다음과 같이 로그를 다시 쓸 수 있다.

$$ln(2) = 0.3t$$

계산기(또는 파이썬)를 사용하면 $ln(2)$ = 0.69가 된다.

$$0.69 = .03t$$

$$t = 23$$

즉, 자산을 두 배로 늘리는 데 23년이 걸릴 것이다.

집합론

집합론은 집합 수준에서 수학적 연산을 포함한다. 집합론은 때로는 수학의 나머지 부분을 지배하는 원리의 기본 그룹으로 생각할 수 있다. 요소들의 그룹을 다루기 위해 집합론을 사용한다.

집합은 개별 객체의 모음이다.

그게 전부다! 한 집합은 파이썬의 리스트로 생각할 수 있지만 반복 객체는 없다. 사실 파이썬에는 객체의 집합이 존재한다.

```
s = set( )

s = set([1, 2, 2, 3, 2, 1, 2, 2, 3, 2])
# 목록에서 중복을 제거할 것이다.

s == {1, 2, 3}
```

 파이썬에서 중괄호({})는 집합이나 사전을 나타낸다.
파이썬의 사전은 키-값 쌍의 집합이라는 것을 기억하자. 예를 들면 다음과 같다.

```
dict = {"dog": "human's best friend", "cat": "destroyer of world"}
dict["dog"]# == "human's best friend"
len(dict["cat"])    # == 18

# 그러나 기존 키와 동일한 키를 가진 쌍을 만들려고 한다면
dict["dog"] = "Arf"

dict
{"dog": "Arf", "cat": "destroyer of world"}
# 이전 값을 덮어쓴다.
# 사전은 하나의 키에 대해 두 개의 값을 가질 수 없다.
```

이 표기법은 집합이 중복 요소를 가질 수 없는 속성을 공유하기 때문에 사전에서도 중복 키를 가질 수 없다.

집합의 크기는 집합에 있는 요소의 수이며 다음과 같이 표시된다.

$$|A| = A의 \ 크기$$

```
s  # == {1,2,3}
len(s) == 3      # s의 크기
```

 빈 집합의 개념이 존재하며 문자 ø로 표시한다. 이 null 집합은 크기가 0인 집합이다.

집합 내에 요소가 있음을 나타내려면 다음에 보여주는 것과 같이 엡실론 표기법을 사용한다.

$$2 \in \{1,2,3\}$$

이것은 요소 2가 1, 2, 3의 집합에 있음을 의미한다. 한 집합이 다른 집합 안에 완전히 들어 있다면 더 큰 집합의 부분집합이라고 말한다.

$$A = \{1,5,6\}, B = \{1,5,6,7,8\}$$

$$A \subseteq B$$

따라서 A는 B의 부분집합이며, B는 A의 전체 집합이라고 부른다. A가 B의 부분집합이지만 A가 B와 같지 않으면(즉, A에 없는 하나 이상의 요소가 B에 있음을 의미) A는 B의 진부분집합이라고 한다.

다음 예제를 고려해보자.

- 짝수 집합은 모든 정수의 부분집합이다.

- 모든 집합은 부분집합이지만, 그 자체의 진부분집합은 아니다.

- 모든 트윗 집합은 영어 트윗의 전체 집합이다.

데이터 과학에서는 집합(및 목록)을 사용해 객체 목록을 나타내고, 종종 소비자 행동을 일반화한다. 고객을 특성의 집합으로 축소하는 것이 일반적이다.

사람들이 어디서 옷을 사고 싶어 하는지 예측하는 마케팅 회사를 생각해보자. 사용자가 이전에 방문한 의류 브랜드의 집합이 주어지고, 목표는 새로운 매장을 예측하는 것이다. 특정 사용자가 이전에 다음 매장에서 쇼핑했다고 가정을 해보자.

```
user1 = {"Target","Banana Republic","Old Navy"}
# {} 표기법을 사용해 집합을 만든 것에 주목하자.
# []을 사용해 목록을 만드는 것과 비교하자.
```

따라서 user1은 이전에 Target, Banana Republic, Old Navy에서 구매했다. 다음과 같이 user2라는 다른 사용자를 살펴보자.

```
user2 = {"Banana Republic","Gap","Kohl's"}
```

이 사용자들이 얼마나 비슷한지 궁금하다고 가정하자. 제한된 정보로 유사점을 정의하는 한 가지 방법은 두 사용자가 쇼핑한 매장의 수를 살펴보는 것이다. 이것을 교집합이라고 한다.

두 집합의 교집합은 요소가 두 집합에 모두 나타나는 집합이다. 다음과 같이 ∩ 기호를 사용해 표시한다.

$$user1 \cap user2 = \{Banana\ Republic\}$$

$$|user1 \cap user2| = 1$$

두 사용자의 교차점은 단지 하나의 매장이다. 따라서 당장은 그렇게 좋아 보이지 않는다. 그러나 각 사용자는 집합에 세 가지 요소만 갖고 있으므로, 1/3이 그리 나빠 보이는 숫자는 아니다. 두 사용자 사이에 얼마나 많은 매장이 있는지에 대해 궁금하다고 가정하자. 이것을 합집합이라고 부른다.

두 집합의 합집합은 집합 중 어느 하나에서라도 보이는 요소들의 집합이다. 다음과 같이 $\cup$ 기호를 사용해 표시한다.

$$user1 \cup user2 = \{Banana\ Republic, Target, Old\ Navy, Gap, Kohl's\}$$

$$|user1 \cup user2| = 5$$

$user1$과 $user2$의 유사도를 살펴볼 때 합집합과 교집합을 조합해서 사용해야 한다. $user1$과 $user2$는 둘 사이에서 서로 다른 다섯 개의 전체 요소들 가운데 하나의 요소를 공통으로 갖고 있다. 따라서 다음과 같이 두 사용자 간의 유사도를 정의할 수 있다.

$$\frac{|user1 \cap user2|}{|user1 \cup user2|} = \frac{1}{5} = .2$$

사실 이것은 집합론에서 jaccard 측정값이라고 한다. 일반적으로 A와 B 집합의 경우 두 집합 간의 jaccard 측정값(jaccard 유사도)은 다음과 같이 정의된다.

$$JS(A,B) = \frac{|A \cap B|}{|A \cup B|}$$

또한 두 집합에서 교집합의 크기를 합집합의 크기로 나눈 값으로 정의할 수 있다. 이렇게 하면 집합으로 표현된 요소 간의 유사점을 정량화할 수 있다.

직관적으로 jaccard 측정값은 0과 1 사이의 숫자이므로 숫자가 0에 가까울수록 사람들은 서로 다르다고 간주되고, 측정값이 1에 가까울수록 사람들은 서로 유사하다고 간주된다.

정의에 대해 생각해보면 실제로 의미가 있다. 다시 한 번 측정값을 살펴보자.

$$JS(A,B) = \frac{\text{공통으로 좋아하는 매장의 수}}{\text{좋아하는 매장의 고유한 수 조합}}$$

여기서 분자는 사용자가 공통으로 좋아하는 매장의 수를 나타낸다(쇼핑을 좋아한다는 의미에서). 반면 분모는 사용자가 좋아하는 매장의 고유한 수를 함께 모은 것을 나타낸다.

파이썬에서 다음과 같이 간단한 코드를 사용해 표현할 수 있다.

```python
user1 = {"Target","Banana Republic","Old Navy"}
user2 = {"Banana Republic","Gap","Kohl's"}

def jaccard(user1, user2):
    stores_in_common = len(user1 & user2)
    stores_all_together = len(user1 | user2)
    return stores_in_common / float(stores_all_together)

# store_all_together를 float으로 계산해 파이썬의 기본 정수 나누기 대신
# 십진수 응답이 반환된다.

# 따라서
jaccard(user1, user2) ==    # 0.2 또는 1/5
```

집합론은 확률의 세계로 들어가고 고차원 데이터를 다룰 때 매우 유용하다. 실제로 발생하는 이벤트를 나타내기 위해 집합을 사용하고, 확률은 그 집합 위에서 어휘와 함께 집합론이 된다.

▌ 선형 대수학

이전에 살펴본 영화 추천 엔진을 기억하는가? 10,000개의 영화 중에서 사용자에게 추천할 영화 10개만 선택한다면 어떻게 해야 할까? 사용자 프로필과 10,000개의 영화 사이에 내적을 구해야 한다. 선형 대수학은 이러한 계산을 훨씬 더 효율적으로 만드는 도구를 제공한다.

이것은 행렬과 벡터의 계산을 다루는 수학 영역이다. 실용적인 애플리케이션을 제공하기 위해 이러한 객체를 분해하고 재구성하는 것을 목표로 한다. 계속하기 전에 선형 대수학 법칙 몇 가지를 살펴보자.

행렬 곱셈

숫자와 마찬가지로 여러 행렬을 함께 곱할 수 있다. 행렬을 곱하는 것은 본질적으로 한 번에 여러 개의 내적을 가져 오는 대량 생산 방식이다. 예를 들어 다음과 같은 행렬을 곱해보자.

$$\begin{pmatrix} 1 & 5 \\ 5 & 8 \\ 7 & 8 \end{pmatrix} \cdot \begin{pmatrix} 3 & 4 \\ 2 & 5 \end{pmatrix}$$

몇 가지 사항은 다음과 같다.

- 숫자와 달리 행렬의 곱셈은 가환^{commutative}할 수 없으므로 행렬을 곱하는 순서가 중요하다.
- 행렬을 곱하기 위해서는 행렬의 차원이 일치해야 한다. 즉, 첫 번째 행렬의 열 수와 두 번째 행렬의 행 수가 같아야 한다.

이를 기억하기 위해서 행렬의 차원을 써보자. 이 경우 3 × 2와 2 × 2 행렬이 있다.

첫 번째 차원 쌍의 두 번째 숫자가 두 번째 차원 쌍의 첫 번째 숫자와 같으면 두 행렬을 함께 곱할 수 있다.

$$3 \times \boxed{2 \cdot 2} \times 2$$

결과 행렬은 항상 차원 쌍(두 번째 점에서 박스를 그리지 않은 차원)의 바깥 숫자와 동일한 차원을 가진다. 이 경우 결과 행렬의 크기는 3 × 2가 된다.

행렬을 곱하는 방법

행렬을 곱하기 위해 실제로는 매우 간단한 절차가 있다. 본질적으로 한 무리의 내적을 수행한다.

다음과 같이 이전 문제를 다시 살펴보자.

$$\begin{pmatrix} 1 & 5 \\ 5 & 8 \\ 7 & 8 \end{pmatrix} \cdot \begin{pmatrix} 3 & 4 \\ 2 & 5 \end{pmatrix}$$

결과 행렬은 3 × 2의 차원이 된다는 것을 알고 있다. 따라서 결과 행렬은 다음과 같게 된다.

$$\begin{pmatrix} m_{11} & m_{12} \\ m_{21} & m_{22} \\ m_{31} & m_{32} \end{pmatrix}$$

 행렬의 각 요소는 이중 색인을 사용해 색인된다. 첫 번째 숫자는 행을 나타내고 두 번째 숫자는 열을 나타낸다. 따라서 m_{32} 요소는 세 번째 행, 두 번째 열의 요소다. 각 요소는 원래 행렬의 행과 열 사이의 내적 결과다.

m_{xy} 요소는 첫 번째 행렬의 x번째 행과 두 번째 행렬의 y번째 행의 내적 결과다. 몇 가지를 풀어보자.

$$m_{11} = \begin{pmatrix} 1 \\ 5 \end{pmatrix} \cdot \begin{pmatrix} 3 \\ 2 \end{pmatrix} = 13$$

$$m_{12} = \begin{pmatrix} 1 \\ 5 \end{pmatrix} \cdot \begin{pmatrix} 4 \\ 5 \end{pmatrix} = 29$$

계속 진행하면 최종적으로 결과 행렬은 다음과 같이 된다.

$$\begin{pmatrix} 13 & 29 \\ 31 & 60 \\ 37 & 68 \end{pmatrix}$$

훌륭히 해냈다! 영화 추천 예제로 되돌아가보자. 코미디, 로맨스, 액션에 대한 사용자의 영화 장르 선호를 다음과 같이 설명한다.

$$U = user\ prefs = \begin{pmatrix} 5 \\ 1 \\ 3 \end{pmatrix}$$

이제 이 3가지 카테고리에 대해 선호 등급을 가진 10,000개의 영화가 있다고 가정하자. 추천을 위해 10,000개의 영화 각각에 대한 선호 벡터의 내적을 구해야 한다. 이를 표현하기 위해 행렬 곱셈을 사용할 수 있다.

그것을 모두 쓰는 대신 행렬 표기법을 사용해 표현해보자. 이미 사용자의 선호도 벡터(여기에는 3 × 1 행렬로 생각할 수도 있음)로 정의된 U가 있으며, 또한 영화 행렬이 필요하다.

$$M = 영화 = 3 \times 1,000\ 차원\ 행렬$$

이제 두 개의 행렬이 있다. 하나는 3 × 1이고 다른 하나는 3 × 10,000이다. 차원이 제대로 맞지 않기 때문에 행렬을 있는 그대로 곱할 수는 없다. U를 조금 바꿔야 한다. 전치 행렬을 만들면 된다(모든 행을 열로, 열을 행으로 변환). 이것은 차원을 전환시킨다.

$$U^T = U의 \ 전환 = (513)$$

이제 함께 곱할 수 있는 두 개의 행렬이 만들어졌다. 이것을 시각화하면 다음과 같다.

$$(513513) \cdot \begin{pmatrix} 452 & \\ & \cdots \\ 151 & \end{pmatrix}$$

$$1 \times 3 \qquad 3 \times 10000$$

결과 행렬은 각각의 개별 영화에 대해 10,000개의 예측으로 이뤄진 1 × 10,000 행렬(벡터)이 된다. 파이썬으로 이것을 시도해보자!

```python
import numpy as np

# 사용자 선호를 생성한다.
user_pref = np.array([5, 1, 3])

# 10,000개의 영화의 무작위 영화 행렬을 만든다.
movies = np.random.randint(5,size=(3,10000))+1

# randint는 0-4 사이의 임의의 정수를 만든다.
# 따라서 마지막에 1을 더해서 1-5로 척도를 늘린다.
```

numpy 배열 함수를 사용해 행렬을 만들고 있다. 데이터를 나타내기 위해 user_pref 와 movies 행렬 둘 다 갖게 된다.

차원을 확인하기 위해 다음과 같이 numpy shape 변수를 사용한다.

```
print user_pref.shape      # (1, 3)

print movies.shape         # (3, 1000)
```

계산이 된다. 마지막으로 그림과 같이 numpy(점이라고 부른다)의 행렬 곱셈 방법을 사용해 연산을 수행해보자.

```
#np.dot는 내적과 행렬 곱셈 모두 계산한다.
np.dot (user_pref, movies)
```

결과는 각 영화를 추천하는 정수 배열이다.

이를 빠르게 이해하기 위해 다음과 같이 10,000개 이상의 영화를 예측하는 코드를 실행해보자.

```
import time

for num_movies in (10000, 100000, 1000000, 10000000, 100000000):
    movies = np.random.randint(5,size=(3, movies))+1
    now = time.time( )
    np.dot(user_pref, movies)
    print (time.time( ) - now), "seconds to run", movies, "movies"

0.000160932540894 seconds to run 10000 movies
0.00121188163757 seconds to run 100000 movies
0.0105860233307 seconds to run 1000000 movies
0.096577167511 seconds to run 10000000 movies
4.16197991371 seconds to run 100000000 movies
```

행렬 곱셈을 사용해 1억 개의 영화를 실행하는 데 4초 남짓 걸렸다.

▌ 요약

4장에서는 이 책을 진행하면서 매우 중요하게 다룰 몇 가지 기본적인 수학 원리에 대해 살펴봤다. 로그/지수, 행렬 대수, 비례 사이에서 수학은 데이터 분석뿐만 아니라 우리 삶의 여러 측면에서 분명히 큰 역할을 한다.

5장에서는 확률 및 통계라는 수학의 두 가지 큰 영역에 대해 자세히 살펴본다. 수학의 큰 분야인 확률과 통계에서 작고 큰 원리를 정의하고 해석하는 것이 여러분의 목표가 될 것이다.

다음 몇 장에서 모든 것이 함께 시작될 것이다. 지금까지 이 책에서 수학 예제, 데이터 탐색 지침, 데이터 유형에 대한 기본 개념을 살펴봤다. 이제 이 모든 개념을 하나로 묶을 때가 왔다.

05

확률의 기초와 원리

다음 몇 개의 장에서는 데이터 기반의 상황과 실제 시나리오를 모두 검사하는 방법으로 확률과 통계를 살펴본다. 확률 법칙은 예측의 기본을 좌우한다. 확률을 사용해 이벤트의 발생 확률을 정의한다.

5장에서는 다루는 내용은 다음과 같다.

- 확률이란 무엇인가?
- 빈도 확률Frequentist 접근법과 베이지안Bayesian 접근법의 차이점
- 확률을 시각화하는 방법
- 확률 법칙 활용 방법
- 오차 행렬confusion matrices을 사용해 기본 지표 살펴보기

확률은 무작위성과 우연성을 포함하는 실제 이벤트를 모델화하는 데 도움이 된다. 다음 두 개의 장에서 확률 원리 이면의 용어를 살펴보고 예기치 않게 나타날 수 있는 모델 상황에 이것을 적용하는 방법을 살펴본다.

▌ 기본 정의

확률의 가장 기본적인 개념 중 하나는 프로시저의 개념이다. **프로시저**procedure는 결과에 이르게 하는 행위다. 예를 들어 주사위를 던지거나 웹사이트를 방문하는 것이다.

이벤트event는 동전 던지기에서 앞면이 나오거나 방문자가 불과 4초 후에 웹사이트를 떠나는 것과 같은 프로시저 결과의 모음이다. 간단한 이벤트는 더 이상 세분화할 수 없는 프로시저의 결과/이벤트다. 예를 들어 두 개의 주사위를 굴리는 것은 두 가지 간단한 이벤트로 나눌 수 있다(주사위 1개 굴리기와 주사위 2개 굴리기).

프로시저의 **표본 공간**sample space은 모든 가능하고 간단한 이벤트의 집합이다. 예를 들어 동전을 연속으로 3번 던지는 실험을 수행한다. 이 실험을 위한 표본 공간의 크기는 얼마인가?

답은 8이다. 그 결과는 표본 공간 {HHH, HHT, HTT, HTH, TTT, TTH, THH, THT}의 가능성 중 하나이기 때문이다. 여기서 H는 동전의 앞면이고 T는 뒷면이다.

▌ 확률

이벤트의 **확률**probability은 이벤트가 발생할 빈도나 기회를 나타낸다.

표기법으로 A가 이벤트이면 $P(A)$는 이벤트가 발생할 확률이다. 다음과 같이 이벤트 A의 실제 확률을 정의할 수 있다.

$$P(A) = \frac{A가\ 발생할\ 경우의\ 수}{표본\ 공간의\ 크기}$$

여기서 A는 문제의 이벤트다. 가능한 모든 일이 일어날 수 있는 이벤트를 생각해보고 그것을 원으로 표현하자. 다음 다이어그램과 같이 하나의 이벤트 A를 큰 우주 안에 있는 작은 원으로 생각할 수 있다.

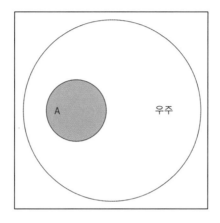

이제 우주를 인간에 대한 연구로 하고, A 이벤트는 암을 가진 연구 대상자라고 하자.

연구가 100명이고 A가 25명이면 A 또는 $P(A)$의 확률은 25/100이다.

이벤트의 최대 확률은 1이다. 이것은 붉은 원이 너무 커져서 우주의 크기(큰 원)가 되는 것으로 이해할 수 있다.

가장 기본적인 예(이 예가 더 재미있을 것이라고 본다)는 동전 던지기다. 두 개의 동전이 있고 두 개가 앞면이 나올 확률을 원한다고 가정해보자. 두 개의 동전이 모두 다 앞면이 나올 수 있는 경우의 수를 매우 쉽게 계산할 수 있다. 단 하나! 두 동전은 앞면이 돼야 한다. 그런데 몇 가지 옵션이 있을까? 두 개의 앞면, 두 개의 뒷면, 앞면/뒷면의 조합일 수 있다.

먼저 A를 정의하자. 두 개의 앞면이 나오는 이벤트다. A가 발생할 수 있는 경우의 수는 1이다.

실험의 표본 공간은 {HH, HT, TH, TT}이며, 두 글자의 단어는 첫 번째와 두 번째 동전의 결과를 동시에 나타낸다. 표본 공간의 크기는 4이다. 따라서 P(두 개 다 앞면이 나옴) = 1/4.

시각적인 표를 참조해서 이것을 빠르게 증명해보자. 다음 표는 열로 동전 1에 대한 경우를 나타내고, 행으로 동전 2에 대한 경우를 나타낸다. 각 셀에는 참이나 거짓이 있다. 참 값은 조건(모두 앞면)을 만족하고, 거짓은 그렇지 않은 조건을 나타낸다.

	동전 1이 앞면	동전 1이 뒷면
동전 2가 앞면	참	거짓
동전 2가 윗면	거짓	거짓

따라서 모두 네 가지 가능한 결과 중 하나를 갖게 된다.

▌ 베이지안과 빈도 확률

앞의 예제는 거의 너무 쉬웠다. 실제 무언가가 일어날 수 있는 경우의 수는 정말로 셀 수가 없다. 예를 들어 어떤 사람이 적어도 하루에 한 번 담배를 피우는 확률을 알고 싶다고 하자. 고전적인 방법(이전 수식)을 사용해 이 문제에 접근하고 싶다면 하루에 적어도 한 번 담배를 피우는 사람의 여러 가지 경우를 찾아야 한다. 불가능한 일이다!

그러한 문제에 직면했을 때 실제로 확률 계산에 있어서는 **빈도 확률**[Frequentist] **접근법**과 베이지안[Bayesian] 접근법이라는 두 가지 주요 방식이 고려된다. 5장에서는 빈도 확률 접근법에 초점을 맞추고, 6장에서는 베이지안 분석에 대해 중점적으로 다룰 것이다.

빈도 확률 접근법

빈도 확률 접근법에서 이벤트의 확률은 실험을 통해 계산된다. 이것은 미래의 이벤트 발생 가능성을 예측하기 위해 과거를 사용한다. 기본 수식은 다음과 같다.

$$P(A) = \frac{A가 \ 발생한 \ 횟수}{프로시저가 \ 반복된 \ 횟수}$$

기본적으로 이벤트의 여러 사례를 관찰하고 A가 만족된 횟수를 계산한다. 이 수의 나누기는 확률의 근사치다.

베이지안 접근법은 이론적인 수단을 사용해 확률을 식별해야 한다는 점에서 다르다. 베이즈 접근 방식을 사용하면 이벤트와 이벤트가 발생하는 이유에 대해 좀 더 비판적으로 생각할 수 있다. 어떤 방법론도 항상 100% 정답은 아니다. 일반적으로 두 접근법 중 하나를 사용하는 것은 어려운 문제다.

빈도 확률 접근법의 핵심은 상대 빈도다.

이벤트의 상대 빈도는 이벤트가 발생하는 빈도를 전체 관측치의 수로 나눈 값이다.

예제: 마케팅 통계

웹사이트를 방문한 사람이 나중에 다시 방문할 가능성이 얼마나 높은지 규명한다고 가정해보자. 이를 재방문자 비율이라고도 한다. 이전의 정의에서 A 이벤트를 사이트로 돌아오는 방문자로 정의한다. 방문자가 돌아올 수 있는 방법의 수를 계산해야 하지만, 실제로는 전혀 이해가 되지 않는다! 이 경우 많은 사람들이 베이지안 방식으로 구할 것이다. 그러나 상대 빈도로 계산할 수 있다.

따라서 이 경우 방문자 로그를 가져 와서 이벤트 A(재방문자)의 상대 빈도를 계산할 수 있다. 지난주에 1,458명의 순 방문자 중 452명이 재방문자였다고 하자. 다음과 같이 계산할 수 있다.

$$P(A) \, RF(A) = \frac{452}{1458} = .31$$

따라서 방문자 중 약 31%는 재방문자다.

다수의 법칙

빈도 확률 접근법으로 이를 수행할 수 있는 이유는 다수의 법칙 때문이다. 반복적으로 프로시저를 실행하면 상대 빈도 확률이 실제 확률에 근접하게 된다. 이것을 파이썬을 사용해 시연해보자.

숫자 1과 10의 평균을 묻는다면 대략 숫자 5로 빠르게 답을 할 것이다. 이 질문은 1과 10 사이의 평균을 선택하는 것과 같다. 다음과 같이 실험을 설계해보자.

파이썬은 1에서 10 사이의 임의의 숫자 n을 선택하고 평균을 찾을 것이다.

매번 더 큰 숫자 n을 사용해 이 실험을 여러 번 반복한 다음 결과를 그래프로 나타낸다. 단계는 다음과 같다.

1. 1에서 10 사이의 임의의 숫자 1개를 선택하고 평균을 찾는다.
2. 1에서 10 사이의 임의의 숫자 2개를 선택하고 평균을 찾는다.
3. 1에서 10 사이의 임의의 숫자 3개를 선택하고 평균을 찾는다.
4. 1에서 10 사이의 임의의 숫자 10,000개를 선택하고 평균을 찾는다.
5. 결과를 그래프로 표시한다.

코드를 살펴보자.

```
import numpy as np
import pandas as pd
from matplotlib import pyplot as plt
%matplotlib inline
results = []
for n in range(1,10000):
    nums = np.random.randint(low=1,high=10, size=n)      # n개의 숫자를 선택한다.
between 1 and 10
    mean = nums.mean()                                    # 평균을 구한다.
of these numbers
    results.append(mean)                                  # 평균을 더한다.
to a running list

# POP QUIZ: 목록 결과는 얼마인가?
len(results)          # 9999
# 1에서 10000까지의 범위를 사용했기 때문에 까다로운 작업이었고 일반적으로
# 0에서 10000까지 수행한다.
df = pd.DataFrame({ 'means' : results})
print df.head()       # 처음부터 평균은 모든 곳에 있다!
# 평균
# 9.0
# 5.0
# 6.0
# 4.5
# 4.0
print df.tail()       # n으로 표본 크기는 증가하고, 평균은 5에 가까워진다!
# 평균
# 4.998799
# 5.060924
# 4.990597
# 5.008802
# 4.979198
df.plot(title='Law of Large Numbers')
plt.xlabel("Number of throws in sample")
plt.ylabel("Average Of Sample")
```

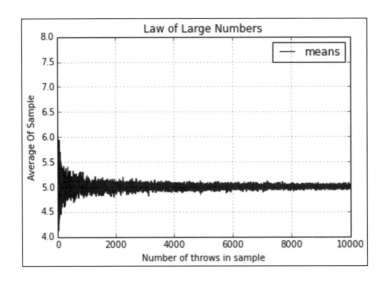

좋다. 이것이 본질적으로 보여주는 것은 상대 빈도의 표본 크기를 늘리면 빈도가 실제 평균(확률)인 5에 근접한다는 것이다.

이 책의 '통계' 관련 장에서는 이 법을 훨씬 엄격하게 정의하기 위해 노력할 것이다. 그러나 지금 당장은 이벤트의 상대적 빈도가 실제 확률로 연결하는 데 사용된다는 것만 이해하자.

█ 복합 이벤트

때로는 두 가지 이상의 이벤트를 처리해야 한다. 이것을 **복합 이벤트**^{compound event}라고 한다. 복합 이벤트는 두 개 이상의 간단한 이벤트를 결합한 이벤트다. 이런 일이 발생하면 특별한 표기법이 필요하다.

주어진 이벤트 A와 B는 다음과 같다.

* A와 B가 발생할 확률은 $P(A \cap B) = P(A \ and \ B)$다.
* A 또는 B가 발생할 확률은 $P(A \cup B) = P(A \ or \ B)$다.

이 복합 이벤트에서 집합 표기법을 왜 사용하는지 이해하는 것은 매우 중요하다. 이전에 원을 사용해 우주에서 이벤트를 어떻게 표현했는지 기억하는가? 암을 검사하기 위해서 개발 중인 새로운 실험에 참여한 100명의 사람들을 우주라고 가정해보자.

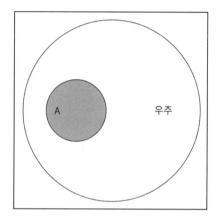

위 다이어그램에서 빨간색 원 A는 실제로 암에 걸린 25명의 사람들을 나타낸다. 상대 빈도 접근법을 사용해 $P(A)$ = (암 환자 수)/(연구 인원수), 즉 25/100 = 1/4 = .25라고 말할 수 있다. 즉, 암에 걸릴 확률은 25%다.

그림과 같이 B라는 두 번째 이벤트를 소개하려고 한다. 이 이벤트는 검사가 양성인 사람들을 포함한다(암에 걸렸다고 제기됨). 30명의 사람들이 양성이라고 가정해보자. 따라서 $P(B)$ = 30/100 = 3/10 = .3이다. 즉, 검사가 주어진 사람에게 양성 반응을 보일 확률은 30%다.

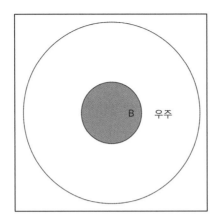

이들은 두 개의 개별 이벤트지만 서로 상호작용한다. 즉, 다음과 같이 교차하거나 공통점이 있을 수 있다.

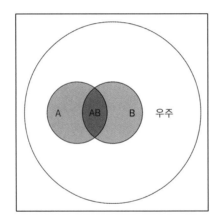

공간에서 A와 B를 모두 차지하는 사람, A 교차 B 또는 $A \cap B$로 알려진 사람은 검사에서 양성 반응을 보였고, 실제로 암을 앓고 있다고 제기되는 사람들이다. 이 사람들이 20명이라고 가정해보자. 이 검사는 20명의 사람들에게 양성 반응을 보였다. 즉, 여기에 표시된 것처럼 암을 앓고 있다.

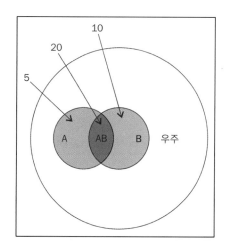

이것은 $P(A$ and $B)$ = 20/100 = 1/5 = .2 = 20%를 의미한다.

누군가가 암에 걸렸다고 말하거나 그 검사가 양성으로 나왔다고 말해야 한다면 그 대상은 두 이벤트의 합계(또는 합집합), 즉 5, 20, 10의 합계인 35일 것이다. 따라서 35/100명의 사람들이 암에 걸렸거나 결과가 양성으로 나왔다. 즉, $P(A$ or $B)$ = 35/100 = .35 = 35%다.

결국 다음과 같이 네 가지 클래스에 사람들이 속해 있다.

- **분홍색**: 암을 앓고 있는데, 검사 결과가 음성인 사람을 가리킨다.
- **자주색(A 교차 B)**: 이 사람들은 검사 결과가 양성으로 암에 걸렸을 확률이 높다.
- **파란색**: 암이 없는데, 검사 결과가 양성인 사람들을 의미한다.
- **백색**: 암이 없고 검사 결과가 음성인 사람을 의미한다.

따라서 검사가 정확하게 유일한 상태는 흰색과 자주색 영역이다. 파란색과 분홍색 영역에서는 검사가 잘못됐다.

▌ 조건부 확률

100명을 대상으로 한 이 연구에서 임의의 사람을 선택한다고 하자. 100명의 검사 결과가 양성이라고 가정한다. 사람들이 실제로 암에 걸렸을 확률은 얼마인가? 이미 이벤트 B가 발생했고 그 사람들의 검사 결과가 양성으로 나왔다. 이 경우 문제는 암에 걸렸을 가능성 $P(A)$다. 이것을 B가 주어질 때 A의 조건부 확률 또는 $P(A|B)$라고 한다. 실제로 다른 이벤트가 이미 발생한 상황에서 어떤 이벤트의 확률을 계산해야 한다.

조건부 확률은 관련된 우주를 변화시키는 것으로 생각할 수 있다. $P(A|B)$(B가 주어질 때 A의 확률이라 불림)는 전체 우주가 B라는 것을 감안할 때 A의 확률은 얼마인가를 말한다. 이를 표본 공간 변환이라고도 한다.

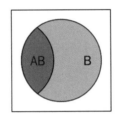

위의 다이어그램을 확대하면 우주는 이제 B가 되고 B 내부에 AB(A and B)와 관련이 있다.

수식은 다음과 같이 주어진다.

$$P(A|B) = P(A \text{ and } B) / P(B) = (20/100) / (30/100) = 20/30 = .66 = 66\%$$

검사 결과가 양성으로 나오면 암에 걸릴 가능성이 66%다. 실제로 이것은 실험자가 원하는 주요 확률이다. 실험자는 암을 예측하는 검사가 얼마나 효과가 있는지 알고 싶어 한다.

▌ 확률 법칙

확률적으로 시각화를 너무 다루기 힘들 때 매우 유용한 몇 가지 법칙이 있다. 이 법칙은 복합 확률을 쉽게 계산하는 데 도움이 된다.

덧셈 법칙

덧셈 법칙은 어느 하나 또는 여러 이벤트의 확률을 계산하는 데 사용된다. $P(A \cup B)$ = $P(A \text{ or } B)$를 계산하려면 다음 공식을 사용한다.

$$P(A \cup B) = P(A) + P(B) - P(A \cap B)$$

공식의 첫 번째 부분인 $P(A) + P(B)$는 완전한 의미를 갖는다. 두 이벤트의 합을 얻으려면 우주의 원 영역을 함께 더해야 한다. 그런데 왜 $P(A \text{ and } B)$를 빼는가? 다음 다이어그램과 같이 두 개의 원을 추가할 때 교차 영역을 두 번 추가하기 때문이다.

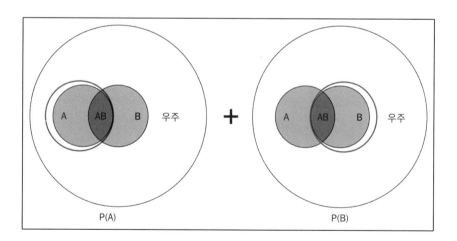

빨간 원 모두에서 A와 B의 교차점을 어떻게 포함하는지 보자. 이것을 설명하기 위해 확률을 더할 때 그중 하나를 빼면 수식이 된다.

앞서 우리는 암에 걸렸거나 결과가 양성인 사람들의 수를 알고 싶었다. A가 암에 걸린 이벤트이고 B가 검사 결과가 양성인 경우 다음과 같은 결과를 얻었다.

$$P(A \text{ or } B) = P(A) + P(B) - P(A \text{ and } B) = .25 + .30 - .2 = .35$$

이것은 시각적으로 다이어그램에서 이전에 계산됐다.

상호 배타성

두 이벤트가 동시에 발생할 수 없다면 상호 배타적이라고 말한다. 즉, $A \cap B = \emptyset$ 또는 이벤트 교차점이 빈 세트라는 것을 의미한다. 이것이 일어날 때 $P(A \cap B) = P(A \text{ and } B) = 0$이다.

두 이벤트가 상호 배타적이면 다음과 같이 수행한다.

$$P(A \cup B) = P(A \text{ or } B) = P(A) + P(B) - P(A \cap B) = P(A) + P(B)$$

이것은 덧셈 법칙을 훨씬 쉽게 만든다. 상호 배타적 이벤트의 몇 가지 예는 다음과 같다.

- 트위터와 페이스북 모두에서 여러분의 사이트를 처음 방문하는 고객
- 오늘은 토요일이고 내일은 수요일이다.
- 나는 Econ 101에 낙제했고 Econ 101을 통과했다.

이러한 이벤트는 동시에 발생할 수 없다.

곱셈 법칙

곱셈 법칙은 and 이벤트의 확률을 계산하는 데 사용된다. $P(A \cap B) = P(A \text{ and } B)$를 계산하기 위해 다음 공식을 사용한다.

$$P(A \cap B) = P(A \text{ and } B) = P(A) \cdot P(B|A)$$

왜 B 대신 $A|B$를 사용할까? 이것은 B가 A에 의존하는 게 가능하기 때문이다. 이 경우 $P(A)$와 $P(B)$를 곱하면 전체 그림이 나오지 않는다.

암을 진단하는 예에서 $P(A \text{ and } B)$를 찾아보자. 이를 위해 A는 진단이 양성인 이벤트로 다시 정의하고, B는 암을 가진 사람으로 다시 정의하자(이벤트라고 부르는 것이 중요하지 않기 때문에). 수식은 다음과 같다.

$$P(A \cap B) = P(A \text{ and } B) = P(A) \cdot P(B|A) = .3 \times .6666 = .2 = 20\%$$

이것은 이전에 시각적으로 계산됐다.

조건부 확률을 사용하는 진정한 필요성을 보기가 어렵기 때문에 다른 좀 더 어려운 문제를 시도해보자.

예를 들어 무작위로 선택된 10명 중 6명은 아이폰^{iPhone}을 갖고 있고 4명은 안드로이드^{Android}를 갖고 있다. 두 사람을 무작위로 선택했을 때 두 사람 모두 아이폰을 가질 확률은 얼마일까? 이 예제는 다음과 같이 이벤트 공간을 사용해 다시 표현할 수 있다.

다음과 같이 두 가지 이벤트가 있다.

- A: 이 이벤트는 내가 아이폰을 가진 사람을 첫 번째로 선택할 확률을 나타낸다.
- B: 이 이벤트는 내가 아이폰을 가진 사람을 두 번째로 선택할 확률을 나타낸다.

따라서 기본적으로 다음과 같이 의미한다.

- P(A and B): P(나는 아이폰을 가진 사람과 아이폰을 가진 사람을 선택한다)

따라서 $P(A$ and $B)$ = $P(A)\cdot P(B|A)$ 수식을 사용할 수 있다.

$P(A)$는 간단하다. 아이폰을 사용하는 사람들은 10명 중 6명이므로, A의 확률은 $6/10$ = $3/5$ = 0.6이다. 이것은 $P(A)$ = 0.6을 의미한다.

따라서 아이폰을 선택할 확률이 0.6일 경우 아이폰을 가진 두 사람을 선택할 확률은 0.6×0.6이어야 한다. 이게 맞는가?

여기서 잠깐! 한 명을 선택했기 때문에 두 번째 선택할 수 있는 사람은 9명뿐이다. 따라서 새로운 변형된 표본 공간에서는 총 9명, 아이폰 5명, 안드로이드 4명을 갖고 $P(B)$ = $5/9$ = .555가 된다.

따라서 아이폰을 사용하는 두 사람을 선택할 확률은 0.6×0.555 = 0.333 = 33%다.

10명 중 아이폰을 사용하는 두 명을 선택하는 기회는 1/3이다. 조건부 확률은 답을 심하게 바꿀 수 있기 때문에 곱셈 법칙에서 대단히 중요하다.

독립

하나의 이벤트가 다른 이벤트의 결과에 영향을 미치지 않으면 두 이벤트는 독립적이다. 즉, $P(B|A)$ = $P(B)$ and $P(A|B)$ = $P(A)$다.

두 이벤트가 독립적이라면 다음과 같다.

$$P(A \cap B) = P(A) \cdot P(B|A) = P(A) \cdot P(B)$$

독립 이벤트의 몇 가지 예는 다음과 같다.

- 샌프란시스코에서 비가 내리고, 강아지가 인도에서 태어났다.
- 어떤 동전을 던져서 앞면이 나왔고, 다른 동전을 던져서 뒷면이 나왔다.

이러한 이벤트 쌍은 서로 영향을 주지 않는다.

상호 보완적인 이벤트

A의 보수^{complement}는 A의 반대 또는 부정이다. A가 이벤트이면 $\overline{A}$는 A의 보수를 나타낸다. 예를 들어 A가 암에 걸린 사람의 이벤트라면 $\overline{A}$는 암이 없는 사람의 이벤트다. $\overline{A}$의 확률을 계산하려면 다음 수식을 사용한다.

$$P(\overline{A}) = 1 - P(A)$$

예를 들어 주사위 두 개를 던질 때 주사위가 3보다 높을 확률은 얼마일까?

A는 3보다 높은 주사위 던지기를 나타낸다.

$\overline{A}$는 3보다 작거나 같은 주사위 던지기를 나타낸다.

$$P(A) = 1 - P(\overline{A})$$

$$P(A) = 1 - (P(2) + P(3))$$

$$= 1 - (1/36 + 2/36)$$

$$= 1 - (3/36)$$

$$= 33/36$$

$$= .92$$

예를 들어 스타트업 팀이 세 명의 투자자 미팅을 앞두고 있고 다음과 같은 가능성을 갖고 있다고 가정하자.

- 첫 번째 투자자 미팅에서 투자 받을 가능성 60%
- 두 번째 투자자 미팅에서 투자 받을 가능성 15%
- 세 번째 투자자 미팅에서 투자 받을 가능성 45%

적어도 하나의 투자자 미팅에서 투자 받을 확률은 얼마인가?

A를 최소한 한 명의 투자자로부터 투자를 받는 팀으로 만들고, $\overline{A}$는 투자를 받지 못하는 팀으로 하자. $P(A)$는 다음과 같이 계산할 수 있다.

$$P(A) = 1 - P(\overline{A})$$

$P(\overline{A})$를 계산하려면 다음을 계산해야 한다.

$P(\overline{A})$ = P(투자자 1의 투자 없음 AND 투자자 2의 투자 없음 AND 투자자 3의 투자 없음)

이러한 이벤트가 독립적(투자자들끼리 서로 이야기를 하지 않는다)이라고 가정하면 다음과 같이 수행한다.

$P(\overline{A})$ = P(투자자 1의 투자 없음) × P(투자자 2의 투자 없음) × P(투자자 3의 투자 없음)
= 0.4 × 0.85 × 0.55 = 0.187

$P(A)$ = 1 - 0.187 = 0.813 = 81%

따라서 스타트업 팀이 적어도 하나의 투자자 미팅에서 투자 받을 확률은 81%다!

▌ 조금 깊이 들어가기

머신 러닝 용어에 너무 깊이 연관 짓지는 않지만, 이러한 검사를 이진 분류자^{binary} ^{classifier}라고 한다. 즉, 암이 있거나 암이 없는 두 가지 옵션만 예측한다. 이진 분류자를 처리할 때 오차 행렬^{confusion matrices}이라고 하는 것을 그릴 수 있다. 오차 행렬은 실험의 네 가지 가능한 결과를 모두 수용하는 2 × 2 행렬이다.

다른 숫자를 시도해보자. 165명의 사람들이 연구에 참여했다고 가정해보자. 따라서 n(표본 크기)는 165명이다. 165명의 모든 사람이 검사를 받고 암이 있는지 물어본다 (다양한 다른 방법을 통해 제공됨). 다음 오차 행렬은 이 실험의 결과를 보여준다.

n=165	예측: **NO**	예측: **YES**
실제: **NO**	50	10
실제: **YES**	5	100

이 행렬은 50명의 사람들을 암이 없을 것으로 예측했고 실제로도 암이 없었음을 보여주며, 100명의 사람들이 암에 걸렸을 것으로 예측했고 실제로도 그렇다는 것을 보여준다. 이름이 모두 다른 네 가지 클래스가 다음과 같이 만들어졌다.

- 참 양성$^{\text{true positives}}$은 정확하게 예측하는 검사다. positive(cancer) == 100
- 참 음성$^{\text{true negatives}}$은 정확하게 예측하는 검사다. negative(no cancer) == 50
- 거짓 양성$^{\text{false positives}}$은 부정확하게 예측하는 검사다. positive(cancer) == 10
- 거짓 음성$^{\text{false negatives}}$은 부정확하게 예측하는 검사다. negative(no cancer) == 5

앞 두 클래스는 검사가 정확하거나 사실인 것을 나타낸다. 뒤의 두 클래스는 검사가 잘못됐거나 틀린 것을 나타낸다.

거짓 양성은 Type I 오류라고 불리는 반면, 거짓 음성은 Type II 오류라고 한다.

출처:
http://marginalrevolution.com/marginalrevolution/2014/05/typei-and-type-ii-errors-simplified.html

이에 대해서는 이후 장들에서 다룬다. 지금은 복합 이벤트의 확률을 나타내기 위해 집합 표기법을 사용하는 이유를 이해해야 한다. 그 이유는 다음과 같다. 이벤트 A와 B가 같은 우주에 존재할 때 교집합과 합집합을 사용해 동시에 발생하는 이벤트를 표현하거나, 다른 이벤트에 비해 발생하는 이벤트를 표현할 수 있다.

이후 장들에서 훨씬 더 많은 내용을 다루겠지만, 지금 소개해봤다.

▌ 요약

5장에서는 확률의 기초를 살펴봤고, 6장에서는 이 분야에 대해 더 자세히 알아본다. 대부분의 생각을 빈도 확률로 접근했고, 확률로 결과를 예측해 실험의 기초를 표현했다.

6장에서는 확률에 대한 베이지안 접근법을 살펴보고 확률을 사용해 훨씬 더 복잡한 문제도 해결한다. 이러한 기초적인 확률 원리를 훨씬 더 어려운 시나리오에 결합해본다.

06

고급 확률

5장에서 확률의 기초와 복잡한 작업에 간단한 원리를 적용할 수 있는 방법을 살펴봤다. 간단히 요약하면 확률은 발생할 수도 있고 발생하지 않을 수도 있는 이벤트를 모델링하는 수학이다. 이러한 이벤트를 설명하고, 여러 이벤트가 함께 작용하는 방식을 살펴보기 위해 수식을 사용한다.

6장에서는 확률의 더 복잡한 원리와 예측 능력을 어떻게 사용할 수 있는지 살펴본다.

베이즈 정리^{Bayes theorem} 및 **확률 변수**^{random variables}와 같은 고급 주제는 나이브 베이즈 알고리즘^{Naïve Bayes algorithm}과 같은 일반적인 머신 러닝 알고리즘으로 이어진다(이 책에서도 다룸). 6장에서는 다음과 같은 내용을 다루고, 확률 이론의 고급 주제에 중점을 둔다.

- 포괄적인 이벤트
- 베이즈 정리
- 기본 예측 법칙
- 확률 변수

시작하기 전에 살펴볼 정의가 하나 더 있다. 전체 포괄적인 이벤트^{collectively exhaustive} events를 살펴봐야 한다.

▌ 전체 포괄적인 이벤트

둘 이상의 이벤트 집합이 주어질 때 적어도 하나의 이벤트가 발생해야 하는 경우 이런 이벤트의 집합은 **전체 포괄적**^{collectively exhaustive}이라고 할 수 있다.

다음 예제를 고려해보자.

- 이벤트 집합(온도 < 60, 온도 > 90)이 주어진다면 이들 이벤트는 전체적으로 포괄적이지 않다. 이 이벤트 집합에는 주어지지 않은 세 번째 옵션이 있기 때문이다. 온도가 60과 90 사이에 있을 수 있다. 그러나 이벤트들이 둘 다 동시에 발생할 수 없으므로 **상호 포괄적**이다.
- 주사위 굴리기는 {1, 2, 3, 4, 5, 6}의 이벤트 집합이 **전체 포괄적**이다. 이 이벤트 집합이 유일하게 가능한 이벤트이기 때문에 적어도 하나는 발생해야 한다.

▌ 베이지안 아이디어 재검토

5장에서 베이지안 사고방식에 대해 매우 간단하게 이야기했다. 즉, 베이즈에 관해 이야기할 때 다음 세 가지와 서로 어떻게 상호작용하는지에 대해 이야기하게 된다.

- 사전 분포^{prior distribution}
- 사후 분포^{posterior distribution}
- 공산/가능성^{likelihood}

기본적으로 사후를 찾는 데 관심이 있다.

베이지안 사고방식을 말하는 또 다른 방법은 데이터가 신뢰를 형성하고 업데이트한다는 것이다. 가설에 대한 생각으로 약간의 데이터가 주어지면 사전 확률을 얻거나 가설을 단순하게 생각한 다음 사후 확률을 얻는다.

베이즈 정리

베이즈 정리는 베이지안 추론의 큰 결과다. 이것이 어떻게 형성되는지 살펴보자. 5장에서 다음과 같이 정의했다는 것을 기억하자.

- $P(A)$ = 이벤트 A가 발생할 확률
- $P(A|B)$ = 이벤트 B가 발생했을 때 이벤트 A가 발생할 확률
- $P(A, B)$ = 이벤트 A와 B가 발생할 확률
- $P(A, B) = P(A) * P(B|A)$

마지막 항목은 'A와 B가 발생할 확률은 A가 발생할 확률과 A가 발생한 경우에 B가 발생할 확률을 곱한 값'이라고 읽을 수 있다.

베이즈 정리의 형태는 마지막 항목에서 나온 것이다.

즉, 다음과 같다.

$P(A, B) = P(A) * P(B|A)$

$P(B, A) = P(B) * P(A|B)$

$P(A, B) = P(B, A)$

따라서 다음과 같다.

$P(B) * P(A|B) = P(A) * P(B|A)$

$P(B)$로 양변을 나누면 다음과 같이 베이즈 정리를 얻을 수 있다.

$$P(A|B) = \frac{P(A) * P(B|A)}{P(B)}$$

베이즈 정리는 다음과 같이 생각할 수 있다.

- $P(A|B)$에서 $P(B|A)$를 얻는 방법이다(단 하나만 있는 경우).
- $P(A)$를 이미 알고 있다면 (B를 알지 못하지만) $P(A|B)$를 얻는 방법이다.

가설과 데이터라는 용어를 사용해 베이즈에 대해 생각해보자. 'H = 주어진 데이터에 대한 가설이고, D = 주어진 데이터'라고 생각하자.

베이즈는 $P(H|D)$를 알아내는 것으로 해석될 수 있다(주어진 데이터를 감안할 때 가설이 정확할 확률).

이전 용어를 사용하면 다음과 같다.

$$P(H|D) = \frac{P(D|H)P(H)}{P(D)}$$

$P(H)$는 데이터를 관찰하기 전의 가설 확률이며, 사전 확률 또는 사전이라고 한다.

$P(H|D)$는 계산할 확률이며, 데이터를 관찰한 후의 가설 확률이기 때문에 사후라고 한다.

$P(D|H)$는 주어진 가설하에서 데이터의 확률이며, 공산이라고 한다.

$P(D)$는 어떤 가설하에서 데이터의 확률이며, 정규화 상수라고 한다.

이 개념은 머신 러닝 및 예측 분석의 아이디어와 관련이 있다. 많은 경우 예측 분석을 고려할 때 주어진 데이터를 사용해 결과를 예측한다. 현재의 용어를 사용하면 H(가설)는 결과로 간주되고, $P(H|D)$는 데이터가 주어질 때 가설이 사실일 확률을 표현하는 방법이다. 내 앞에 데이터가 주어졌을 때 가설이 맞을 확률은 얼마일까?

회사에서 베이즈 수식을 사용하는 방법의 예를 살펴보자.

여러분의 회사에 블로그 게시물을 작성하는 두 명의 책임자 Lucy와 Avinash가 있다고 간주하자. 여러분은 과거에 Lucy의 게시물 중 80%, Avinash의 게시물 중 50%만 좋아했다. 아침에 새 블로그 게시물이 여러분의 책상에 올라왔지만 작성자는 언급되지 않았다. 여러분은 이 블로그 게시물을 좋아한다. A+. 이 게시물을 Avinash가 작성했을 확률은 얼마인가? 두 블로거는 매우 유사한 비율로 블로그 게시물을 작성한다.

엉뚱한 행동을 하기 전에 경험 있는 수학자(그리고 지금 여러분)가 하는 일을 해보자. 다음과 같이 모든 정보를 작성해보자.

- H = 가설 = Avinash가 작성한 블로그 게시물이다.
- D = 데이터 = 여러분은 그 블로그 게시물을 좋아한다.

$P(H|D)$ = 여러분이 게시물을 좋아하면 Avinash가 작성한 게시물일 확률

$P(D|H)$ = Avinash가 작성한 게시물이면 여러분이 게시물을 좋아할 확률

$P(H)$ = Avinash가 작성한 게시물일 확률

$P(D)$ = 여러분이 게시물을 좋아할 확률

이러한 변수 중 일부는 문맥 없이는 거의 의미가 없다는 점에 유의하자. $P(D)$가 책상 위에 놓인 게시물을 좋아할 확률이라면 이상한 개념이지만, 베이즈 수식의 맥락에서 보면 조만간 관련성이 있을 것이다.

그리고 마지막 두 항목에서는 아무것도 가정하지 않았다. $P(D)$는 블로그 게시물의 출처를 가정하지 않았다. 출처가 알려지지 않은 게시물이 책상 위에 있다면 여러분이 그 게시물을 좋아할 가능성은 얼마나 될까? 이처럼 $P(D)$를 생각해보자(이 상황이 이상하게 들린다는 것을 안다).

따라서 $P(H|D)$를 알고 싶다. 다음과 같이 베이즈 정리를 사용해보자.

$$P(H\,|\,D) = \frac{P(D\,|\,H)P(H)}{P(D)}$$

그런데 이 방정식의 오른쪽에 있는 숫자를 알고 있는가? 여러분은 알고 있다고 확신한다! 다음을 살펴보자.

- $P(H)$는 주어진 블로그 포스트가 Avinash에서 나올 확률이다. 블로거가 비슷한 비율로 글을 쓸 때 양쪽 블로거로부터 50/50의 확률을 얻기 때문에 .5라고 가정할 수 있다(이 경우 D를 이에 대한 데이터로 가정하지 않는다).
- $P(D|H)$는 앞에서 말했듯이 Avinash의 게시물을 좋아할 확률이고 이것은 50%, 따라서 .5다.
- $P(D)$는 흥미롭다. 이것은 일반적으로 게시물을 좋아할 확률이다. 게시물이 Lucy 또는 Avinash에서 나온 경우 시나리오를 고려해야 한다는 것을 의미한다. 이제 가설 묶음이 구성됐다면 5장에서 언급한 확률의 법칙을 사용할 수 있다. 가설 묶음은 가설의 집합이 전체 포괄적이고 상호 포괄적인 경우에 형성된다. 비전문가의 용어로 말하면 이벤트의 묶음에서 정확히 하나, 오직 한 개의 가설만 발생할 수 있다. 여기서는 게시물의 출처가 Lucy이거나 Avinash이거나 두 가지 가설이 있다. 이것은 다음과 같은 이유로 분명히 가설 묶음이다.
- 그들 중 적어도 한 명이 썼다.
- 그들 중 대부분이 썼다.

- 따라서 정확하게 그들 중 한 명이 썼다.

묶음이 있을 때 다음과 같이 곱셈과 덧셈 법칙을 사용할 수 있다.

$$D = (From\ Avinash\ AND\ loved\ it) \quad OR \quad (From\ Lucy\ AND\ loved\ it)$$

$$P(D) = P(Loved\ AND\ from\ Avinash) \quad OR \quad P(Loved\ AND\ from\ Lucy)$$

$$P(D) = P(From\ Avinash)P(Loved\ |\ form\ Avinash) \\ + P(from\ Lucy)P(Loved\ |\ from\ Lucy)$$

$$P(D) = .5(.5) + .5(.8) = \mathbf{.65}$$

휴! 잘 했다. 이제 다음과 같이 방정식을 완성할 수 있다.

$$P(H\ |\ D) = \frac{P(D\ |\ H)P(H)}{P(D)}$$

$$P(H\ |\ D) = \frac{.5 * .5}{.65} = .38$$

이것은 이 게시물의 출처가 Avinash일 확률이 38%라는 것을 의미한다. 재미있는 것은 $P(H) = .5$와 $P(H|D) = .38$이다. 즉, 데이터가 없으면 블로그 포스트가 Avinash로부터 나왔을 확률은 동전 던지기와 같이 50/50이다. 일부 데이터(게시물에 대한 여러분의 생각)를 감안할 때 가설에 대한 신뢰를 업데이트했고 실제로 기회를 낮췄다. 이것이 베이지안 사고가 무엇인지에 대한 예다. 즉, 주제에 대한 새로운 데이터가 주어지면 사전 가정으로부터 무언가에 대한 사후 신뢰를 업데이트하는 것이다.

베이즈 정리의 더 많은 응용

베이즈 정리는 대개 데이터와 확률을 기반으로 신속한 결정을 내릴 필요가 있는 많은 애플리케이션에서 나타난다. Netflix[1]와 같은 대부분의 추천 엔진은 업데이트 된 베이지안의 일부 요소를 사용한다. 그 이유가 무엇인지 생각해보면 의미가 있다.

Netflix는 선택할 수 있는 카테고리가 10개만 있다고 단순하게 가정하자. 이제 데이터가 없으면 사용자가 10개의 카테고리 중 코미디 영화를 좋아할 확률은 10%(단지 1/10)라고 가정하자. 좋다, 이제 사용자가 코미디 영화 몇 개에 5/5 별점을 준다고 가정해보자. 이제 Netflix에서 사용자가 다른 코미디를 원할 가능성이 궁금할 때 코미디를 좋아할 확률 $P(H|D)$는 무작위로 추측하는 10%보다 크다!

더 많은 데이터를 사용해 베이즈 정리를 적용하는 몇 가지 예를 시도해보자. 이번에는 좀 더 깊게 살펴보자.

예제: Titanic

1912년에 침몰한 타이타닉호의 생존자들을 살펴본 내용이 포함된 아주 유명한 데이터셋이 있다. 승객의 생존과 인구 통계학적 특징이 관계가 있는지를 확인하기 위해 확률 적용을 사용할 것이다. 이 재난에서 살아남을 가능성이 있는 사람들의 유형에 대해 더 깊이 알기 위해 데이터셋의 어떤 특징으로 구분할 수 있는지 궁금하다.

먼저 다음과 같이 데이터를 읽는다.

```
titanic = pd.read_csv(data/titanic.csv')    # csv 파일을 읽는다.
titanic = titanic[['Sex', 'Survived']]      # Sex와 Survived 열
titanic.head()
```

---

1. Netflix는 인터넷으로 영화나 드라마를 볼 수 있는 미국의 회원제 주문형 비디오 웹사이트로, 사용자 취향에 맞는 콘텐츠를 자동으로 추천해주는 기능을 갖고 있다. - 옮긴이

	Sex	Survived
0	male	no
1	female	yes
2	female	yes
3	female	yes
4	male	no

위의 테이블에서 각 행은 선박의 승객 한 명을 나타내며, 현재 두 가지 구체적인 특징, 즉 개인의 성별에 따라 침몰에서 살아남았는지 여부를 조사하고 있다. 예를 들어 첫 번째 행은 생존하지 못한 사람을 나타내며, 네 번째 행(인덱스 3은 파이썬 색인 목록 방식이라는 점을 기억하자)은 생존한 여성을 나타낸다.

몇 가지 기본 사항부터 살펴보자. 성별에 관계없이 배에 있는 어떤 사람이 살아남을 확률을 계산하는 것으로 시작해보자. 이를 위해 Survived 열의 yes 수를 세어 다음 과 같이 이 숫자를 총 행 수로 나눈다.

```
num_rows = float(titanic.shape[0])                            # == 891 행
p_survived = (titanic.Survived=="yes").sum() / num_rows       # == .38
p_notsurvived = 1 - p_survived                                # == .61
```

$P(Survived)$만 계산했으며, $P(Died)$를 계산할 때 이 두 이벤트가 상호 보완적이기 때문에 공액 확률 법칙[law of conjugate]을 사용한 것에 주의하자. 이제는 승객이 남성이 거나 여성인 확률을 계산해보자.

```
p_male = (titanic.Sex=="male").sum() / num_rows               # == .65
p_female = 1 - p_male                                          # == .35
```

자, 이제 스스로 질문해보자. 특정 성별이 생존율에 영향을 미치는가? 이를 위해 $P(Survived|Female)$ 또는 여성이기 때문에 누군가 살아남았을 확률을 추정할 수

있다. 이것을 계산하려면 생존한 여성의 수를 총 여성의 수로 나눌 필요가 있다.

$$P\left(Survived \mid Female\right) = \frac{P\left(Female\ AND\ Survived\right)}{P\left(Female\right)}$$

```
number_of_women = titanic[titanic.Sex=='female'].shape[0]   # == 314
women_who_lived = titanic[(titanic.Sex=='female') & (titanic.
Survived=='yes')].shape[0]                                  # == 233
p_survived_given_woman = women_who_lived / float(number_of_women)
p_survived_given_woman                                      # == .7
```

이것은 꽤 큰 차이가 난다. 이 데이터셋에서 성별이 큰 역할을 하는 것으로 보인다.

예제: 의학 연구

베이즈 정리의 고전적 용도는 의학 검사의 약물 해석이다. 불법 약물 사용에 대한 정기적인 검사는 작업장과 학교에서 점점 더 보편화되고 있다. 이러한 검사를 수행하는 회사들은 검사를 매우 민감하게 관리한다. 즉, 시스템에서 약물이 있다고 판단하면 결과가 양성으로 나오게 된다. 회사들은 이러한 검사가 매우 정확하다고 주장하며, 약물이 없다면 결과가 음성으로 나올 수 있음을 의미한다.

일반적인 약물 검사의 민감도는 평균적으로 약 60%이고 약 99%의 특수성이 있다고 가정하자. 즉, 직원이 약물을 사용한 경우 검사 결과가 양성인 확률 60%, 약물을 사용하지 않은 경우 검사 결과가 음성이 될 확률은 99%다. 이제 이러한 검사가 실제 약물 사용률이 5%인 인력에 적용된다고 가정해보자.

여기서 진짜 질문은 양성 반응을 보인 사람들 중 실제로 얼마나 많은 사람이 약물을 사용하는지 여부다.

베이지안 용어를 사용해서 검사 결과가 양성인 경우에 약물 사용의 확률을 계산한다.

166

D = 약물을 사용 중인 이벤트

E = 검사 결과가 양성인 이벤트

N = 약물을 사용하지 않는 이벤트

$P(D|E)$를 알려고 한다. 베이즈 정리를 사용해 다음과 같이 추정할 수 있다.

$$P(D|E) = \frac{P(E|D)P(D)}{P(E)}$$

이전의 $P(D)$는 검사 결과를 알기 전에 약물 사용의 확률이며 5%다. 공산 $P(E|D)$는 약물 사용을 가정할 때 검사 양성 반응의 확률이며, 이것은 검사의 민감도와 동일하다. 정규화 상수 $P(E)$는 좀 더 까다롭다.

$P(E \text{ and } D)$와 $P(E \text{ and } N)$ 두 가지를 고려해야 한다. 기본적으로 사용자가 약물을 사용하지 않을 때 검사가 부정확할 수 있다고 가정해야 한다. 다음 방정식을 확인해 보자.

$$P(E) = P(E \text{ and } D) \text{ or } P(E \text{ and } N)$$

$$P(E) = P(D)P(E|D) + P(N)P(E|N)$$

$$P(E) = .05 * .6 + .95 * .01$$

$$P(E) = 0.0395$$

그러면 원래 방정식은 다음과 같아진다.

$$P(D|E) = \frac{.6 * .05}{0.0395}$$

$$P(D|E) = .76$$

이것은 약물 사용에 대해 양성 반응을 보인 사람들의 약 1/4은 결백하다는 것을 의미한다!

확률 변수

확률 변수는 실제 수치 값을 사용해 확률적 이벤트를 설명한다. 변수에 대한 이전 작업(수학과 프로그래밍에서 모두)에서 변수는 특정 값을 취한다는 사실에 익숙하다. 예를 들어 빗변에 대한 변수 h가 주어진 삼각형에서 빗변의 길이를 알아내야 한다. 파이썬에서는 다음과 같다.

h = 5

이 변수들은 한 번에 하나의 값으로 대응된다. 확률 변수는 우연성에 종속된다. 즉, 변수의 값이 바로 변수라는 것을 의미한다! 환경에 따라 여러 값을 가질 수 있다.

이전에 표시된 것처럼 확률 변수는 여전히 값을 보유한다. 변수들과 확률 변수의 주요 차이점은 확률 변수의 값은 상황에 따라 달라질 수 있다는 사실이다.

그런데 확률 변수가 많은 값을 가질 수 있다면 어떻게 그 값을 모두 추적할까? 확률 변수가 취할 수 있는 각 값은 백분율과 연관된다. 확률 변수가 취할 수 있는 모든 값에 대해 그 변수가 이 값이 될 확률은 하나다.

확률 변수를 사용하면 확률 변수의 확률 분포를 구할 수 있다. 이 확률 분포는 변수의 가능한 값과 확률을 제공한다.

글로 써보면 일반적으로 확률 변수를 나타내기 위해 대문자 하나(주로 특정 문자 X)를 사용한다. 예를 들면 다음과 같다.

- X = 주사위 굴리기의 결과
- Y = 올해 회사가 얻은 수익

- Z = 인터뷰 코딩 퀴즈에서 지원자의 점수(0-100%)

사실상 확률 변수는 이벤트의 표본 공간(가능한 모든 결과 집합)에서 확률 값(0과 1 사이)으로 값을 매핑하는 함수다. 이벤트는 다음과 같이 표현한다.

$$f\left(event\right) = probability$$

이것은 각 개별 옵션에 확률을 지정한다. 확률 변수에는 이산과 연속이라는 두 가지 주요 유형이 있다.

▌ 이산 확률 변수

이산 확률 변수$^{discrete\ random\ variables}$는 가능한 값의 셀 수 있는 수를 취한다. 예를 들어 주사위 굴리기의 결과는 다음과 같다.

$$X = 주사위\ 한\ 개\ 굴리기의\ 결과$$

Value	$X = 1$	$X = 2$	$X = 3$	$X = 4$	$X = 5$	$X = 6$
Probability	$\frac{1}{6}$	$\frac{1}{6}$	$\frac{1}{6}$	$\frac{1}{6}$	$\frac{1}{6}$	$\frac{1}{6}$

확률 변수를 정의하기 위해 대문자 X를 사용하는 방법에 주목하자. 이것은 일반적인 관행이다. 또한 확률 변수가 각 개별 결과에 확률을 매핑하는 방법에 주목하자.

확률 변수에는 여러 속성이 있으며, 그중 두 가지는 기댓값$^{expected\ value}$과 분산^{variance}이다.

확률 질량 함수$^{PMF,\ Probability\ Mass\ Function}$를 사용해 이산 확률 변수를 설명할 것이다. 확률 질량 함수는 다음과 같은 형태로 나타낸다.

$P(X = x)$ = PMF

따라서 주사위 하나를 굴리면 $P(X = 1) = 1/6$이고 $P(X = 5) = 1/6$이다.

이산 변수의 다음 예를 고려하자.

- 설문 조사 질문의 결과(예: 1-10점 척도)
- CEO가 1년 안에 사임할 것인지(true 또는 false)

확률 변수의 기댓값은 확률 변수의 오랜 반복된 표본 실행의 평균값으로 정의한다. 이를 종종 변수의 평균이라고 한다.

예를 들어 다음과 같이 주사위 굴리기의 확률 변수를 정의하는 파이썬 코드를 참조하자.

```
import random
def random_variable_of_dice_roll():
    return random.randint(1, 6)         # (1,6)의 범위에는
                                        # 1, 2, 3, 4, 5, 6을 포함한다.
```

이 함수는 확률 변수를 호출하고 응답을 내보낸다. 다음과 같이 100개의 주사위를 굴린 다음 결과의 평균을 구하면 다음과 같다.

```
trials = []
num_trials = 100
for trial in range(num_trials):
    trials.append( random_variable_of_dice_roll() )

print sum(trials)/float(num_trials)      # == 3.77
```

100개의 주사위를 굴려서 평균치를 계산하면 3.77이다. 여기에 설명된 것과 같이 다양한 실험 번호로 시도해보자.

```
num_trials = range(100,10000, 10)
```

```
avgs = []
for num_trial in num_trials:
    trials = []
    for trial in range(1,num_trial):
        trials.append( random_variable_of_dice_roll() )
    avgs.append(sum(trials)/float(num_trial))

plt.plot(num_trials, avgs)
plt.xlabel('Number of Trials')
plt.ylabel("Average")
```

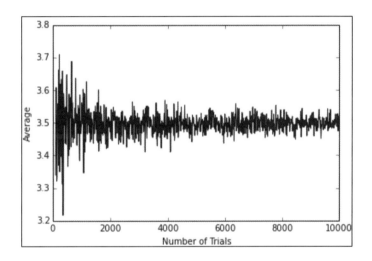

위 그래프는 점점 더 많이 주사위 굴리기를 할 때 주사위 굴리기의 평균을 나타낸다. 주사위 굴리기의 평균이 빠르게 3.5에 다다르는 것을 볼 수 있다. 그래프의 왼쪽을 보면 주사위를 약 100번 굴리면 3.5의 주사위 굴리기 평균을 얻지 못한다는 것을 알 수 있다. 그러나 주사위를 하나씩 10,000번 굴리는 경우 주사위 굴리기의 평균이 약 3.5가 될 것으로 예상된다.

이산 확률 변수의 경우 다음과 같이 간단한 수식을 사용해 기댓값을 계산할 수 있다.

$$\text{Expected value} = E[X] = \mu_X = \sum x_i p_i$$

여기서 x_i는 i번째 결과이고, p_i는 i번째 확률이다.

따라서 주사위 굴리기에 대해 정확한 기댓값을 다음과 같이 파악할 수 있다.

$$\frac{1}{6}(1) + \frac{1}{6}(2) + \frac{1}{6}(3) + \frac{1}{6}(4) + \frac{1}{6}(5) + \frac{1}{6}(6) = 3.5$$

위의 결과는 주어진 주사위 굴리기에 대해 3.5의 주사위 굴리기 값을 '기대할' 수 있음을 보여준다. 실제 주사위를 굴릴 때 3.5점을 얻을 수 없기 때문에 이치에 맞지 않는다. 그러나 여러 번 주사위를 굴리는 맥락에서 볼 때 의미가 있다. 주사위를 10,000번 굴린다면 앞의 그래프와 코드에서 볼 수 있듯이 주사위 굴리기의 평균은 3.5에 가까워야 한다.

확률 변수의 평균 기댓값은 변수 뒤에 있는 전체 아이디어를 파악하기에 일반적으로 충분하지 않다. 이러한 이유로 분산이라는 새로운 개념을 도입한다.

확률 변수의 분산은 변수의 확산을 나타낸다. 분산은 기댓값의 가변성을 수량화한다.

이산 확률 변수의 분산 공식은 다음과 같이 표현된다.

$$\text{Variance} = V[X] = \sigma_X^2 = \sum (x_i - \mu_X)^2 p_i$$

여기서 x_i 및 p_i는 이전과 동일한 값을 나타내고 μ_x는 변수의 기댓값을 나타낸다. 이 수식에서 또한 X의 시그마가 나온다. 이것은 표준 편차로서 단순히 분산의 제곱근으로 정의된다. 이산 확률 변수의 좀 더 복잡한 예를 살펴보자.

분산은 주고받는 측정 지표로 생각할 수 있다. 여러분이 포커 패로 $100를 딸 수 있을 것 같다면 매우 행복할 것이다.

$100를 따거나 $80를 주고받는 추가 세부 사항을 명세서에 추가하면 이제는 다룰

수 있는 기대 범위가 넓어진다. 이 기대 범위는 좌절감을 줄 수도 있지만 위험을 회피하는 선수에게는 게임에 더욱 신중하게 만들어준다. 일반적으로 기댓값은 표준 편차를 주고받는다고 말할 수 있다.

여러분의 팀이 새로운 제품의 성공을 리커드 척도$^{likert\ scale}$로 측정한다고 가정하자. 즉, 값 0은 완전한 실패를 나타내고 4는 큰 성공을 나타낸다. 사용자 테스트와 제품 성능의 예비 결과를 토대로 새로운 프로젝트가 다음과 같은 성공 가능성이 있는지를 평가한다.

먼저 확률 변수를 정의해야 한다.

X 확률 변수가 제품의 성공을 나타낼 수 있게 하자. X 변수는 0, 1, 2, 3, 4 다섯 가지 옵션 중 하나만 취할 수 있기 때문에 X는 실제로 이산 확률 변수다.

다음은 확률 변수 X의 확률 분포다. 각 X의 잠재적 결과에 대한 열과 그 아래 각 결과에서 특별히 성취될 확률이 있는 결과에 주목하자.

Value	$X = 0$	$X = 1$	$X = 2$	$X = 3$	$X = 4$
Probability	0.02	0.07	0.25	0.4	0.26

예를 들어 이 프로젝트는 완전히 실패할 확률이 2%이고 큰 성공을 거둘 확률이 26%다! 기댓값을 다음과 같이 계산할 수 있다.

$$E[X] = 0(0.02) + 1(0.07) + 2(0.25) + 3(0.4) + 4(0.26) = 2.81$$

이 숫자는 관리자가 이 프로젝트에서 약 2.81의 성공을 기대할 수 있음을 의미한다. 그 숫자 자체가 지금은 별로 유용하지 않다. 여러 제품을 선택할 수 있는 경우 기대 가치는 여러 제품의 잠재적 성공 가능성을 비교하는 방법일 수 있다. 그러나 이 경우 평가할 제품이 하나만 있으니 더 많이 필요하다.

이제 다음과 같이 분산을 확인해보자.

$Variance = V[X] = \sigma^2 X = (xi - \mu X)^2 pi$

$= (0 - 2.81)^2(0.02) + (1 - 2.81)^2(0.07) + (2 - 2.81)^2(0.25) + (3 - 2.81)^2(0.4)$

$+ (4 - 2.81)^2(0.26) = .93$

이제 표준 편차와 프로젝트 점수의 기댓값을 모두 얻었으므로 결과를 요약해보자. 프로젝트는 2.81 플러스 또는 마이너스 .96의 기대 점수를 가진다고 말할 수 있다. 이 의미는 1.85와 3.77 사이에서 뭔가를 기대할 수 있는 점수다.

따라서 이 프로젝트는 약 1점 증감을 감안해서 2.81의 성공률을 보일 것이다.

따라서 여러분은 기껏해야 프로젝트는 3.8이 될 것이고 최악의 경우는 1.8이 될 것이라고 생각할 수도 있다. 바람직하지 않다.

이것은 4보다 좋을 수도 있고 1.8보다 나쁠 수도 있다. 이 단계를 더 진행하려면 다음을 계산해보자.

$$P(X >= 3)$$

먼저 잠시 시간을 내서 이 수식을 스스로 읽을 수 있다고 확신하자. $P(X> = 3)$은 무엇을 묻고 있을까? 실제로 잠시 시간을 내서 알아보자.

$P(X >= 3)$은 확률 변수가 적어도 3만큼 큰 값을 취할 확률이다. 즉, 제품의 성공률이 3점 이상일 확률은 얼마인가? 이것은 다음과 같이 계산된다.

$$P(X >= 3) = P(X = 3) + P(X = 4) = .66 = 66\%$$

이것은 제품의 성공률을 3이나 4로 평가할 확률이 66%임을 의미한다. 이것을 계산하는 또 다른 방법은 다음과 같은 **공액 방식**^{conjugate way}이다.

$$P(X >= 3) = 1 - P(X < 3)$$

다시 말하지만 이 수식이 성립한다는 것을 스스로에게 확신시키기 위해 잠시 시간을 가져보자. 제품이 적어도 3점 이상으로 평가될 확률은 숫자 1에서 제품이 3점 미만의 평가를 받을 확률을 뺀 것과 같다. 이것이 사실이라면 두 이벤트($X >= 3$ 및 $X < 3$)는 서로 보완돼야 한다.

이것은 분명히 사실이다! 제품은 다음 두 가지 옵션 중 하나일 것이다.

- 3점 이상
- 3점 미만

수학으로 확인해보자.

$$P(X < 3) = P(X = 0) + P(X = 1) + P(X = 2) = 0.02 + 0.07 + 0.25 = .034$$

$$1 - P(X < 3) = 1 - .34 = .66 = P(X >= 3)$$

계산이 됐다!

이산 확률 변수의 유형

확률 변수의 특정 유형을 살펴봄으로써 실제로 확률 변수가 어떻게 작동하는지 더 잘 알 수 있다. 확률 변수의 이러한 특정 유형은 다양한 유형의 상황을 모델링하고 매우 복잡한 이벤트 모델링에 대해서 훨씬 간단한 계산을 보여준다.

이항 확률 변수

살펴볼 이산 확률 변수의 첫 번째 유형은 이항 확률 변수binomial random variable다. 이항 확률 변수를 사용해 단일 이벤트가 반복해서 발생하는 설정을 살펴보고 결과가 양성positive인 횟수를 계산한다.

확률 변수 자체를 이해하기 전에 그것이 적절한지 조건을 살펴봐야 한다. 이항 설정은 다음과 같은 네 가지 조건을 가진다.

- 가능한 결과는 성공 또는 실패다.
- 실험의 결과는 다른 실험의 결과에 영향을 미치지 않는다.
- 실험 횟수가 설정됐다(고정된 표본 크기).
- 각 실험의 성공 가능성은 항상 p다.

이항 확률 변수는 이산 확률 변수 X이며, 이항 설정에서 성공 횟수를 계산한다. 모수는 n = 실험 횟수이고, p = 각 실험의 성공 확률이다.

예제: 기금 마련 회의

스타트업 기업은 20건의 벤처캐피탈^{VC} 회의를 통해 기금을 모으고 제안 받은 수를 계산한다.

이항 확률 변수에 대한 **확률 질량 함수^{PMF}**는 다음과 같다.

$$P(X = k) = \binom{n}{k} p^k (1 - p)^{n-k}$$

여기서 $\binom{n}{k}$ = 이항 계수 = $\dfrac{n!}{(n-k)!\,k!}$다.

예제: 레스토랑 오픈

도시에 있는 신규 레스토랑은 첫 해에 20%의 생존 기회를 갖는다. 올해 14개의 레스토랑이 오픈하는 경우 일반에게 공개된 후 첫 해에 정확히 4개의 레스토랑이 생존할 확률을 확인해보자.

첫째, 이것이 2진법 설정임을 증명해야 한다.

- 가능한 결과는 성공이나 실패다(레스토랑이 생존하거나 생존하지 않거나).

- 실험의 결과는 다른 실험의 결과에 영향을 미치지 않는다(한 식당의 개업이 다른 식당의 개업 및 생존에 영향을 주지 않는다고 가정).
- 실험 횟수가 설정됐다(14개 레스토랑 오픈).
- 각 실험의 성공 가능성은 항상 p다(항상 20%라고 가정).

여기서 $n = 14$와 $p = .2$라는 두 개의 모수를 갖는다. 이제 다음과 같이 이 숫자들을 이항 공식에 연결할 수 있다.

$$P(X = 4) = \binom{14}{4} .2^4 .8^{10} = .17$$

따라서 이 레스토랑 중 정확히 4개가 1년 후에 17%의 영업 기회를 가질 수 있다.

예제: 혈액형

부부가 혈액형이 O형인 아이를 가질 확률이 25%다. 5명의 아이들 중 3명이 O형 혈액형일 확률은 얼마인가?

X = 혈액형이 O형인 아이들의 수를 $n = 5$와 $p = 0.25$를 사용해서 다음과 같이 나타낸다.

$$P(X = 3) = \binom{5}{3}(0.25)^3(0.75)^{5-3} = 10(0.25)^3(0.75)^2 = 0.087$$

확률 분포의 의미를 얻기 위해 0, 1, 2, 3, 4, 5의 값에 대해 이 확률을 계산할 수 있다.

value x_i	0	1	2	3	4	5
Probability	0.23730	0.39551	0.26367	0.08789	0.01465	0.00098

여기에서 기댓값과 이 변수의 분산을 계산할 수 있다.

$$\text{Expected value} = E[X] = \mu_X = \sum x_i p_i = 1.25$$
$$\text{Variance} = V[X] = \sigma_X^2 = \sum (x_i - \mu_X)^2 p_i = 0.9375$$

따라서 이 가족은 혈액형이 O형인 아이들을 1명이나 2명 가질 것으로 예상된다!

아이들 중 적어도 3명이 O형의 혈액형을 가질 확률을 알고 싶다면 어떻게 해야할까? 아이들 중 적어도 3명이 O형의 혈액형을 가질 확률을 알기 위해서는 이산 확률 변수에 다음 수식을 사용할 수 있다.

$$P(X \geq 3) = P(X = 5) + P(X = 4) + P(X = 3)$$

$$= .00098 + .01465 + .08789 = 0.103$$

따라서 아이들 중 3명이 O형의 혈액형을 가질 확률은 약 10%다.

이항 기댓값과 분산에 대한 정리

이항 확률 변수에는 기댓값과 분산의 정확한 값을 위한 특별한 계산이 있다. X가 이항 확률 변수이면

$E(X) = np$
$V(X) = np(1 - p)$

앞의 예제에서 다음 수식을 사용하면 정확한 기댓값과 분산을 계산할 수 있다.

- $E(X) = .25(5) = 1.25$
- $V(X) = 1.25(.75) = .9375$

이항 확률 변수는 이항 설정에서 성공 횟수를 계산하는 이산 확률 변수다. 이것은 전환 가능성으로 웹사이트에 가입할 것 같은 사람 수를 세거나, 간단한 수준에서 하락 가능성으로 주가 움직임을 예측하는 것과 같이 다양한 데이터 중심 실험에 사용된다(걱정할 필요 없다. 나중에 주식시장을 예측하기 위해 훨씬 더 세련된 모델을 적용할 것이다).

기하 확률 변수

살펴볼 두 번째 이산 확률 변수는 기하 확률 변수^{Geometric random variables}다. 실제로 하나의 이벤트가 반복해서 발생하는 설정을 볼 때는 이항 확률 변수와 매우 유사하다. 그러나 기하학적 설정의 경우 주요 차이점은 표본 크기를 고정하지 않는다는 점이다.

스타트업 기업이 정확히 20건의 VC 회의를 갖지는 않을 것이며, 정확히 5명의 아이들을 갖지는 않는다. 대신 기하학적 설정은 하나의 성공을 얻기 전에 알아야 할 실험 횟수를 모델링한다. 특히 기하학적 설정에는 다음과 같은 네 가지 조건이 있다.

- 가능한 결과는 성공이나 실패다.
- 실험의 결과는 다른 실험의 결과에 영향을 미치지 않는다.
- 실험 횟수가 설정되지 않았다.
- 각 실험의 성공 가능성은 p다.

위의 내용은 세 번째 조건을 제외하고는 이항 변수와 완전히 동일한 조건임을 유의하자.

기하 확률 변수는 하나의 성공을 얻기 위해 필요한 실험 횟수를 세는 이산 확률 변수 X다. 모수는 p = 각 실험의 성공 확률과 $(1 - p)$ = 각 실험의 실패 확률이다.

이전의 이항 예제를 기하학적인 예제로 변환하려면 다음과 같이 한다.

- 스타트업 기업이 첫 번째 투자를 얻기 위해 참여하는 VC 미팅 수를 센다.
- 앞면을 얻기 위해 필요한 동전 던지는 수를 센다(지루하지만 확실한 예제!).

PMF 공식은 다음과 같다.

$P(X = x) = (1 - p)[x - 1]p$

이항 및 기하 설정 모두 성공이나 실패인 결과가 포함된다. 가장 큰 차이점은 이항 확률 변수가 n으로 표시한 고정된 횟수의 실험을 한다는 점이다. 기하 확률 변수에는 고정된 횟수의 실험이 없다. 그 대신 기하 확률 변수는 첫 번째 성공적인 실험을 위해 필요한 표본 수를 모델링한다. 실험 조건에서 성공이 무엇이든 상관없다.

예제: 날씨

4월은 어느 날이나 비가 내릴 확률은 34%다. 4월에 비가 내리는 첫날이 4월 4일이 될 확률을 구해보자.

확률 $p = 0.34$와 $(1 - p) = 0.66$으로 비가 오기(성공)까지의 날짜 수를 X라고 하자. 그러면 다음과 같다.

$P(X = 8) = (0.66)[8 - 1](0.34)$

$= (0.66)7(0.34)$

$= 0.01855$

4월 4일까지 비가 올 가능성은 다음과 같다.

$$P(X \leq 4) = P(1) + P(2) + P(3) + P(4) =$$

$$= .34 + .22 + .14 + .1 = .8$$

따라서 그 달의 첫 번째 비가 처음 4일 이내에 내릴 확률은 80%다.

기하 기댓값 및 분산에 대한 정리

기하 확률 변수에는 기댓값과 분산의 정확한 값을 위한 특수한 계산이 있다. X가 기하 확률 변수인 경우 다음과 같다.

$E(X) = 1/p$

$V(X) = (1-p)/p2$

푸아송 확률 변수

이산 확률 변수의 세 번째이자 마지막 구체적 예는 푸아송 확률 변수^{Poisson random variable}다.

왜 이 확률 변수가 필요한지 이해하기 위해 모델화하려는 이벤트의 발생 확률이 적고 특정 시간대에 이벤트가 발생하는 횟수를 계산한다고 생각해보자. 과거 사례로부터 주어진 특정 기간 동안 평균 발생 횟수 μ에 대한 아이디어가 있다면 $X =$ Poi(μ)로 표시하는 푸아송 확률 변수는 일정 기간 동안 이벤트의 총 발생 횟수를 계산한다.

즉, 푸아송 분포는 주어진 시간 간격에서 발생하는 이벤트의 수를 계산하는 이산 확률 분포다.

푸아송 확률 변수의 다음 예를 고려해보자.

- 사이트의 과거 실적을 기반으로 한 시간 동안 사이트에 일정 수의 방문자가 있을 확률을 찾는다.
- 과거 경찰 보고서를 기반으로 교차로에서 차량 충돌 횟수를 추정한다.

$X =$ 주어진 간격에서 이벤트의 수이고, 간격당 평균 이벤트 수를 λ로 하면 주어진 간격에서 x 이벤트를 관찰할 확률은 다음 수식으로 표시된다.

$$P(X = x) = \frac{e^{-\lambda} \lambda^{x}}{x!}$$

여기서 e는 오일러 상수^{Euler's constant}로 (2.718...)이다.

예제: 콜센터

콜센터에 전화가 오는 통화 콜 수는 푸아송 분포를 5콜/시간의 비율로 따르고 있다. 오후 10시부터 11시 사이에 정확하게 6콜의 전화가 올 확률은 얼마인가?

이 예제를 설정하기 위해 주어진 정보를 써보자. X는 오후 10시부터 11시 사이에 걸려오는 전화의 수다. 이것이 평균 λ = 5인 푸아송 확률 변수다. 이 시간에 걸려오는 콜 수는 이전 기댓값으로 5를 사용하기 때문에 평균이 5다. 이 수치는 매시간 또는 오후 10시 이후에 걸려오는 콜 수를 계산할 때 중요하다. 얼마나 많은 콜이 들어와야 하는지 알고 있으며, 그 정보를 사용해 푸아송 확률 변수를 생성하고 이를 예측에 사용한다는 점이 중요하다.

이 예제를 계속하면 다음과 같은 결과를 얻을 수 있다.

$$P(X = 6) = 0.146$$

즉, 오후 10시부터 11시 사이에 정확히 6콜의 전화가 올 확률은 약 14.6%다.

푸아송 기댓값 및 분산에 대한 정리
푸아송 확률 변수에는 기댓값과 분산의 정확한 값을 위한 특수한 계산이 있다. X가 평균을 갖는 푸아송 확률 변수이면 다음과 같다.

$E(X) = \lambda$
$V(X) = \lambda$

기댓값과 분산이 같은 수이고 그 수가 단순히 주어진 모수이기 때문에 이는 실제로 흥미롭다! 지금까지 세 가지 이산 확률 변수의 예를 봤다. 이제 연속 확률 변수라는 다른 유형의 확률 변수를 살펴봐야 한다.

연속 확률 변수

이산 확률 변수와 전적으로 달리 연속 확률 변수는 몇 가지 계산 가능한 값이 아닌 무한 수의 가능한 값을 취할 수 있다. 확률 질량 함수 대신 분포 밀도 곡선을 설명하는 함수를 호출한다.

연속 변수의 다음 예제를 고려하자.

- 영업 담당자의 전화 통화 길이(통화 수가 아님)
- 20갤런(오일 드럼 수가 아님)으로 표시된 드럼의 실제 오일양

X가 연속 확률 변수이면 어떤 상수 a와 b에 대한 $f(x)$라는 함수가 있다.

$$P\left(a \leq X \leq b\right) = \int_a^b f\left(x\right)dx$$

위의 $f(x)$ 함수는 확률 밀도 함수^{PDF, Probability Density Function}로 알려져 있다. PDF는 이산 확률 변수에 대한 PMF의 연속 확률 변수 버전이다.

가장 중요한 연속 분포는 표준 정규 분포^{standard normal distribution}다. 의심할 필요도 없이 여러분은 이미 정규 분포에 대해 들어봤거나 다뤄봤을 것이다. 이 아이디어는 아주 간단하다. 이 분포의 PDF는 다음과 같다.

$$f\left(x\right) = \frac{1}{\sqrt{2\pi\sigma^2}} e^{-\frac{(x-\mu)^2}{2\sigma^2}}$$

여기서 μ는 변수의 평균이며 σ는 표준 편차다. 혼란스럽겠지만 평균 0과 표준 편차 1을 파이썬에서 그래프로 그려보자.

```
def normal_pdf(x, mu = 0, sigma = 1):
    return (1./np.sqrt(2*3.14 * sigma**2)) * 2.718**(-(x-mu)**2 /
        (2.* sigma**2))

x_values = np.linspace(-5,5,100)
y_values = [normal_pdf(x) for x in x_values]
plt.plot(x_values, y_values)
```

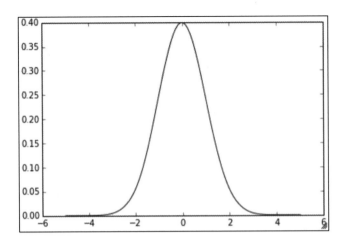

너무 익숙한 종 곡선이 생긴다. 그래프가 x = 0 선 주위에서 대칭인 점에 주목하자. 일부 모수를 변경해보자. μ = 5로 먼저 시도해보자.

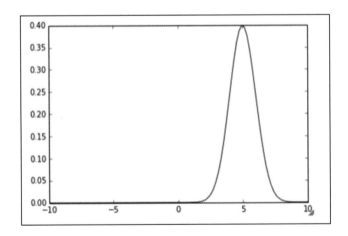

그런 다음에 σ = 5 값으로 시도해보자.

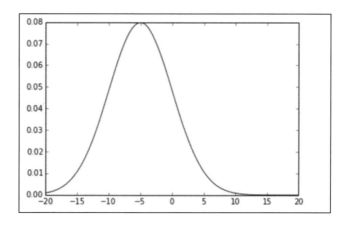

마지막으로 $\mu = 5$, $\sigma = 5$ 값으로 시도해본다.

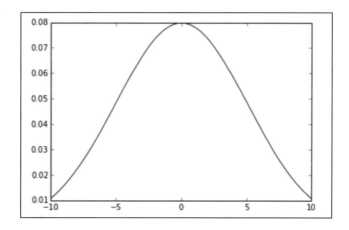

모든 그래프에서 익숙한 표준 종 모양이 나오지만, 모수를 변경하면 종 모양이 더 얇게 되거나 더 두껍게 되거나 왼쪽에서 오른쪽으로 움직일 수 있다.

통계에 초점을 맞춘 7장에서는 통계적 사고로 정규 분포를 훨씬 더 많이 사용할 것이다.

▌ 요약

현장에서 확률은 우연적이고 혼돈스러운 상황을 설명하기 위해 사용한다. 확률의 기본 법칙을 사용하면 우연성을 포함하는 실제 이벤트를 모델링할 수 있다. 여러 값을 취하는 것을 나타내기 위해 확률 변수를 사용하며, 확률 질량 함수나 밀도 함수를 사용해 제품 라인을 비교하거나 검사 결과를 볼 수 있다.

예측에서 확률을 좀 더 복잡하게 사용해봤다. 실제 상황에 확률을 할당하는 훌륭한 방법은 확률 변수와 베이즈 정리를 사용하는 것이다. 7장에서는 베이즈 정리를 다시 살펴본다. 베이즈 정리는 매우 강력하고 빠른 머신 러닝 알고리즘을 만드는 데 사용되는데, 이것을 나이브 베이즈 알고리즘이라고 한다. 이 알고리즘은 베이지안 사고의 힘을 담고 있고, 예측 학습 문제에 직접 적용된다.

다음 두 장은 통계적 사고에 중점을 둔다. 확률과 마찬가지로 다음 두 장에서는 실제 이벤트를 모델링하기 위해 수학 공식을 사용한다. 가장 큰 차이점은 상황을 묘사할 때 사용하는 용어와 다양한 유형의 이벤트를 모델링하는 방식이 될 것이다. 다음 두 장에서는 오직 표본을 기반으로 데이터 포인트의 전체 모집단을 모델링해 보려고 한다.

통계적 정리를 이해하기 위해 확률의 많은 개념을 다시 돌아볼 것이다. 이 개념은 밀접하게 연결돼 있고 데이터 과학 분야에서 중요한 수학적 개념이기 때문이다.

07

기초 통계

7장에서는 꿈을 품은 데이터 과학자에게 필요한 통계에 초점을 맞춘다.

편향되지 않게 데이터를 표본 추출하며 수집하는 방법을 모색하고, 통계 수치를 사용해 데이터를 정량화하고 시각화하겠다. z-score와 경험적 법칙을 사용해 그래프 작성과 해석을 위해 데이터를 표준화할 수 있는 방법도 살펴본다. 7장에서 다루는 내용은 다음과 같다.

- 데이터를 수집하고 표본 추출하는 방법
- 중심의 측정, 분산, 상대적 비교
- z-score를 사용해 데이터 정규화
- 경험적 법칙

▌ 통계란?

이상한 질문처럼 보일지 모르지만, 간단하면서도 강력한 이 질문에 답할 수 없는 사람들의 숫자를 보면 자주 놀라게 된다. 통계란 무엇인가? 통계는 항상 뉴스와 신문에서 볼 수 있는 숫자다. 통계는 어떤 포인트를 증명하거나 두렵게 만들어야 할 경우에 유용한데, 그 포인트는 무엇일까?

이 질문에 대답하려면 잠시 다른 걸 제쳐 놓고 왜 제일 먼저 그것을 측정하는지 이야기해야 한다. 통계 분야의 목표는 우리 주변의 세계를 설명하고 모델화하는 것이다. 그렇게 하려면 모집단을 살펴봐야 한다.

실험이나 모델의 전체 주제로서 모집단^{population}을 정의할 수 있다.

근본적으로 모집단은 관심 있는 사람들이다. 누구에 대해서 이야기하려고 하는가? 흡연이 심장 질환을 유발하는지 검사한다면 모집단은 전 세계의 흡연자가 될 것이다. 10대의 음주 문제를 연구하려고 한다면 모집단은 모두 10대다.

이제 모집단에 대한 질문을 고려해보자. 예를 들어 모집단이 모든 직원(1,000명 이상의 직원이 있다고 가정)이라면 그중에서 불법 약물의 사용 비율을 알고 싶다. 이 질문을 모수^{parameter}라고 한다.

모수는 모집단의 특성을 나타내는 수치적 측정치로 정의할 수 있다.

예를 들어 1,000명의 직원에게 모두 물어보고 100명이 약물을 사용 중이라면 약물 사용률은 10%다. 여기에서 모수는 10%다.

그러나 현실적으로 보면 모든 직원에게 약물 사용 여부를 물을 수는 없다. 10,000명이 넘는 직원이 있다면 어떨까? 답변을 얻기 위해 모두를 추적하는 것은 매우 어려울 것이다. 이런 일이 발생하면 이 모수를 찾는 것은 불가능하다. 이 경우에는 모수를 추정할 수 있다.

먼저 모집단의 표본^{sample}을 취해야 한다.

모집단의 표본을 모집단의 일부(무작위가 아님)로 정의할 수 있다.

따라서 1,000명의 직원 중 200명에게 물어볼 것이다. 이 200명 중 26명이 약물을 사용하면 약물 사용률을 13%로 가정한다. 여기서 13%는 모수가 아니다. 모든 사람에게 물어볼 기회가 없었기 때문이다. 이 13%는 모수의 추정치다. 그게 무엇인가?

맞다, 그것이 바로 통계다!

통계는 모집단의 표본이 가진 특성을 설명하는 수치적 측정치로 정의할 수 있다.

통계는 단지 모수의 추정치다. 모집단의 하위 집합을 설명해 전체 모집단을 설명하려고 시도하는 숫자다. 이것은 모든 10대 또는 세계의 모든 흡연자에게 설문 조사를 할 수 없기 때문에 필요하다. 이것이 바로 모집단에서 표본을 얻고, 이 표본에 대한 검사를 실행하는 통계의 분야다.

따라서 다음에 통계를 받으면 그 숫자는 전체 대상이 아니라 해당 모집단의 표본을 나타내는 것이다.

■ 데이터를 얻고 표본 추출하는 방법

통계가 모집단의 표본에 관한 것이라면 어떻게 표본을 취하는지 아는 것은 매우 중요하다. 데이터를 얻고 표본 추출하는 여러 가지 방법 중 몇 가지를 집중적으로 살펴보자.

데이터 얻기

분석을 위해 데이터를 수집하는 두 가지 주요 방법이 있는데, 관측 및 실험이다. 물론 이 두 가지 방법 모두 장단점이 있다. 이것들은 각각 다른 유형의 행동을 일으

키므로 서로 다른 유형의 분석이 필요하다.

관측

구체적인 특성을 측정하지만 연구 대상을 변경하지 않을 경우 관측^{Observational} 방법을 통해 데이터를 얻을 수 있다. 예를 들어 웹사이트에서 특정 페이지에 머문 시간과 광고 클릭률과 같은 사용자의 행동을 관측하는 추적 소프트웨어가 있다. 사용자의 행동을 관측하는 동안 사용자의 경험에 영향을 주지 않으면 관측 연구가 될 것이다.

이것은 데이터를 얻는 가장 일반적인 방법 중 하나인데 평범하고 쉽기 때문이다. 데이터를 관측하고 수집만 하면 된다. 관측 연구는 수집할 수 있는 데이터 유형에 제한이 있다. 이것은 관찰자(여러분)가 환경을 통제하지 않기 때문이다. 자연스러운 행동만 보고 수집할 수 있다. 특정 유형의 행동을 유도하려고 하는 경우 관측 연구는 유용하지 않다.

실험

실험^{Experimental}은 대상에 대한 효과를 관측하고 처리하는 것으로 구성된다. 실험의 대상을 실험 단위라고 한다. 이것은 일반적으로 대부분의 과학 연구실에서 데이터를 수집하는 방법이다. 사람들을 두 개 또는 그 이상의 그룹(일반적으로 단지 두 그룹)으로 배치하고, 그들을 통제 그룹과 실험 그룹이라고 부른다.

통제 그룹은 특정 환경에 노출된 후 관측된다. 실험 그룹은 다른 환경에 노출된 다음 관측된다. 실험자는 두 그룹의 데이터를 집계해 어느 환경이 더 유리한지 결정한다(유리한 품질을 실험자가 결정한다).

마케팅 사례에서 특정 이미지와 특정 스타일을 가진 특정 랜딩 페이지(웹사이트 A)에 사용자의 절반을 노출시키고 서비스에 가입하는지 여부를 측정하는 것을 생각해보자. 그런 다음 나머지 절반을 다양한 이미지 및 다양한 스타일의 다른 랜딩 페이지

(웹사이트 B)에 노출시키고 가입 여부를 다시 측정한다. 두 사이트 중 어느 사이트가 더 잘 수행됐는지를 결정할 수 있다. 이것을 구체적으로 말하면 A/B 테스트라고 한다. 파이썬의 예제를 살펴보자! 앞의 검정을 실행해 목록으로 다음 결과를 얻었다고 가정해보자.

```
results = [ ['A', 1], ['B', 1], ['A', 0], ['A', 0] … ]
```

여기서 목록 결과의 각 객체는 대상(사람)을 나타낸다. 각 사람은 다음 두 가지 속성을 가진다.

- 노출된 웹사이트, 단일 문자로 표시
- 전환 여부(0은 no, 1은 yes)

그런 다음 집계해 결과 테이블을 제시한다.

```
users_exposed_to_A = []
users_exposed_to_B = []
# 각각의 개별 웹사이트의 결과를 보관할 두 개의 목록을 만든다.
```

결과적으로 각 개별 전환 불리언(0 또는 1)을 보유하는 두 목록을 만들어서 검정의 모든 결과를 반복해 적절히 목록에 추가하면 다음과 같다.

```
# 웹사이트에 대해서 전환된 결과: 결과를 반복한다.
# 웹사이트 == 'A' 이고 전환 == 0 처럼 보일 것이다.
if website == 'A':
    users_exposed_to_A.append(converted)
elif website == 'B':
    users_exposed_to_B.append(converted)
```

이제 각 목록에는 일련의 1과 0이 포함된다.

1은 해당 웹 페이지를 본 후 실제로 전환하는 사용자를 나타내며, 0은 가입/전환하기 전에 페이지를 보고 나가는 사용자를 나타낸다.

웹사이트 A에 노출된 총 사용자 수를 구하려면 파이썬의 len( ) 기능을 다음과 같이 사용할 수 있다.

```
len(users_exposed_to_A) == 188        # 웹사이트 A에 노출된 사용자의 수
len(users_exposed_to_B) == 158        # 웹사이트 B에 노출된 사용자의 수
```

전환된 사용자의 수를 계산하려면 다음과 같이 목록의 sum( )을 사용할 수 있다.

```
sum(users_exposed_to_A) == 54         # 웹사이트 A에서 전환된 사용자
sum(users_exposed_to_B) == 48         # 웹사이트 B에서 전환된 사용자
```

목록의 길이에서 목록의 합을 빼면 다음과 같이 각 사이트에 대해 전환하지 않은 사용자 수가 남는다.

```
len(users_exposed_to_A) - sum(users_exposed_to_A) == 134
# 웹사이트 A에서 전환하지 않은 사용자

len(users_exposed_to_B) - sum(users_exposed_to_B) == 110
# 웹사이트 B에서 전환하지 않은 사용자
```

웹사이트 전환 검정의 실험을 나타내는 다음과 같은 표에 결과를 집계하고 요약한다.

	가입하지 않음	가입함
웹사이트 A	134	54
웹사이트 B	110	48

몇 가지 설명적인 통계를 빠르게 정리할 수 있다. 두 웹사이트에 대한 전환율은 다음과 같다.

- 웹사이트 A에 대한 전환율: $\dfrac{54}{134+54} = .288$

- 웹사이트 B에 대한 전환율: $\dfrac{48}{110+48} = .3$

그다지 차이는 없지만 그럼에도 불구하고 다르다. B의 전환율이 높지만 B 버전이 현저히 전환이 좋다고 할 수 있을까? 아직은 아니다. 이러한 결과의 통계적 유의성을 실험하기 위해 가설 검정을 사용해야 한다. 이 실험은 8장에서 자세히 다룰 것이며, 똑같은 예제를 다시 검토하고 적절한 통계 검정을 사용해 마무리할 것이다.

▌표본 추출 데이터

통계는 모집단의 표본을 측정한 결과라는 것을 기억하자. 측정하는 표본을 무엇으로 할지 결정하는 매우 일반적인 방법 두 가지에 대해 이야기하려고 한다. 이 절에서는 표본 크기와 표본 구성원을 결정하는 가장 일반적인 방법인 무작위 표본 추출 random sampling이라는 주요 표본 추출 유형에 대해 설명한다.

확률 표본 추출

확률 표본 추출은 모집단에서 표본을 추출하는 방법으로, 모든 사람이 선택될 가능성이 있지만, 그 확률의 수는 사용자마다 다를 수 있다. 가장 간단한(그리고 아마도 가장 일반적인) 확률 표본 추출법은 무작위 표본 추출이다.

무작위 표본 추출

A/B 테스트를 실행 중이며 A 그룹에 속할 사람과 B 그룹에 속할 사람을 알아내야 한다고 가정하자. 데이터 팀에서는 다음과 같이 세 가지 제안을 한다.

- **위치에 따라 사용자 분리**: 서부 해안 사용자는 그룹 A에 배치하고 동부 해안 사용자는 그룹 B에 배치한다.
- **사이트를 방문한 시간을 기준으로 사용자 분리**: 오후 7시부터 4시 사이에 방문하는 사용자는 그룹 A에 배치하고 나머지는 그룹 B에 배치한다.
- **완전 무작위로 만들기**: 모든 신규 사용자는 어느 그룹에나 50/50의 기회가 주어진다.

처음 두 개는 표본을 선택하는 데 유효한 옵션이며, 구현이 매우 간단하지만 둘 다 근본적인 결함이 있다. 둘 다 표본 추출이 편향될 위험이 있다.

표본 추출법이 타겟 결과를 위해 전체적으로 어떤 결과를 선호할 때 **표본 추출 편향** sampling bias이 발생한다.

옵션 1이나 옵션 2를 선택하는 것이 편향을 유발한다는 것은 쉽게 이해가 된다. 살고 있는 위치나 로그인한 시간을 기준으로 그룹을 선택하면 실험을 잘못 시작하게 되고, 결과에 대한 통제력이 떨어진다.

특히 분석에 교란을 야기하는 요소를 도입할 위험이 있으며, 이것은 좋지 않다.

교란 요인confounding factor은 직접 측정하는 것이 아니라 측정되는 변수를 연결하는 변수다.

기본적으로 교란 요인은 보이지는 않지만 결과에 영향을 미치는 분석에서 누락된 요인이다.

이 경우 옵션 1은 지리적 취향이 교란을 야기할 수 있는 요소라는 것을 고려하지 않았다. 예를 들어 웹사이트 A가 일반적으로 서부 해안 사용자에게 매력적이지 않으면 결과가 크게 영향을 받는다.

유사하게 옵션 2는 시간적(시간-기반) 교란 요인이 야기될 수도 있다. 웹사이트 B가 야간 환경에서 더 잘 볼 수 있는데(웹사이트 A로 예약됨), 사용자에게 노출될 웹사이트 스타일이 시간 때문에 완전히 사라진 경우 어떻게 될까? 이것들이 피해야 할 두 가지 요소이므로, 무작위 표본 추출 옵션 3을 사용해야 한다.

 표본 추출 편향이 교란을 야기할 수 있지만, 이것은 교란과는 다른 개념이다. 옵션 1과 2는 표본을 잘못 선택했기 때문에 표본 추출 편향이 있었으며, 옵션 1과 2에는 결정에 영향을 미치는 세 번째 변수가 있기 때문에 교란 요인의 예이기도 하다.

무작위 표본은 모집단의 모든 단일 구성원이 다른 구성원으로 선택될 가능성이 같게 선택한다.

이것은 아마도 표본의 일부가 될 사람을 결정하는 가장 쉽고 편리한 방법 중 하나일 것이다. 누구나 특정 그룹에 속할 확률이 똑같다. 무작위 표본 추출은 교란 요인의 영향을 줄이는 효과적인 방법이다.

불균등 확률 표본 추출

확률 표본 추출은 잠재적인 표본 구성원마다 다른 확률을 가질 수 있다고 앞에서 말한 것을 상기하자. 그러나 이것이 실제로 문제가 된다면 어떨까? 직원들의 행복 수준을 측정하는 데 관심이 있다고 가정하자. 직원 한 사람씩 모두 물어보는 것은 어리석고 피곤한 일이라는 것을 이미 알고 있다. 따라서 표본을 취해야 한다. 데이터 팀은 무작위 표본 추출을 제안하며, 이것이 매우 똑똑하고 통계적으로 느껴지기 때문에 처음에는 모든 사람들이 하이파이브를 한다. 그런데 누군가 겉보기에 별문제가 없는 질문을 던진다. 여기에서 일하는 남성/여성의 비율을 아는 사람이 있는가?

하이파이브를 멈추고 다들 조용해진다.

이 질문은 성별이 교란 요인이 될 가능성이 있기 때문에 매우 중요하다. 데이터 팀은 이것을 조사해보니 회사에 75%의 남성과 25%의 여성이 있음을 알게 됐다.

이것은 무작위 표본을 도입할 경우 표본이 유사한 분할을 갖게 돼 여성이 아닌 남성에 대한 결과가 유리하다는 것을 의미한다. 이를 극복하기 위해 표본 추출 시 남성에게 유리하지 않게 하기 위해 설문 조사에서 남성보다 여성을 더 많이 포함시키는 것이 유리하다.

언뜻 보기에 무작위 표본 추출로 시스템을 도입하는 것은 나쁘게 보이므로, 불평등한 표본 추출을 경감하기 위해 성별, 인종, 장애 등의 편향을 체계적으로 제거한다고 보는 것이 훨씬 더 적절하다. 모든 사람이 다른 사람들과 똑같은 기회를 갖는 단순한 무작위 표본은 소수 모집단 구성원의 목소리와 의견을 무시할 가능성이 높다. 따라서 표본 추출 기술에 따라 유리한 시스템을 도입하는 것이 좋다.

▌ 통계를 측정하는 방법

표본을 얻었으면 이제 결과를 정량화할 차례다. 회사에서 직원들의 행복을 일반화시켜보거나 사람들마다 급여가 매우 다른지 여부를 알아내고 싶다고 가정하자.

이것은 결과를 측정하는 몇 가지 일반적인 방법이다.

중심 측정

중심의 측정은 데이터셋의 가운데 또는 중심을 정의하는 방법이다. 때로는 데이터 값에 대해 일반화하기를 원하기 때문에 이 작업을 수행한다. 예를 들어 시애틀의 평균 강우량이나 유럽 남성의 평균 신장이 궁금하다고 하자. 이 방법은 대규모 데이터셋을 일반화해 누군가에게 전달하기가 더 쉽다.

중심 측정값은 데이터셋의 '가운데' 값이다.

그러나 이것은 다른 사람들에게 다른 의미를 줄 수 있다. 데이터셋의 중간을 누가 말할 것인가? 데이터 중심을 정의하는 방법은 여러 가지가 있다. 몇 가지를 살펴보자.

데이터셋의 산술 평균^{arithmetic mean}은 모든 값을 합친 후 데이터 값의 수로 나눈 값이다.

이것은 데이터 중심을 정의하는 가장 일반적인 방법일 수 있지만, 결점이 있다!

다음과 같은 숫자의 평균을 찾아보자.

```
import numpy as np

np.mean([11, 15, 17, 14]) == 14.25
```

간단히 말해 평균은 14.25이며, 모든 값은 평균에 상당히 가깝다. 그러나 새로운 값 31을 추가한다면 어떨까?

```
np.mean([11, 15, 17, 14, 31]) == 17.6
```

이것은 산술 평균이 특이값^{outliers}에 민감하기 때문에 평균에 큰 영향을 미친다. 새로운 값인 31은 나머지 숫자의 거의 두 배 크기이기 때문에 평균을 왜곡한다.

또 다른 경우 가끔 중심의 더 나은 측정은 중앙값^{median}이다.

다음에 보이는 것처럼 중앙값은 데이터셋이 순서대로 정렬될 때 데이터셋의 가운데 있는 숫자다.

```
np.median([11, 15, 17, 14]) == 14.5
np.median([11, 15, 17, 14, 31]) == 15
```

31을 사용해도 데이터셋의 중앙값이 크게 영향을 받지 않는 점에 주목하자. 중앙값이 특이값에 덜 민감하기 때문이다.

많은 특이값이 있는 데이터셋으로 작업할 때 데이터셋의 중앙값을 사용하는 것이 더 유용할 수 있지만, 데이터에 많은 특이값이 없고 데이터 포인트가 거의 서로 가까운 경우 평균이 더 좋은 옵션일 수 있다.

그런데 데이터가 확산됐는지는 어떻게 알 수 있을까? 새로운 유형의 통계를 도입해야 한다.

편차 측정

중심의 측정은 데이터의 가운데를 정량화하는 데 사용되지만, 이제는 수집한 데이터가 어떻게 "퍼져 있는가"를 측정하는 방법을 모색할 것이다. 이것은 데이터가 많은 특이값을 내부에 숨겨 놓았는지 확인하는 데 유용한 방법이다. 예를 들어 설명해 보자.

페이스북의 친구 중 24명을 무작위 표본으로 가져와서 각자의 페이스북에 얼마나 많은 친구가 있는지 작성한다. 다음은 그 목록이다.

```
friends = [109, 1017, 1127, 418, 625, 957, 89, 950, 946, 797, 981,
125, 455, 731, 1640, 485, 1309, 472, 1132, 1773, 906, 531, 742, 621]

np.mean(friends) == 789.1
```

이 목록의 평균은 789 이상이다. 따라서 이 표본에 따르면 페이스북의 친구는 평균 789명의 친구가 있다고 말할 수 있다. 그러나 친구가 89명밖에 없거나 친구가 1,600명이 넘는 사람은 어떻게 할까? 사실 이 숫자는 789에 가깝지 않다.

중앙값은 일반적으로 특이값의 영향을 받지 않기 때문에 다음에 표시한 것처럼 중앙값을 사용하는 것은 어떨까?

```
np.median(friends) == 769.5
```

중앙값은 769.5이며, 이 값은 평균값에 상당히 가깝다. 좋은 생각이지만 여전히 많은 데이터 포인트가 얼마나 다른지에 대해서는 실제로 설명하지 않는다. 이것은 통계학자가 데이터의 편차를 측정하는 것이다. 편차의 가장 기본적인 척도인 범위를 소개해보자. 범위는 다음과 같이 단순히 최댓값에서 최솟값을 뺀 값이다.

```
np.max(friends) - np.min(friends) == 1684
```

범위는 극단적인 두 값이 얼마나 멀리 떨어져 있는지 알려준다. 일반적으로 범위는 널리 사용되지는 않지만 응용에서 사용된다. 때때로 특이값이 어떻게 퍼져 있는지를 알고 싶다. 이것은 과학적 측정이나 안전 측정에 가장 유용하다.

자동차 회사가 에어백이 펼쳐지는 데 걸리는 시간을 측정한다고 가정하자. 그 시간의 평균을 알면 좋지만, 가장 느린 시간과 가장 빠른 시간이 서로 얼마나 다른지를 알고 싶다. 이것은 말 그대로 삶과 죽음의 차이일 수 있다.

페이스북 예제로 돌아가면 1,684가 범위지만 데이터에 대해 아주 많이 말하고 있는 것은 아니다. 이제 가장 일반적으로 사용되는 편차 측정 방법인 표준 편차^{standard deviation}를 살펴보자.

많은 사람들이 이 용어를 들어봤을 것이고 어느 정도 두려움을 주는 단어라고 확신하지만, 실제로 이것이 의미하는 바는 무엇인가? 본질적으로 모집단 표본을 사용할 때 s로 표시하는 표준 편차는 데이터 값이 산술 평균에서 벗어나는 정도를 측정한다.

이것은 기본적으로 데이터가 어떻게 퍼져 있는지 보는 방법이다. 표준 편차를 계산하는 일반적인 수식은 다음과 같다.

$$s = \sqrt{\frac{\sum (x - \bar{x})^2}{n}}$$

여기서는 다음과 같다.

- s는 표본 표준 편차다.
- x는 각각의 개별 데이터 포인트이다.
- $\bar{x}$는 데이터의 평균이다.
- n은 데이터 포인트의 수다.

여러분이 어려워하기 전에 이것을 하나씩 풀어보자. 표본의 각 값을 취해 산술 평균을 뺀 차이를 제곱한 다음, 이 방법으로 모든 단일 점을 더한 후에 전체를 표본의 포인트 수 n으로 나눈다. 마지막으로 모든 것에 제곱근을 취한다.

수식에 대한 심층 분석을 하지 말고 다음과 같이 생각해보자. 이것은 근본적으로 거리 계산식에서 파생됐다. 기본적으로 표준 편차로 계산하는 것은 데이터 값이 산술 평균으로부터 얼마나 멀리 떨어져 있는지 일종의 평균 거리다.

수식을 면밀히 살펴보면 실제로 이해할 수 있다.

- $x - \bar{x}$를 취함으로써 표본의 값과 평균 사이에서 글자 그대로의 차이를 발견한다.
- $(x - \bar{x})^2$처럼 결과의 제곱은 큰 오차를 제곱하면 더 크게 만들 수 있기 때문에 특이값에 더 큰 불이익을 주게 된다.
- 표본의 항목 수로 나누면 각 점과 평균 사이의 평균 제곱 거리(문자 그대로)를 취한다.

- 결과에 제곱근을 취함으로써 숫자를 이해할 수 있는 용어로 만든다. 예를 들어 친구의 수에서 평균을 뺀 값을 제곱하면 단위가 친구 제곱으로 변경된다. 이것은 의미가 없다. 제곱근을 취하면 단위가 '친구'로 되돌아간다.

이에 대한 시각화와 자세한 설명을 위해 페이스북 예제로 돌아가서 표준 편차를 계산해보자. 따라서 그중 몇 가지를 계산한다. 데이터의 산술 평균은 약 789였으므로 평균으로 789를 사용한다.

우선 각 데이터 값과 평균의 차이를 취해 제곱한 다음, 모든 값을 더하고 값의 수로 나눈 후 제곱근을 취한다. 이것은 다음과 같다.

$$s = \sqrt{\frac{(109-789)^2 + (1017-789)^2 + \cdots + (621-789)^2}{24}}$$

반면에 파이썬 접근 방식을 취하면 프로그래밍 방식으로 이 모든 작업을 수행할 수 있다.

```
np.std(friends) # == 425.2
```

숫자 425가 나타내는 것은 데이터의 범위다. 425는 데이터 값과 평균값의 일종의 평균 거리라고 말할 수 있다. 이것은 간단히 말해서 이 데이터가 꽤 널리 퍼져 있다는 것을 의미한다.

따라서 표준 편차는 약 425다. 즉, 페이스북에 있는 친구 수는 단일 숫자와 거의 같지 않으며, 막대그래프에 데이터를 도식화하고 평균과 표준 편차를 그래프로 시각화해 나타낼 때 매우 명백하다. 다음 도표에서 모든 사람은 막대형 차트의 단일 막대로 표시되고, 막대의 높이는 개인이 갖고 있는 친구의 수를 나타낸다.

```
import matplotlib.pyplot as plt
%matplotlib inline
y_pos = range(len(friends))

plt.bar(y_pos, friends)
plt.plot((0, 25), (789, 789), 'b-')
plt.plot((0, 25), (789+425, 789+425), 'g-')
plt.plot((0, 25), (789-425, 789-425), 'r-')
```

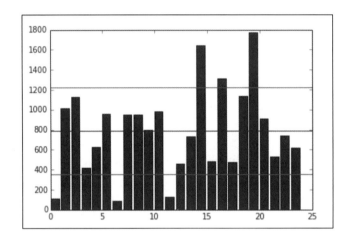

중앙의 파란색 선은 평균(789)에 그려지고, 하단의 빨간색 선은 평균에서 표준 편차를 뺀 값(789 - 425 = 364)으로 그려지고, 마지막으로 상단의 녹색 선은 평균과 표준 편차를 더한 값(789 + 425 = 1,214)으로 그려진다.

특이값은 선 밖에 있지만 대부분의 데이터가 녹색과 적색 선 사이에서 어떻게 분포돼 있는지 확인하자. 즉, 빨간색 선 아래에 친구 수를 가진 세 사람과 녹색 선에서 친구 수를 가진 세 사람이 있다.

실제로 표준 편차의 단위는 데이터 단위와 동일한 단위라는 점에 유의해야 한다. 따라서 이 예에서는 표준 편차가 페이스북에서 425명의 친구라고 말할 수 있다.

ℹ️ 편차의 또 다른 척도는 6장에서 설명한 바와 같이 분산이다. 분산은 단순히 표준 편차
를 제곱한 것이다.

이제 표준 편차와 분산은 데이터가 어떻게 퍼져 있는지를 확인하는 데 유용하다는 것을 알게 됐다. 이것은 데이터가 많을 때 일종의 범위를 만들기 위해 평균과 함께 사용할 수 있다. 하지만 완전히 다른 단위를 가진 두 개의 서로 다른 데이터셋의 범위를 비교하려고 한다면 변동 계수를 알아야 한다.

변동 계수의 정의

변동 계수[coefficient of variation]는 데이터의 표준 편차와 평균의 비율로 정의된다.

이 비율은(측정에서 나눗셈이 허용되고 의미가 있는 비율 수준에서 작업하는 경우에만 도움이 되는) 표준 편차를 표준화하는 방법이므로 데이터셋을 서로 비교하기 쉽다. 다른 척도로 존재하는 모집단에 퍼져 있는 평균을 비교하려고 할 때 이 측정치를 자주 사용한다.

예제: 직원 급여

같은 회사에서 다른 부서 간에 직원 급여의 평균과 표준 편차를 살펴보면 언뜻 봐서는 편차를 비교하는 것이 어려울 수 있다.

XYZ 회사의 급여			
부서	평균 급여	표준 편차	변동 계수
우편실	$25,000	$2,000	8.0%
인사부	$52,000	$7,000	13.5%
행정부	$124,000	$42,000	33.9%

한 부서의 평균 급여는 $25,000이고, 반면에 다른 부서는 여섯 개 영역에서 평균 급여가 있는 경우 특히 어렵다.

그러나 변동 계수인 마지막 열을 살펴보면 행정부의 사람들이 더 많이 급여를 받고 있지만, 행정부의 직원들은 광범위하게 서로 다른 급여를 받고 있음을 분명히 알 수 있다. 이것은 CEO가 행정부에 있는 관리자보다 더 많은 급여를 받고 있기 때문에 데이터가 매우 널리 퍼져 있다.

반면 우편실의 모든 사람은 급여를 많이 받지 않지만, 우편실의 모든 사람이 거의 비슷하게 받기 때문에 이들의 변동 계수는 8%에 불과하다.

편차의 측정을 통해 이 데이터가 어떻게 퍼져 있는지 또는 대부분의 데이터를 포함하는 좋은 범위를 도출하는 방법과 같은 큰 문제에 대한 답변을 시작할 수 있다.

상대적 위치의 측정

상대적 위치의 척도를 만들기 위해 중심과 편차의 척도를 결합할 수 있다.

전체 데이터셋과 관련해서 특정 데이터 값이 위치하는 것을 측정하는 것이 **편차 측정값**measure of ㄴ-variation이다.

통계에서 매우 중요한 값인 z-score를 알아보자.

z-score는 단일 데이터 값이 평균으로부터 얼마나 멀리 떨어져 있는지 알려주는 방법이다.

x 데이터 값의 z-score는 다음과 같다.

$$z = \frac{x - \bar{x}}{s}$$

여기에서 각 항목은 다음과 같다.

- x는 데이터 포인트다.
- $\bar{x}$는 평균이다.
- s는 표준 편차다.

표준 편차는 데이터가 평균과 떨어진 일종의 평균 거리며, 이제 z-score가 특정 데이터 요소마다 개별화된 값이라는 것을 기억하자. z-score는 데이터 값에서 평균을 빼고 표준 편차로 나눠서 구할 수 있다. 결과는 값이 평균에서 나온 표준화된 거리가 된다. 모든 통계에 z-score를 사용한다. 이것은 매우 다른 척도로 존재하는 데이터를 표준화하고 데이터의 의미에 맞게 데이터를 정리하는 매우 효과적인 방법이다.

페이스북의 친구 수에 대한 이전 데이터를 가져와서 데이터를 z-score로 표준화해보자. 각 데이터 포인트에 대해 앞의 수식을 적용해 z-score를 찾는다. 각 개별 값에서 평균 친구 수를 뺀 다음, 이를 표준 편차로 나누면 다음과 같다.

```
z_scores = []

m = np.mean(friends)        # 페이스북 친구 수의 평균
s = np.std(friends)         # 페이스북 친구 수의 표준 편차

for friend in friends:
    z = (friend - m)/s      # z-score
    z_scores.append(z)      # 도식화를 위해 점수 목록을 만든다.
```

이제 z-score를 막대형 차트에 그려보자. 다음 차트는 페이스북 친구를 사용하는 이전 예제와 동일한 개인을 보여주지만, 막대 높이가 친구의 원래 숫자를 나타내는 대신에 지금 각 막대는 페이스북에서 개인이 가진 친구 수의 z-score다. z-score를 그래프로 나타내면 다음과 같은 몇 가지 사항을 알 수 있다.

```
plt.bar(y_pos, z_scores)
```

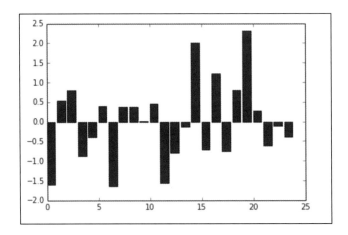

- 음수 값(데이터 포인트가 평균 이하임)을 가진다.
- 막대의 길이는 더 이상 친구의 원래 숫자를 나타내지는 않지만, 친구의 수가 평균과 다른 정도를 보여준다.

이 도표는 훨씬 더 낮고 높은 친구들이 있는 사람들을 평균적으로 골라내기 아주 쉽게 만든다. 예를 들어 인덱스 0의 개인은 평균적으로 친구가 적다(친구가 109명이고 평균은 789명).

표준 편차를 그래프로 나타내려면 어떻게 할까? 이전에 세 개의 수평선을 그래프로 나타냈다. 하나는 평균에, 하나는 평균에 표준 편차를 더하고($x + s$), 하나는 평균에서 표준 편차를 뺀($x - s$) 것이다.

이 값을 z-score에 대한 수식에 연결하면 다음과 같이 표시된다.

$$\text{Z-score of } (\overline{x}\,\mathrm{x}) = \frac{x - \overline{x}}{s} = \frac{0}{s} = 0$$

206

$$\text{Z-score of } (x+s) = \frac{(\overline{x}+s)-\overline{x}}{s} = \frac{s}{s} = 1$$

$$\text{Z-score of } (x-s) \quad \frac{(\overline{x}-s)-\overline{x}}{s} = \frac{-s}{s} = -1$$

이것은 우연이 아니다! z-score를 사용해 데이터를 표준화할 때 표준 편차가 선택 기준이 된다. 표준 편차를 도식화한 새 그래프를 살펴보자.

```
plt.bar(y_pos, z_scores)
plt.plot((0, 25), (1, 1), 'g-')
plt.plot((0, 25), (0, 0), 'b-')
plt.plot((0, 25), (-1, -1), 'r-')
```

위 코드는 다음과 같은 세 개의 줄을 추가한다.

- 평균값에서 표준 편차가 0이 되는 파란색 선 $y = 0$(x축에 있음)
- 평균값보다 높은 표준 편차를 나타내는 녹색 선
- 평균값보다 낮은 표준 편차를 나타내는 빨간색 선

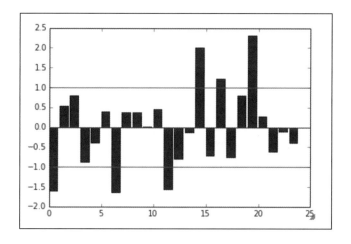

선의 색상은 원래 친구 수의 이전 그래프에 그려진 선과 일치한다. 주의 깊게 보면 똑같은 사람들이 여전히 초록색 선과 빨간색 선 밖에 있다. 즉, 같은 세 사람은 여전히 빨간색(아래) 선 아래로 내려와 있고, 같은 세 사람은 녹색(위) 선 위로 올라와 있다.

이 척도에서는 다음과 같은 설명도 할 수 있다.

- 이 데이터 포인트는 평균에서 표준 편차 1 이상 벗어났다.

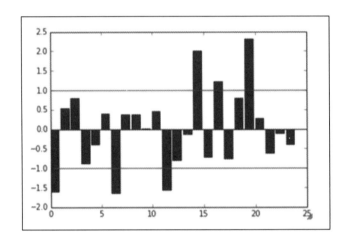

- 이 사람은 평균에서 표준 편차 1 이내의 친구 수를 가진다.

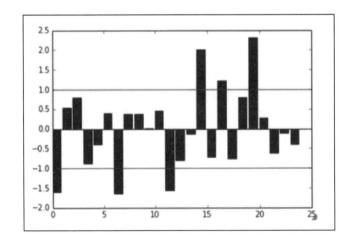

z-score는 데이터를 표준화하는 효과적인 방법이다. 즉, 전체 세트를 같은 척도에 놓을 수 있다. 예를 들어 각 사람의 일반적인 행복 척도(0과 1 사이)를 측정해도 다음의 데이터셋과 비슷한 데이터셋을 갖게 된다.

```
friends = [109, 1017, 1127, 418, 625, 957, 89, 950, 946, 797, 981,
125, 455, 731, 1640, 485, 1309, 472, 1132, 1773, 906, 531, 742, 621]

happiness = [.8, .6, .3, .6, .6, .4, .8, .5, .4, .3, .3, .6, .2, .8,
1, .6, .2, .7, .5, .3, .1, 0, .3, 1]

import pandas as pd

df = pd.DataFrame({'friends':friends, 'happiness':happiness})
df.head()
```

	friends	happiness
0	109	0.8
1	1017	0.6
2	1127	0.3
3	418	0.6
4	625	0.6

이 데이터 포인트는 서로 다른 두 가지 차원에 있으며, 각각 다른 척도를 가진다. 행복 점수가 0과 1 사이에 갇혀있는 동안 친구 수는 수천에 달할 수 있다.

이를 해결하기 위해(그리고 일부 통계/머신 러닝 모델링의 경우 이 개념이 필수적으로 될 것이다), scikit-learn의 미리 내장된 표준화 패키지를 사용해 다음과 같이 데이터셋을 간단히 표준화할 수 있다.

```
from sklearn import preprocessing
```

```
df_scaled = pd.DataFrame(preprocessing.scale(df), columns = ['friends_
scaled', 'happiness_scaled'])

df_scaled.head()
```

이 코드는 friends와 happiness 열을 동시에 측정해 각 열에 z-score를 표시한다.
이렇게 하면 sklearn의 전처리 모듈이 각 열에 대해 다음 작업을 개별적으로 수행
한다.

- 열의 평균 찾기
- 열의 표준 편차 찾기
- 열의 각 요소에 z-score 함수 적용

그 결과 그림과 같이 이전에 없던 두 개의 열이 생기고, 서로 같은 척도로 표현돼
있다.

	friends_scaled	happiness_scaled
0	-1.599495	1.153223
1	0.536040	0.394939
2	0.794750	-0.742486
3	-0.872755	0.394939
4	-0.385909	0.394939

이제 같은 척도로 friends와 happiness를 도식화할 수 있으며, 적어도 읽을 수 있는
형태의 그래프가 만들어진다.

```
df_scaled.plot(kind='scatter', x = 'friends_scaled', y = 'happiness_scaled')
```

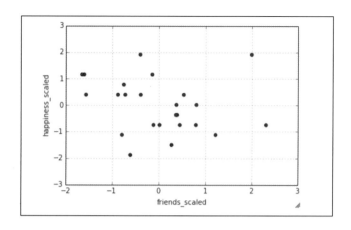

이제 데이터는 z-score로 표준화됐으며, 이 산포도는 쉽게 해석할 수 있다! 8장에서 살펴볼 표준화에 대한 개념은 데이터를 좀 더 해석하기 쉽게 만들 뿐만 아니라 모델 최적화에서도 필수적이다. 많은 머신 러닝 알고리즘은 척도 개념에 의존하기 때문에 표준화된 열을 필요로 한다.

통찰력 있는 부분: 데이터의 상관관계

이 책 전반에 걸쳐 데이터에 대한 데이터 보유와 실행 가능한 통찰력의 차이점에 대해 설명한다. 데이터를 보유하는 것은 성공적인 데이터 과학 작업의 한 단계에 불과하다. 데이터를 얻고, 정제하고, 도식화하는 것은 데이터가 전달할 이야기를 하는 데 도움이 되지만, 도덕성을 드러낼 수는 없다. 이 전체 예제를 한걸음 더 나아가기 위해 페이스북에서 friends와 happiness 사이의 관계를 살펴보자.

8장에서는 정량적 특징 사이에서 관계를 찾는 선형 회귀^{linear regression}라는 특정 머신 러닝 알고리즘을 살펴본다. 하지만 가설을 세우기 시작할 때까지 기다릴 필요는 없다. 우리는 사람들의 표본과 온라인 소셜 존재의 측정치, 보고된 행복을 갖고 있다. 여기서 질문은 페이스북의 친구 수와 전반적인 행복 사이의 관계를 찾을 수 있을까?

분명히 이것은 중요한 질문이며, 조심스럽게 다뤄야 한다. 이 질문에 답하는 실험은 실험실 환경에서 수행해야 하지만, 이 질문에 대한 가설을 세울 수 있다. 데이터의 성격을 감안할 때 가설에는 다음과 같은 세 가지 옵션만 있다.

- 온라인 친구들의 수와 행복 사이에 긍정적인 연관성이 있다(하나가 올라갈 때 다른 하나도 올라간다).
- 그들 사이에 부정적인 연관성이 있다(친구의 수가 늘어나면 행복이 줄어든다).
- 변수 간에 연관성이 없다(하나가 변경될 때 다른 하나는 실제로 그렇게 많이 변경되지 않는다).

기초 통계를 사용해 이 질문에 대한 가설을 세울 수 있을까? 우리는 할 수 있다! 그러나 먼저 상관관계correlation라는 개념을 살펴봐야 한다.

상관 계수correlation coefficients는 두 변수 간 연관성/관계의 강도를 설명하는 양적 측정이다.

두 데이터셋 간의 상관관계는 두 데이터셋이 어떻게 움직이는지를 알려준다. 하나를 바꾸면 다른 하나를 예측하는 데 도움이 될까? 이 경우 이 개념은 흥미로울 뿐만 아니라 데이터에 대해 많은 머신 러닝 모델이 만드는 핵심 가정 중 하나다. 많은 예측 알고리즘이 변수 사이에 어떤 관계가 있을 것이라는 사실에 의존한다. 학습 알고리즘은 정확한 예측을 위해 이런 관계를 이용한다.

상관 계수에 대해 알아야 할 몇 가지 사항은 다음과 같다.

- -1과 1 사이에 있다.
- 절댓값이 클수록(-1 또는 1에 가까울수록) 변수 간의 관계가 강해진다.
- 가장 강한 상관관계는 -1 또는 1이다.
- 가장 약한 상관관계는 0이다.

- 양의 상관관계란 한 변수가 증가하면 다른 변수도 증가하는 경향이 있음을 의미한다.
- 음의 상관관계란 한 변수가 증가할 때 다른 변수는 감소하는 경향이 있음을 의미한다.

Pandas를 사용해 다음과 같이 데이터프레임의 모든 특징과 다른 특징 간의 상관계수를 신속하게 표시할 수 있다.

```
# 변수들 사이의 상관관계
df.corr()
```

	friends	happiness
friends	1.000000	-0.216199
happiness	-0.216199	1.000000

이 표는 친구와 행복의 상관관계를 보여준다. 처음 두 가지 사항을 살펴보면 다음과 같다.

- 행렬의 대각선은 양수로 채워진다. 이것은 변수와 그 자체 사이의 상관관계를 나타내기 때문이다. 물론 상관관계를 완벽하게 긍정적으로 만들어주는 완벽한 라인을 형성한다!
- 행렬은 대각선을 가로 질러 대칭이다. 이것은 Pandas에서 만들어진 모든 상관 행렬correlation matrix에 적용된다.

상관 계수를 신뢰하는 데 있어 몇 가지 주의해야 할 점이 있다. 하나는 일반적으로 상관관계가 변수 간의 선형 관계를 측정하려고 시도한다는 것이다. 즉, 측정에서 가시적인 상관관계가 없다고 해서 변수 간에 아무런 관계가 없음을 의미하지는 않는다. 단지 선을 쉽게 통과하는 최상의 선이 존재하지 않는다는 것을 의미한다.

두 변수를 정의하는 비선형 관계가 있을 수 있다.

인과관계가 상관관계에 의해 함축되지 않는다는 것을 인식하는 것은 중요하다. 이 두 변수 사이에 약한 음의 상관관계가 있다고 하더라도 페이스북에 계속 머물러있는 친구들의 수가 늘어남에 따라 전반적인 행복이 감소한다는 것을 의미하지는 않는다. 이러한 인과관계는 더 검정돼야 하며, 이후 장들에서 다룰 것이다.

정리하면 상관관계를 사용해 변수 간의 관계에 대한 가설을 세울 수 있지만, 이러한 가정과 가설을 강화하기 위해 좀 더 정교한 통계 방법과 머신 러닝 알고리즘을 사용해야 한다.

▌ 경험적 법칙

정규 분포normal distribution는 종 곡선과 유사한 특정 확률 분포를 갖는 것으로 정의된다. 통계에서 데이터가 정상적으로 동작하면 이와 같다. 예를 들어 다음과 같이 정규 분포와 유사한 데이터가 있다.

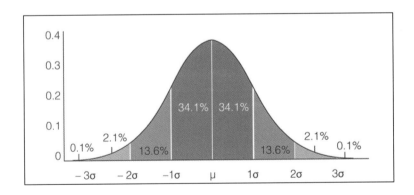

경험적 법칙에 따르면 표준 편차 세트 간에 일정량의 데이터가 존재할 것으로 예상된다. 구체적으로 경험적 법칙은 정상적으로 분산된 데이터에 대해 다음과 같이 설명한다.

- 약 68%의 데이터가 표준 편차 1 이내

- 데이터의 약 95%가 표준 편차 2 이내

- 데이터의 약 99.7%가 표준 편차 3 이내

예를 들어 페이스북 친구의 데이터가 여기까지 유지되는지 살펴보자. 다음과 같이 데이터프레임을 사용해 평균의 표준 편차 1, 2, 3에 해당하는 사람들의 비율을 알아보자.

```
# 평균의 표준 편차 1 이내의 사람들의 비율 찾기
within_1_std = df_scaled[(df_scaled['friends_scaled'] <= 1) & (df_
scaled['friends_scaled'] >= -1)].shape[0]
within_1_std / float(df_scaled.shape[0])
# 0.75

# 평균의 표준 편차 2 이내의 사람들의 비율 찾기
within_2_std = df_scaled[(df_scaled['friends_scaled'] <= 2) & (df_
scaled['friends_scaled'] >= -2)].shape[0]
within_2_std / float(df_scaled.shape[0])
# 0.916

# 평균의 표준 편차 3 이내의 사람들의 비율 찾기
within_3_std = df_scaled[(df_scaled['friends_scaled'] <= 3) & (df_
scaled['friends_scaled'] >= -3)].shape[0]
within_3_std / float(df_scaled.shape[0])
# 1.0
```

데이터가 경험적 법칙을 따르는 것으로 보인다. 사람들의 약 75%는 평균의 단일 표준 편차 내에 있다. 약 92%의 사람들이 표준 편차 2 이내에 있으며, 모두 표준 편차 3 이내다.

예제: 시험 점수

시험 점수를 측정하고 있고, 점수가 일반적인 종 모양의 정규 분포를 갖고 있다고 가정하자. 시험의 평균은 84이고 표준 편차는 6이다. 대략적인 확실성으로 다음과 같이 말할 수 있다.

- 78은 84보다 6단위 아래이고, 90은 84보다 6단위 위이기 때문에 78과 90 사이 점수의 클래스는 약 68이다.
- 72와 96 사이의 점수를 얻는 비율을 묻는다면 72는 평균보다 표준 편차가 12만큼 낮고, 96은 평균보다 표준 편차가 12만큼 높다. 따라서 경험적 법칙으로 그 범위 점수의 클래스는 약 95다.

그러나 모든 데이터가 정상적으로 분포되는 것은 아니므로 경험적 법칙을 항상 사용할 수 있는 것은 아니다. 어떤 종류의 분포를 분석하는 데 도움이 되는 또 다른 정리가 있다. 8장에서는 정규 분포를 가정할 수 있는 시기에 대해 자세히 살펴볼 것이다. 많은 통계적 검정과 가설들은 기본 데이터가 정규 분포된 모집단에서 나오기를 요구하기 때문이다.

 이전에는 데이터를 z-score로 표준화할 때 정규 분포 가정을 요구하지 않았다.

▌요약

7장에서는 대부분의 데이터 과학자들이 필요로 하는 많은 기초 통계를 다뤘다. 어떻게 데이터를 얻고/표본을 취하는지부터 z-score 및 경험적 법칙의 적용에 따라 데이터를 표준화하는 방법에 이르기까지 모든 것을 다뤘다.

8장에서는 훨씬 더 높은 수준에서 통계의 응용을 살펴본다. 생각해봐야 할 한 가지는 정상적이라고 가정할 수 있는 데이터에 대해 가설 검정을 사용하는 방법이다. 이러한 검정을 사용할 때 오차를 계량화하고 오차를 해결하기 위한 최선의 방법을 식별할 수 있다.

08

고급 통계

8장에서는 특정 데이터 표본을 기반으로 전체 모집단을 추론해보려고 한다. 주어진 데이터 표본을 통해 모집단에 대한 더 나은 이해를 얻기 위해 다른 추정 검정과 함께 가설을 검정한다.

8장에서 다루는 내용은 다음과 같다.

- 점 추정치
- 신뢰 구간
- 중심 극한 정리
- 가설 검정

▌점 추정치

7장에서 모집단의 모수를 얻는 것이 얼마나 어려운지 언급했다. 따라서 표본 데이터를 사용해 모수의 추정치인 통계를 계산해야 했다. 이러한 추정치를 만드는 것을 점 추정치라고 부른다.

점 추정치[point estimate]는 표본 데이터를 기반으로 한 모집단 모수의 추정치다.

점 추정치를 사용해 모집단의 평균, 분산 및 기타 통계를 추정한다. 이러한 추정치를 얻으려면 모집단을 측정하기 위한 데이터 표본에 점 추정치를 적용하면 된다. 예를 들어 직원이 9,000명인 회사가 있다고 가정하고, 직원의 하루 평균 휴식 시간을 확인하는 데 관심이 있다고 하자. 한 사람씩 질문할 수 없으므로 9,000명에서 표본을 추출해 표본의 평균을 취할 것이다. 이 표본의 평균이 점 추정치다.

다음 코드는 세 부분으로 나눠진다.

- **푸아송 분포**[Poisson distribution]라고 알려진 확률 분포를 사용해 질문에 대한 9,000개의 답변을 무작위로 생성한다. 보통 하루에 몇 분 정도 휴식을 취하는가? 이것은 '모집단'을 나타낸다. 6장에서 푸아송 확률 변수는 이벤트의 평균값을 알고 그 주위에 분포를 모델링하고자 할 때 사용된다고 했던 것을 기억하자.

> ⓘ 이 평균값은 일반적으로 알려진 것이 아니다. 이것은 모수와 통계 사이의 차이를 보여주기 위해 계산한다. 또한 재현성을 조성하기 위해 무작위로 시드를 설정한다(매번 동일한 난수를 얻을 수 있다).

- 파이썬의 무작위 표본 추출법을 사용해 100명 직원의 표본을 얻고 평균의 추정치(표본 평균)를 구한다.

이것은 모집단의 1%를 약간 넘는 수치다.

- 표본 평균(100명 직원의 표본 평균)과 모집단 평균을 비교한다.

다음 코드를 살펴보자.

```
np.random.seed(1234)

long_breaks = stats.poisson.rvs(loc=10, mu=60, size=3000)
# 약 60분간 휴식을 취하는 3000명의 사람들을 나타낸다.
```

long_breaks 변수는 이 질문에 대한 3000개의 답변을 나타낸다. 평균 몇 분 동안 휴식을 취하고 있는가? 이 대답은 더 길게 휴식을 취하는 쪽이다. 다음과 같이 이 분포의 시각화를 살펴보자.

```
pd.Series(long_breaks).hist()
```

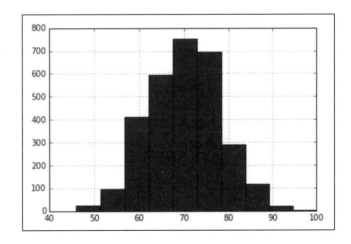

평균 60분이 분포의 왼쪽에 있음을 알 수 있다. 또한 3000명을 표본 추출했기 때문에 상자는 700-800명 정도의 사람들로 가장 높다.

이제 6000명의 사람들을 모델로 하자. 이 사람들은 평균 15분 정도의 휴식 시간을 갖는다. 다음과 같이 푸아송 분포를 사용해 6000명의 사람들을 시뮬레이션한다.

```
short_breaks = stats.poisson.rvs(loc=10, mu=15, size=6000)
# 약 15분간 휴식을 취하는 6000명의 사람들을 나타낸다.
pd.Series(short_breaks).hist()
```

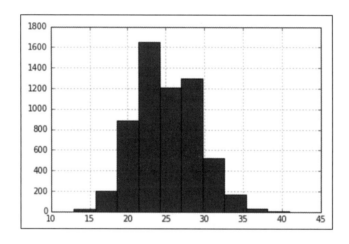

이제 짧은 휴식을 취하는 사람들에 대한 분포와 긴 휴식을 취하는 사람들에 대한 분포를 갖고 있다. 다시 말하지만 평균 휴식 시간 15분이 얼마나 분포의 왼쪽에 있는지 살펴보고, 가장 큰 막대는 약 1600명인 점에 주목하자.

```
breaks = np.concatenate((long_breaks, short_breaks))
# 두 개의 배열을 합쳐서 9000명으로 구성된 "모집단"을 얻는다.
```

break 변수는 장기 및 단기 휴식자 9000명의 직원들 모두를 결합amalgamation한 것이다. 하나의 시각화로 사람들의 전체 분포를 살펴보자.

```
pd.Series(breaks).hist()
```

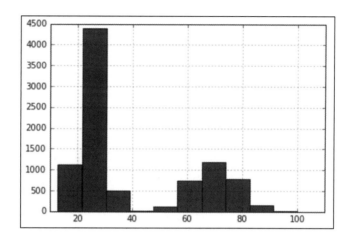

두 개의 혹이 어떻게 생겼는지 살펴보자. 왼쪽에는 약 15분간 휴식을 취하는 사람들의 긴 혹이 있고, 오른쪽에는 더 긴 휴식을 취하는 사람들의 작은 혹이 있다. 나중에 이 그래프를 더 자세히 살펴볼 것이다.

다음 코드를 실행해 총 평균 휴식 시간을 찾을 수 있다.

```
breaks.mean()
# 39.99분이 모수다.
```

회사의 평균 휴식 시간은 약 40분이다. 모집단은 전체 직원 9,000명 규모이며 모수는 40분이라는 점을 기억하자. 여러 가지 이유로 설문 조사를 통해서 각각의 직원 모두에게 평균 휴식 시간을 요청할 자원이 없으므로, 실제 환경에서 목표는 모집단 모수를 추정하는 것이다. 대신 점 추정치를 사용한다.

따라서 무작위로 100명의 사람들에게 휴식 시간을 물어보는 환경을 시뮬레이션하려고 한다. 이를 위해 시뮬레이션한 9,000명의 직원 중 무작위로 100명을 추출해보자.

```
sample_breaks = np.random.choice(a = breaks, size=100)
# 직원 100명의 표본 추출
```

이제 표본의 평균을 취하고 모집단 평균에서 빼서 얼마나 멀리 떨어져 있는지 보자.

```
breaks.mean() - sample_breaks.mean()
# 평균과의 차이는 4.09분, 나쁘지 않다!
```

모집단의 약 1%는 매우 흥미롭다(9,000개 중 100개). 모집단의 모수와는 4분 이내의 차이를 보이기 때문에 모집단 평균을 매우 정확하게 추정할 수 있었다. 나쁘지 않다!

여기에서 평균에 대한 점 추정치를 계산했지만, 비율 모수proportion parameters에 대해서도 이를 수행할 수 있다. 2개의 정량적 가치로 비율에 대해 알아보자.

10,000명의 직원이 있는 회사에서, 직원은 백인 20%, 흑인 10%, 히스패닉 10%, 아시아인 30%, 기타 30%로 파악된다고 가정하자. 직원 1,000명을 대상으로 인종 구성 비율이 비슷한지 확인한다.

```
employee_races = (["white"]*2000) + (["black"]*1000) +\
                 (["hispanic"]*1000) + (["asian"]*3000) +\
                 (["other"]*3000)
```

employee_races는 직원 수를 나타낸다. 예를 들어 10,000명이 있는 회사에서는 2,000명(20%)이 백인이고 3,000명(30%)이 아시아인이다.

다음과 같이 1,000명의 무작위 표본을 추출해보자.

```
demo_sample = random.sample(employee_races, 1000)     # 표본 값 1000

for race in set(demo_sample):
```

```
print( race + " proportion estimate:" )
print( demo_sample.count(race)/1000. )
```

출력 결과는 다음과 같다.

```
hispanic proportion estimate:
0.103
white proportion estimate:
0.192
other proportion estimate:
0.288
black proportion estimate:
0.1
asian proportion estimate:
0.317
```

인종 비율 추정치는 근본적인 모집단 비율에 매우 가깝다는 것을 알 수 있다. 예를 들어 표본에서 히스패닉의 경우 10.3%를 얻었고, 히스패닉의 경우 모집단 비율은 10%다.

▌ 표본 분포

7장에서 데이터가 정규 분포를 따를 때 얼마나 좋은지 언급했다. 그 이유 중의 하나는 많은 통계 검정(8장에서 사용하는 것을 포함해)이 정상적인 패턴을 따르는 데이터에 의존하지만, 대부분의 실제 데이터는 정상이 아니다(놀라운가?). 예를 들어 직원 휴식 데이터를 가져다가 푸아송 분포를 사용해 데이터를 생성하는 것이 멋지다고 생각할 수도 있지만, 나는 특별히 다음과 같이 비표준 데이터를 사용한다.

```
pd.DataFrame(breaks).hist(bins=50,range=(5,100))
```

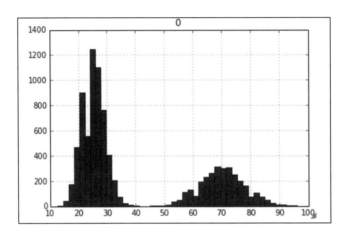

보다시피 데이터가 일반적으로 정규 분포를 따르지 않고 이중 모드^{bi-modal}인 것처럼 보인다. 즉, 약 25분과 70분의 휴식 시간에 두 번의 피크가 있음을 의미한다. 데이터가 정상적이지 않기 때문에 가장 많이 사용되는 통계 검정이 적용되지 않을 수 있다. 그러나 주어진 절차를 따르면 정상적인 데이터를 생성할 수 있다.

우선 동일한 크기로 여러 표본의 점 추정치 분포인 표본 분포를 활용해야 한다. 표본 분포를 만드는 절차는 다음과 같다.

1. 휴식 시간의 크기가 100인 서로 다른 표본 500개를 가져온다.
2. 500개의 서로 다른 점 추정치에 대한 막대그래프를 만든다(분포를 드러냄).

표본의 요소 수(100)는 임의적이지만, 모집단의 대표 표본이 될 만큼 충분히 크다. 여기서 취한 표본의 수(500)도 임의적이지만 데이터가 정규 분포로 수렴될 만큼 충분히 크다.

```
point_estimates = []
```

```
for x in range(500):                      # 500개의 표본 생성
    sample = np.random.choice(a= breaks, size=100)
# 100포인트의 표본을 취한다.

point_estimates.append( sample.mean( ) )
# 표본 평균을 점 추정치의 목록에 추가한다.

pd.DataFrame(point_estimates).hist( )
# 표본 평균의 분포를 살펴본다.
```

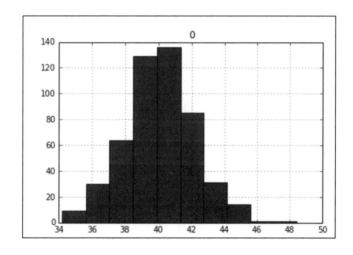

표본 평균의 표본 분포는 기본적인 이중 모드 모집단 분포에서 데이터를 취했음에
도 불구하고 정상적인 것처럼 보인다. 이 히스토그램의 막대는 직원 500명 표본의
평균 휴식 시간을 나타내며, 각 표본 박스에는 100명이 있다는 점에 유의해야 한다.
즉, 표본 분포는 여러 점 추정치의 분포다.

이 데이터는 **중심 극한 정리**^{central limit theorem}라고 불리는 이유로 인해 정규 분포로
수렴된다. 이것은 취하는 표본 수를 늘릴 때 표본 분포(점 추정치의 분포)가 정규
분포에 접근한다는 의미다.

또한 표본을 더 많이 사용함에 따라 표본 분포의 평균은 다음과 같이 실제 모집단 평균에 근접한다.

```
breaks.mean() - np.array(point_estimates).mean()
# .047분 차이
```

이것은 실제로 매우 흥미진진한 결과다. 여러 개의 점 추정치와 중심 극한 정리를 활용하면 단일 점 추정치보다 더 근접할 수 있다는 것을 의미하기 때문이다!

 일반적으로 표본 수를 늘리면 추정치가 모수(실제 값)에 가까워진다.

신뢰 구간

점 추정치는 모집단 모수에 대한 추정치며, 표본 분포는 훨씬 우수하지만 이러한 접근법에서는 다음과 같은 두 가지 주요 문제가 있다.

- 단일 점 추정치는 오류가 발생하기 쉽다(무엇보다도 표본 추출 편향 때문이다).
- 표본 분포를 위해 특정 크기의 여러 표본을 취하는 것은 실행 불가능할 수 있으며, 때로는 실제 모집단 모수를 찾는 것보다 훨씬 더 실행 불가능할 수 있다.

이러한 이유로 인해 신뢰 구간이라는 개념으로 전환해 통계를 살펴보자.

신뢰 구간confidence interval은 일부 신뢰 수준에서 실제 모집단의 모수를 포함하는 점 추정치에 기반을 둔 값의 범위다.

신뢰도Confidence는 고급 통계에서 중요한 개념이다. 이 의미는 때때로 잘못 해석된다.

226

비공식적으로 신뢰 수준이 '올바른 확률'을 의미하는 것은 아니다. 대신에 이것은 얻은 답이 정확할 빈도를 나타낸다. 예를 들어 단일 점 추정치만 사용해 실제 모집단 모수를 담을 확률이 95%가 되려면 신뢰 수준을 95%로 설정해야 한다.

 더 확실히 하기 위해서 신뢰 수준이 높을수록 신뢰 구간이 넓어지고 커진다.

신뢰 구간을 계산하는 것은 점 추정치를 찾는 것이 포함되며, 오차 범위를 포함해 범위를 만든다. 오차 범위^{margin of error}는 점 추정치가 정확하고 원하는 신뢰 수준, 데이터의 분산, 표본의 크기를 기반으로 확실성을 나타내는 값이다. 신뢰 구간을 계산하는 방법은 여러 가지가 있다. 간결하고 단순하게 모집단 평균의 신뢰 구간을 취하는 한 가지 방법을 살펴볼 것이다. 이 신뢰 구간을 위해 다음과 같은 것이 필요하다.

- 점 추정치로, 이를 위해 앞의 예제에서 휴식 길이의 표본 평균을 취한다.
- 데이터의 분산을 나타내는 모집단 표준 편차의 추정치다.
  - 이것은 표본 표준 편차(표본 데이터의 표준 편차)를 취하고 그 수를 모집단 크기의 제곱근으로 나눠서 계산한다.
- 자유도(표본 크기 −1)다.

이 수를 얻는 것이 임의적으로 보일지 모르지만, 모든 수에 대해 이유가 있다. 간단하게 다음과 같이 미리 내장된 파이썬 모듈을 사용해 신뢰 구간을 계산한 다음 그 값을 보여준다.

```
sample_size = 100
# 채취할 표본의 크기

sample = np.random.choice(a= breaks, size = sample_size)
```

```
# 이전에 휴식 모집단 9,000개에서 채취한 sample_size의 표본

sample_mean = sample.mean( )
# 휴식 길이 표본의 표본 평균

sample_stdev = sample.std( )
# 표본 표준 편차

sigma = sample_stdev/math.sqrt(sample_size)
# 모집단 표준 편차 추정치

stats.t.interval(alpha = 0.95,          # 신뢰 수준 95%
                 df= sample_size - 1,    # 자유도
                 loc = sample_mean,      # 표본 평균
                 scale = sigma)          # 표준 편차
# (36.36, 45.44)
```

다시 말하면 이 값 범위(36.36에서 45.44까지)는 95% 신뢰도로 평균 휴식 시간에 대한 신뢰 구간을 나타낸다.

우리는 이미 모집단 모수가 39.99이며, 구간에는 모집단 평균 39.99가 포함돼 있음을 알 수 있다.

앞서 말했듯이 신뢰 수준은 구간의 정확도에 대한 백분율이 아니고, 구간에 모집단 모수가 다소 포함될 확률이다.

신뢰 수준을 더 잘 이해하기 위해 신뢰 구간 10,000을 사용하고 그 구간에서 모집단 평균이 얼마나 자주 떨어지는지 확인하자. 먼저 다음과 같이 휴식 데이터에서 단일 신뢰 구간을 설정하는 함수를 만든다.

```
# 신뢰 구간을 만드는 함수
def makeConfidenceInterval( ):
    sample_size = 100
```

```
sample = np.random.choice(a= breaks, size = sample_size)

sample_mean = sample.mean( )
# 표본 평균

sample_stdev = sample.std( )
# 표본 표준 편차

sigma = sample_stdev/math.sqrt(sample_size)
# 모집단 표준 편차 추정치

return stats.t.interval(alpha = 0.95, df = sample_size - 1,
 loc = sample_mean, scale = sigma)
```

이제 단일 신뢰 구간을 만드는 함수가 있으므로, 단일 신뢰 구간에 실제 모집단 모수 39.99가 포함될 확률을 검정하는 프로시저를 만든다.

1. 표본 평균의 신뢰 구간 10,000을 가져온다.
2. 모집단 모수가 신뢰 구간에 속하는 횟수를 센다.
3. 모수가 10,000 구간만큼 감소한 횟수의 비율을 출력한다.

```
times_in_interval = 0.
for i in range(10000):
    interval = makeConfidenceInterval( )
    if 39.99 >= interval[0] and 39.99 <= interval[1]:
    # 그 구간에 39.99가 떨어지면
        times_in_interval += 1

print times_in_interval / 10000
# 0.9455
```

성공! 신뢰 구간의 약 95%가 실제 모집단 평균을 포함한다는 것을 알 수 있다. 점 추정치와 신뢰 구간을 통해 모집단 모수를 추정하는 것은 상대적으로 간단하고 강력한 통계적 추론의 한 형태다.

신뢰 수준을 변경할 때 신뢰 구간의 크기가 어떻게 변하는지 간략하게 살펴보자. 여러 신뢰 수준에 대한 신뢰 구간을 계산하고 두 수 사이의 차이를 보고 간격이 얼마나 큰지를 살펴보자. 우리의 가설은 신뢰 수준을 더 크게 만들면 실제 모집단 모수를 표현한다는 것을 확신하기 위해 더 큰 신뢰 구간을 본다는 것이다.

```
for confidence in (.5, .8, .85, .9, .95, .99):
    confidence_interval = stats.t.interval(
            alpha = confidence,
            df= sample_size - 1,
            loc = sample_mean,
            scale = sigma)
    length_of_interval = round(confidence_interval[1] -
confidence_interval[0], 2)
    # 신뢰 구간의 거리

    print "confidence {0} has a interval of size {1}".
format(confidence, length_of_interval)

confidence 0.5 has an interval of size 2.56
confidence 0.8 has an interval of size 4.88
confidence 0.85 has an interval of size 5.49
confidence 0.9 has an interval of size 6.29
confidence 0.95 has an interval of size 7.51
confidence 0.99 has an interval of size 9.94
```

구간에서 '더 신뢰'되기를 원할 때 그것을 보상하기 위해 구간을 확장한다.

다음으로 이 주제들에 대해 확장하고 더 강력한 통계적 추론을 생성하기 위해 신뢰 수준에 대한 개념을 이해하고 통계적 가설 검정을 살펴본다.

▌가설 검정

가설 검정은 통계에서 가장 널리 사용되는 검정 중 하나다. 이것은 여러 형태로 나온다. 그러나 모두 동일한 기본 목적을 갖고 있다.

가설 검정hypothesis test은 데이터 표본으로 전체 모집단에 대해 특정 조건이 참이라고 가정할 수 있는지 여부를 확인하는 데 사용되는 통계적 검정이다. 기본적으로 가설 검정은 전체 모집단에 대해 갖고 있는 가설에 대한 검정이다. 그런 다음 실험 결과는 우리가 가설을 믿어야 하는지 또는 다른 대안을 위해 가설을 기각해야 하는지를 말해준다.

관측된 표본 데이터가 모집단 자체에서 기대했던 것과는 거리가 있는지 결정하기 위해 가설 검정의 틀을 생각할 수 있다. 지금은 어려운 일처럼 들리지만 운 좋게도 파이썬은 이 검정을 쉽게 수행할 수 있는 내장된 라이브러리를 포함한다.

가설 검정은 일반적으로 모집단에 관한 두 가지 반대 가설을 조사한다. 그것을 귀무가설null hypothesis 및 대립가설alternative hypothesis이라고 부른다. 귀무가설은 검정되는 문장이며 기본 정답이다. 이것은 출발점이자 원래의 가설이다. 대립가설은 귀무가설에 반대하는 진술이다. 검정은 어떤 가설을 신뢰할 수 있고 어떤 가설을 기각해야 하는지 알려준다.

모집단의 표본 데이터를 바탕으로 가설 검정은 귀무가설의 기각 여부를 결정한다. 이 결론을 내리기 위해 대개 P 값(유의 수준에 기초한)을 사용한다.

 아주 흔한 오해는 통계 가설 검정이 두 가설 중 더 많은 가능성을 선택하게 설계됐다는 것이다. 이것은 잘못됐다. 가설 검정은 대립가설을 뒷받침할 충분한 자료가 있을 때까지 귀무가설을 기본 값으로 삼는다.

다음은 가설 검정으로 대답할 수 있는 몇 가지 질문의 예다.

- 직원들의 평균 휴식 시간이 40분과 다른가?
- 웹사이트 A와 상호작용한 사람들과 웹사이트 B와 상호작용한 사람들 간에 차이가 있는가(A/B 테스트)?
- 커피 콩 표본이 콩 전체 모집단의 맛과 크게 다른가?

가설 검정 실행

여러 유형의 가설 검정이 있으며, 그중에는 수십 가지의 서로 다른 프로시저와 측정 지표가 있다. 그럼에도 불구하고 대부분의 가설 검정이 따르는 다섯 가지 기본 단계가 있는데, 다음과 같다.

1. 가설을 지정한다.
   - 여기에서 두 가지 가설, 즉 귀무가설과 대립가설을 공식화한다.
   - 대개 귀무가설을 나타내기 위해 H_0의 표기법을 사용하고 대립가설을 나타내기 위해 H_a를 사용한다.
2. 검정 표본의 표본 크기를 결정한다.
   - 이 계산은 선택한 검정에 따라 다르다. 일반적으로 중심 극한 정리와 같은 원리를 이용하기 위해서는 적절한 표본 크기를 결정해야 하고, 데이터의 정규성을 가정해야 한다.
3. 유의 수준(일반적으로 알파 또는 α라고 함)을 선택한다.
   - 유의 수준 0.05가 일반적이다.
4. 데이터를 수집한다.
   - 검정을 수행하기 위해 데이터 표본을 수집한다.
5. 귀무가설을 기각할 것인지 채택할 것인지 결정한다.

- 이 단계는 사용되는 검정 유형에 따라 약간 변경된다. 최종 결과는 대안에 찬성해 귀무가설을 기각하거나 귀무가설을 기각하지 못하게 할 것이다.

8장에서는 다음 세 가지 유형의 가설 검정을 살펴본다.

- 단일 표본 t-테스트
- 카이 제곱$^{Chi-square}$ 적합성
- 연관성/독립성에 대한 카이 제곱 검정

더 많은 검정 방법이 있다. 그러나 이 세 가지 방법이 뚜렷하고 단순하며, 강력한 검정을 하는 훌륭한 조합이다. 구현해야 하는 검정을 선택할 때 고려해야 할 가장 중요한 사항 중 하나가 작업하고 있는 데이터 유형, 구체적으로는 연속 데이터나 범주 데이터를 다루는 것이다. 가설의 효과를 진정으로 확인하기 위해 예를 들어 설명할 것이다. 먼저 연속 데이터를 처리하기 위한 t-테스트의 사용을 살펴보자.

단일 표본 t-테스트

단일 표본 t-테스트$^{one-sample\ t-test}$는 양적(수치) 데이터 표본이 다른 표본(모집단 또는 다른 표본)과 주요하게 다른지 여부를 결정하는 데 사용되는 통계 검정이다. 앞에서 다룬 직원 휴식 시간의 예에서, 구체적으로 엔지니어링 부서의 휴식 시간을 다음과 같이 살펴본다.

```
long_breaks_in_engineering = stats.poisson.rvs(loc=10, mu=55, size=100)

short_breaks_in_engineering = stats.poisson.rvs(loc=10, mu=15, size=300)

engineering_breaks = np.concatenate((long_breaks_in_engineering,
short_breaks_in_engineering))
```

```
print breaks.mean( )
# 39.99

print engineering_breaks.mean( )
# 34.825
```

원래 휴식 시간을 만들 때와 같은 방법을 사용했지만, 다음 두 가지 차이점이 있다.

- 푸아송 분포에서 더 작은 표본을 취했다(엔지니어링 부서에서 400명의 표본을 채취하는 것을 시뮬레이션하기 위해).
- 전과 같이 mu 값으로 60을 사용하는 대신, 엔지니어링 부서의 휴식 행동이 회사의 전체 행동과 정확히 같지 않다는 사실을 시뮬레이션하기 위해 55를 사용했다

엔지니어링 부서와 회사 전체의 차이(5분 이상)가 있는 것을 쉽게 볼 수 있다. 일반적으로 전체 모집단과 모집단 모수를 처리할 수는 없지만, 예제 작업을 보기 위해 시뮬레이션했다. 따라서 여러분이 차이를 볼 수 있다고 하더라도 이러한 모집단 모수에 대해서는 알지 못하며, 대신 이러한 차이를 확인하기 위해 통계적 검정에 의존하게 된다.

단일 표본 t-테스트의 예

목표는 전체 모집단(회사 직원)의 휴식 시간과 엔지니어링 부서 직원의 휴식 시간 사이에 차이가 있는지 확인하는 것이다. 차이점을 찾기 위해 95% 신뢰 수준에서 t-테스트를 실행한다. 기술적으로 말하자면 이 검정은 표본이 모집단과 동일한 분포에서 나온 것인지를 알려준다.

단일 표본 t-테스트의 가정

다섯 가지 단계로 들어가기 전에 t-테스트가 제대로 작동하려면 다음 두 가지 조건을 충족하는지 먼저 확인해야 한다.

- 모집단 분포가 정상이거나 표본이 커야 한다($n \geq 30$).
- 표본이 독립적으로 무작위 표본 추출됐다는 가정을 위해 모집단 크기가 표본 크기보다 적어도 10배($10n < N$)가 되도록 통제돼야 충분하다.

검정은 근본적인 데이터가 정상이거나 표본 크기가 30포인트 이상이어야 한다는 것을 명심하자. t-테스트의 경우 이 조건은 정규성을 가정하기에 충분하다. 이 검정은 또한 독립성을 요구하며, 이는 충분히 작은 표본을 취함으로써 충족된다. 이상하게 들릴 것이다. 기본 개념은 표본이 정규성을 취할 수 있을 정도로 충분히 커야 하지만(중심 극한 정리와 비슷한 결론을 통해), 모집단과 독립적일 만큼 충분히 작아야 한다는 것이다.

이제 다섯 가지 단계를 따라가 보자.

1. 가설을 지정한다.

   H_0 = 회사 전체와 똑같이 엔지니어링 부서가 휴식을 취하게 한다.

   이것을 회사 평균이라고 하면 다음과 같이 쓸 수 있다.

   $$H_0:$$

   이것이 어떻게 귀무가설 또는 기본 가설인지 유의하자. 데이터가 없다고 가정한다. 제시하고자 하는 것은 대립가설이다.

   이제 대립에 대한 몇 가지 옵션이 생겼으므로 엔지니어링 부서의 평균은 회사 평균보다 낮거나, 회사 평균보다 높거나 또는 회사 평균보다 완전히 다르다(높거나 낮다)고 말할 수 있다.

๑ 표본 평균이 회사 평균과 다르다면 이것을 **양측 검정**^{two-tailed test}이라고
부르며 대립가설은 다음과 같다.

$$H_a:$$

๑ 표본 평균이 회사 평균보다 낮거나 표본 평균이 회사 평균보다 높다면
단측 검정^{one-tailed test}을 다루는 것이며, 대립가설은 다음 가설 중 하나이
거나 다른 것이 될 것이다.

H_a: (엔지니어링이 더 휴식을 취함)

H_a: (엔지니어링이 덜 휴식을 취함)

단측 검정과 양측 검정의 차이는 나중에 수를 2로 나누는 것과 그렇지 않은
것의 차이다. 프로세스는 둘 다 완전히 변경되지 않는다. 예를 들면 양측
검정을 선택한다. 따라서 엔지니어링 부서 표본의 평균 휴식 시간이 회사
평균과 다른지 여부를 검정한다.

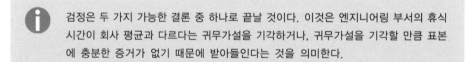

검정은 두 가지 가능한 결론 중 하나로 끝날 것이다. 이것은 엔지니어링 부서의 휴식
시간이 회사 평균과 다르다는 귀무가설을 기각하거나, 귀무가설을 기각할 만큼 표본
에 충분한 증거가 없기 때문에 받아들인다는 것을 의미한다.

2. 검정 표본의 표본 크기를 결정한다.
앞서 언급했듯이 대부분의 검정(이것을 포함해)은 기본 데이터가 정상이거나
표본이 올바른 범위에 있다고 가정한다.
๑ 표본은 최소 30포인트(400)다.
๑ 표본은 모집단의 10% 미만(900명)
3. 유의 수준(일반적으로 알파 또는 α라고 함)을 선택한다.
95% 유의 수준을 선택한다. 즉, 알파는 실제로 1 - .95 = .05임을 의미한다.

4. 데이터를 수집한다.

   다됐다! 두 개의 푸아송 분포를 통해 생성됐다.

5. 귀무가설을 기각할 것인지 채택할 것인지 결정한다.

   앞서 언급했듯이 이 단계는 사용된 검정에 따라 다르다. 단일 표본 t-테스트의 경우 검정 통계량과 p 값, 두 개의 수를 계산해야 한다. 다행히 파이썬에서 한 줄로 이것을 실행할 수 있다.

검정 통계량은 가설 검정 유형 중 표본 데이터에서 파생된 값이다. 이것은 귀무가설을 기각할지 여부를 결정하는 데 사용된다.

검정 통계량은 귀무가설하에서 예상되는 데이터와 관측된 데이터를 비교하는 데 사용된다. 검정 통계량은 p 값과 함께 사용된다.

p 값은 관측된 데이터가 우연히 이 방법으로 발생할 확률이다.

데이터가 귀무가설에 대해 매우 강한 증거를 보여줄 때 검정 통계량은 커지고(양수 또는 음수) p 값은 대개 매우 작아지며, 이것은 검정이 강력한 결과를 보여주고 있으며, 우연히 일어난 일이 아니라는 것을 의미한다.

t-테스트의 경우 t 값은 다음과 같은 검정 통계량이다.

```
t_statistic, p_value = stats.ttest_1samp(a= engineering_breaks, popmean=
breaks.mean( ))
```

engineering_breaks 변수(휴식 시간 400을 보유)와 모집단 평균을 입력하면 다음과 같은 숫자를 얻는다.

```
t_statistic == -5.742
p_value == .00000018
```

검정 결과는 t 값이 −5.742임을 보여준다. 이것은 귀무가설과 표본 평균의 편차를 나타내는 표준화된 측정 지표다. p 값은 최종 결과를 제공한다. p 값은 결과가 우연히 얼마나 자주 나타날지 알려준다. 예를 들어 p 값이 .06이면 우연히 이 데이터를 약 6%의 시간 동안 관측할 것으로 예상된다. 이것은 약 6%의 표본이 이와 같은 결과를 산출한다는 것을 의미한다.

p 값이 유의 수준과 어떻게 비교되는지 살펴본다.

- p 값이 유의 수준보다 작으면 귀무가설을 기각할 수 있다.
- p 값이 유의 수준보다 크면 귀무가설을 기각하지 못한다.

검정 결과 p 값은 .05(선택한 유의 수준)보다 낮다. 이것은 대립을 선호해 귀무가설을 기각할 수 있음을 의미한다. 이것은 엔지니어링 부서가 회사 전체와는 다른 휴식 시간을 갖는 것처럼 보인다는 의미한다.

p 값의 사용은 논란의 여지가 있다. 많은 저널은 실제로 유의미한 검정에서 p 값의 사용을 금지했다. 이것은 값의 성격 때문이다. p 값이 .04로 나왔다고 가정하자. 이는 시간의 4%를 의미하며, 이런 식으로 데이터가 무작위로 나타나서 어떤 방식으로든 중요하지 않다. 4%는 그렇게 작지 않다! 이런 이유로 많은 사람들이 다른 통계 검정으로 전환하고 있다. 그렇다고 해서 p 값이 쓸모없다는 의미는 아니다. 단지 그 숫자가 우리에게 말하고 있는 것을 주의 깊게 알아야 한다는 것을 의미한다.

단측 검정(앞에서 언급했음)과 양측 검정뿐만 아니라 두 개의 표본 t-테스트(둘 다 아직 언급되지 않음)를 비롯한 많은 다른 유형의 t-테스트가 있다. 이 절차는 통계 문헌에서 쉽게 찾을 수 있다. 그런데 중요한 뭔가를 살펴봐야 한다. 검정을 잘못했을 때 어떻게 될까?

type I과 type II 오류

7장의 이진 분류자 예제에서 확률에 대해 type I 및 type II 오류를 언급했지만, 이것은 가설 검정에도 적용된다.

실제로 사실일 때 귀무가설을 기각하면 type I 오류가 발생한다. 이것은 잘못된 긍정, 즉 거짓 양성$^{false\ positive}$으로도 알려져 있다. type I 오류율은 유의 수준 α와 동일하다. 즉, 높은 신뢰 수준을 설정하면(예를 들어 99%의 유의 수준) α는 .01이며 따라서 거짓 양성율은 1%다.

실제로 거짓인 경우 귀무가설을 기각하지 못하면 type II 오류가 발생한다. 이것은 또한 거짓 음성$^{false\ negative}$으로 알려져 있다. 신뢰 수준을 높게 설정할수록 실제로 type II 오류가 발생할 확률이 높아진다.

범주형 변수에 대한 가설 검정

t-테스트(다른 검정들 중에서)은 양적 변수와 근본적인 모집단 분포를 비교하고 대조하는 가설 검정이다. 이 절에서는 두 가지 새로운 검정을 살펴본다. 두 가지 검정 모두 질적 데이터를 탐색한다. 둘 다 카이 제곱 검정이라는 검정의 한 형태다. 이 두 가지 검정은 다음과 같이 두 가지 작업을 수행한다.

- 범주형 변수의 표본을 특정 모집단에서 취했는지 여부를 결정한다(t-테스트와 유사).
- 두 변수가 서로 영향을 주고 서로 연관돼 있는지 확인한다.

카이 제곱 적합성 검정

표본 평균이 모집단 평균과 다른지 확인하기 위해 단일 표본 t-테스트를 사용했다. 카이 제곱 적합성 검정은 표본 데이터의 분포가 예상 분포와 일치하는지 검정한다는 점에서 단일 표본 t-테스트와 매우 유사하지만, 큰 차이는 범주형 변수를 검정한다는 점이다.

예를 들어 회사의 인종 통계가 미국 전체 도시의 인종 통계와 일치하는지 확인하기 위해 카이 제곱 적합성 검정이 사용된다. 또한 회사의 웹사이트 사용자가 평균적인 인터넷 사용자와 유사한 특성을 보이는지 확인할 때도 사용할 수 있다.

범주형 데이터로 작업할 때 '남성', '여성' 또는 '기타'와 같은 범주에는 수학적인 의미가 없으므로 주의해야 한다. 그러므로 실제 변수 자체보다는 변수의 수를 고려해야 한다.

일반적으로 다음과 같은 경우에 카이 제곱 적합성 검정을 사용한다.

- 하나의 모집단에서 하나의 범주형 변수를 분석하려고 한다.
- 변수가 지정한 분포나 예상한 분포에 적합한지 결정하려고 한다.

카이 제곱 검정으로 관측되는 것과 기대되는 것을 비교한다.

카이 제곱 적합성 검정의 가정

이 검정에는 다음과 같이 두 가지 일반적인 가정이 있다.

- 모든 예상되는 수는 최소 5개 이상이다.
- 개별 관측은 독립적이며, 모집단은 표본의 최소 10배 이상이어야 한다 ($10n < N$).

두 번째 가정은 t-테스트에 익숙해 보인다. 그러나 첫 번째 가정은 이질적으로 보인다. 예상되는 수는 아직 이야기하지 않았지만, 이제 막 하려던 참이다!

이 검정에 대한 귀무가설과 대립가설을 공식화할 때 범주형 변수의 기본 분포를 고려한다. 예를 들어 주사위 하나가 있고 주사위 던지기의 결과가 공정하게 나오는지 여부를 검정한다면 가설은 다음과 같이 보일 수 있다.

$$H_0\text{: 범주형 변수의 지정된 분포가 정확하다.}$$

$$p1 = 1/6,\ p2 = 1/6,\ p3 = 1/6,\ p4 = 1/6,\ p5 = 1/6,\ p6 = 1/6$$

대립가설은 다음과 같이 매우 간단하다.

H_a: 범주형 변수의 명시된 분포가 정확하지 않다. 적어도 pi 값 중 하나 이상이 올바르지 않다.

t-테스트에서 p 값을 찾기 위해 검정 통계량(t 값)을 사용했다. 카이 제곱 검정에서 검정 통계량은 카이 제곱이다.

$$\text{검정 통계량}^{\text{Test Statistic:}}\text{: } \chi^2 = k \text{ 카테고리 이상}^{\text{over k categories}}$$

$$\text{자유도}^{\text{Degrees of Freedom}} = k - 1$$

임계치$^{\text{critical value}}$는 자유도와 유의 수준뿐만 아니라 χ^2를 사용하는 경우며, p 값이 유의 수준보다 낮으면 귀무가설을 기각한다(이전과 동일).

더 이해할 수 있게 예제를 살펴보자.

적합성에 대한 카이 제곱 검정의 예

CDC$^{\text{Centers for Disease Control, 질병 대책 센터}}$는 성인 BMI$^{\text{Body Mass Index, 체질량 지수}}$를 보통$^{\text{Under/}}$ ^{Normal}, 과체중^{Overweight}, 비만^{Obesity}, 심각한 비만$^{\text{Extreme Obesity}}$의 네 가지 등급으로 분류한다. 2009년 설문 조사에 따르면 미국 성인의 분포는 각각 31.2%, 33.1%, 29.4%, 6.3%였다. 총 500명의 성인을 무작위로 표본 추출하고 BMI 카테고리를 기록한다. BMI 추이가 2009년 이후로 변경됐다는 증거가 있는가? 0.05 유의 수준에서 검정해보자.

	Under/Normal	Over	Obesity	Extreme Obesity	Total
Observed	102	178	186	34	500

먼저 기대치를 계산해보자. 표본 500에서 Under/Normal을 156으로 예상하고(즉, 500의 31.2%), 나머지 상자도 같은 방법으로 채운다.

	Under/Normal	Over	Obesity	Extreme Obesity	Total
Observed	102	178	186	34	500
Expected	156	165.5	147	31.5	500

먼저, 조건을 확인한다.

- 예상되는 모든 수는 5보다 크다.
- 각 관측은 독립적이며 모집단은 매우 크다(500명의 10배 이상).

다음으로 적합성 검정을 수행한다. 귀무가설 및 대립가설을 설정한다.

- H_0: 2009년 BMI 분포는 여전히 정확하다.
- H_a: 2009년 BMI 분포가 더 이상 정확하지 않다(적어도 하나의 비율이 이제는 다르다). 다음과 같이 손으로 검정 통계량을 계산할 수 있다.

$$\text{Test Statistic: } \chi^2 = \sum \frac{(Observed - Expected)^2}{Expected} \text{ for } df = 3$$
$$= \frac{(102 - 156)^2}{156} + \frac{(178 - 165.5)^2}{165.5} + \frac{(186 - 147)^2}{147} + \frac{(34 - 31.5)^2}{31.5} = 30.18$$

아니면 다음과 같이 편리한 파이썬 기술을 사용할 수 있다.

```
Observed = [102, 178, 186, 34]
expected = [156, 165.5, 147, 31.5]
```

```
chi_squared, p_value = stats.chisquare(f_obs= observed, f_exp= expected)
```

```
chi_squared, p_value
#(30.1817679275599, 1.26374310311106e-06)
```

p 값은 .05보다 낮다. 그러므로 2009년 BMI 분포는 여전히 정확하다는 귀무가설을 기각하고, 오늘날의 BMI 경향이 2009년의 경향과 다르다는 사실을 지지한다.

연관성/독립성에 대한 카이 제곱 검정

확률의 개념에서 독립성은 한 변수의 값을 알고 있지만 다른 변수의 값에 관해서는 알 수 없을 때다. 예를 들어 여러분이 태어난 국가와 월은 독립적이라고 할 수 있다. 그러나 여러분이 어떤 종류의 전화를 사용하는지 아는 것은 창의력 수준에서 알 수 있다. 이러한 변수는 독립적일 수 없다.

연관성/독립성에 대한 카이 제곱 검정은 두 가지 범주형 변수가 서로 독립적인지 여부를 확인하는 데 도움이 된다. 독립성 검정은 일반적으로 교육 수준이나 세율 등급 같은 변수가 성별, 인종, 종교와 같은 인구 통계학적 요인에 따라 달라지는지 판단하는 데 사용된다. 7장의 예제인 A/B 분할 테스트를 살펴보자.

사용자의 절반을 특정 랜딩 페이지(웹사이트 A)에 노출시키고 다른 절반을 다른 랜딩 페이지(웹사이트 B)에 노출시킨 다음 두 사이트의 가입률을 측정한 검정을 생각해보자. 다음과 같은 결과를 얻었다.

	가입하지 않음	가입함
웹사이트 A	134	54
웹사이트 B	110	48

A/B 테스트의 결과

웹사이트 전환 수를 계산했지만 실제로 알고 싶은 것은 두 변수 사이에 차이가 있는지 여부다. 즉, 어떤 웹사이트가 사용자에게 노출됐는가? 사용자가 가입했는가? 이를 위해 카이 제곱 검정을 사용한다.

카이 제곱 독립성 검정의 가정

이 검정에는 다음과 같이 두 가지 가정이 있다.

- 모든 예상되는 수는 최소 5개 이상이다.
- 개별 관측은 독립적이며 모집단은 표본의 최소 10배 이상이어야 한다 (10n < N).

이것은 지난번 카이 제곱 검정과 정확히 동일하다.

가설을 설정해보자.

- H_0: 관심 대상 모집단의 두 개의 범주형 변수 간에는 연관성이 없다.
- H_0: 두 개의 범주형 변수는 관심 대상 모집단에서 독립적이다.
- H_a: 관심 대상 모집단의 두 개의 범주형 변수 사이에 연관성이 있다.
- H_a: 두 개의 범주형 변수는 관심 대상 모집단에서 독립적이지 않다.

여기서 중요한 것을 놓치고 있다는 것을 알 수 있다. 예상되는 수는 어디에 있는가? 이전에는 관측된 결과를 비교하기 위해 사전 분포를 가졌지만 지금은 그렇지 않다. 이런 이유로 예상되는 수를 약간 만들어야 할 것이다. 다음 수식을 사용해 각 값의 예상 값을 계산해 표의 각 셀을 채울 수 있다.

$$\text{예상되는 수}^{\text{Expected Count}} = \text{카이 제곱 검정 통계량과 자유도 계산}$$

$$\text{Test Statistic: } \chi^2 = \sum \frac{(Observed_{r,c} - Expected_{r,c})^2}{Expected_{r,c}}$$

over r rows and c columns

$$\text{Degrees of Freedom} = (r-1) \cdot (c-1)$$

여기서 r은 행 수이고, c는 열 수다. 물론 이전과 같이 p 값을 계산할 때 p 값이 유의 수준보다 작으면 귀무가설을 기각한다. 신속하게 결과를 얻기 위해 다음과 같이 내장된 파이썬 메소드를 사용해보자.

```
observed = np.array([[134, 54],[110, 48]])
# 위 테이블에서 볼 수 있듯이 2x2 행렬을 만들었다.

chi_squared, p_value, degrees_of_freedom, matrix =
stats.chi2_contingency(observed= observed)

chi_squared, p_value
# (0.04762692369491045, 0.82724528704422262)
```

p 값이 꽤 크다는 것을 알 수 있다. 그러므로 귀무가설을 기각하지 못하고 특정 웹사이트를 보는 것이 사용자의 가입에 어떤 영향을 미치는지 확실히 말할 수는 없다. 이 변수들 사이에는 연관성이 없다.

▌ 요약

8장에서는 표본 데이터를 기반으로 모집단 모수를 확인하기 위해 점 추정치와 신뢰 구간뿐만 아니라, 카이 제곱과 t-테스트를 포함해 다양한 통계적인 검정을 살펴봤다. 데이터의 작은 표본으로 이것을 발견할 수 있지만, 이것으로 전체 기본적인 모집단에 대해 강한 가정을 할 수 있다.

통계는 하나의 장에서 다룰 수 없는 매우 광범위한 주제다. 이 주제의 이해를 위해

9장에서도 데이터 과학을 통해 아이디어를 전달하려면 통계와 확률을 어떻게 사용할 수 있는지 계속 알아본다.

09

데이터 의미 전달

9장에서는 분석 결과를 전달하는 다양한 방법을 다루는데, 다양한 프레젠테이션 스타일과 시각화 기술을 살펴본다. 9장의 목적은 결과를 일관되고 명료한 방법으로 설명할 수 있게 함으로써 데이터에 정통하든 그렇지 않든 누구나 결과를 이해하고 사용할 수 있게 하는 것이다.

라벨, 핵심, 색상 등을 통해 효과적인 그래프를 작성하는 방법에 대해 다양하게 알아본다. 평행 좌표와 같은 고급 시각화 기법에 대해서도 살펴본다.

9장에서 다루는 내용은 다음과 같다.

- 효과적인 시각화와 비효과적인 시각화를 식별
- 차트가 청중을 '속이는' 경우를 인식

- 인과관계와 상관관계를 식별할 수 있음
- 귀중한 통찰력을 제공하는 매력적인 시각적인 자료 구성

▌ 커뮤니케이션이 중요한 이유

실험을 수행하고 코딩 언어로 데이터를 조작하는 것은 실용적으로 적용되는 데이터 과학을 수행하기에 충분하지 않다. 일반적으로 데이터 과학은 실제로 적용할 수 있을 때 가치가 있다. 예를 들어 의료 데이터 과학자가 개발도상국에서 여행객이 말라리아에 걸릴 확률을 98% 이상으로 예측할 수는 있지만, 이 결과가 영세한 판매 저널에 게시되고 연구에 대한 온라인 언급이 미미한 경우 죽음을 예방할 수 있는 획기적인 연구 결과는 결코 진정한 빛을 보지 못할 것이다.

이러한 이유로 결과를 전달하는 것은 결과 자체만큼 중요하다. 결과 분포의 잘못된 관리로 유명한 예는 그레고어 멘델^{Gregor Mendel}의 경우다. 멘델은 현대 유전학의 창시자 중 한 명으로 널리 알려져 있다. 그러나 그의 결과(데이터 및 차트 포함)는 사망 직후까지 잘 채택되지 않았다. 멘델은 결과를 찰스 다윈^{Charles Darwin}에게 보냈다. 찰스 다윈은 멘델의 논문을 무시했다.

보통은 구두 및 시각, 두 가지 방법으로 결과를 제시한다. 물론 의사소통에서 구두 및 시각 형태는 모두 슬라이드 데크, 차트, 저널 논문, 대학 강의를 비롯한 수십 개의 하위 범주로 나눌 수 있다. 그러나 데이터 표현의 공통 요소는 이 분야의 누군가에게 결과를 효과적으로 전달해 더 잘 이해시키는 것이다.

시각적인 자료부터 시작해 효과적인(그리고 비효과적인) 의사소통의 형태로 들어가 보자.

▌효과적인 시각화와 비효과적인 시각화 식별

데이터 시각화의 주요 목표는 경향, 관계 등을 비롯해 독자가 신속하게 데이터를 이해하게 하는 것이다. 이상적으로 독자는 하나의 시각화 자료를 이해하는 데 5~6초 이상을 소비할 필요가 없다. 이러한 이유로 시각적인 자료를 매우 진지하게 만들고 가능한 한 효과적으로 제작해야 한다. 산포도, 선 그래프, 막대형 차트, 히스토그램, 박스 플롯과 같은 네 가지 기본 유형의 그래프를 살펴보자.

산포도

산포도^{scatter plots}는 아마도 가장 간단한 그래프 중 하나일 것이다. 산포도는 두 개의 정량적 축을 만들고 데이터 포인트를 사용해 관측치를 나타냄으로써 만들어진다. 산포도의 주요 목표는 두 변수 사이의 관계를 강조 표시하고 가능한 경우 상관관계를 표시하는 것이다.

예를 들어 하루 평균 TV 시청 시간과 업무 성과 척도 0-100(0은 매우 열악한 성과, 100은 우수한 성과)을 볼 수 있는 두 개의 변수가 있다. 여기서 목표는 평균 TV 시청 시간과 업무 성과 사이의 관계(존재하는 경우)를 찾는 것이다.

다음 코드는 몇 사람을 대상으로 실시한 설문 조사를 시뮬레이션한 것으로, 평균적으로 하루 동안 TV를 시청한 양을 회사의 업무 성과 척도와 비교해서 보여준다.

```
import pandas as pd
hours_tv_watched = [0, 0, 0, 1, 1.3, 1.4, 2, 2.1, 2.6, 3.2, 4.1, 4.4, 4.4, 5]
```

이 코드는 사람들이 하루에 TV를 몇 시간 시청하는지의 질문에 응답한 14개의 표본 설문 조사 결과를 작성한다.

```
work_performance = [87, 89, 92, 90, 82, 80, 77, 80, 76, 85, 80, 75, 73, 72]
```

이 코드는 동일한 사람들이 업무 성과에 대해 0에서 100 사이에 평가한 14개의 새로운 표본 설문 조사 결과를 작성한다.

예를 들어 첫 번째 사람은 하루에 TV 시청 시간이 0시간이고 업무 성과는 87/100이며, 마지막 사람은 하루 평균 5시간의 TV 시청과 72/100의 업무 성과를 보였다.

```
df = pd.DataFrame({'hours_tv_watched':hours_tv_watched,
                   'work_performance':work_performance})
```

여기서 탐색적 데이터 분석을 쉽게 하고 산포도를 좀 더 쉽게 만들 수 있게 데이터 프레임을 만든다.

```
df.plot(x='hours_tv_watched', y='work_performance', kind='scatter')
```

이제 실제로 산포도를 만든다. 다음 도표에서 축은 하루에 TV를 시청한 시간과 그 사람의 업무 성과를 나타낸다.

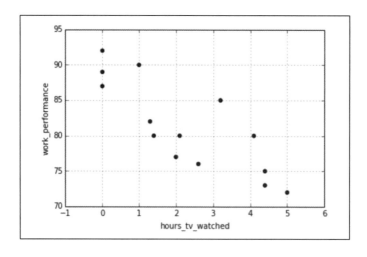

산포도의 각 점은 단일 관측치(이 경우 사람)를 나타내며, 그 위치는 관측치가 각 변수 위에 놓인 결과다. 이 산포도는 관계를 나타내는 것처럼 보이는데, 이것은 하루에 TV를 더 많이 시청할 때 업무 성과에 영향을 미치는 것으로 보인다.

물론 지난 두 개의 장을 통해 우리는 통계 전문가가 됐기 때문에 인과관계가 아닌 것으로 볼 수도 있다. 산포도는 인과관계가 아닌 상관관계나 연관성을 나타내기 위해 사용된다. 8장에서 봤던 것과 같이 고급 통계 검정은 인과관계를 밝힐 수 있다. 9장의 뒷부분에서 신뢰 관계가 가질 수 있는 좋지 않은 영향을 살펴볼 것이다.

선 그래프

선 그래프line graphs는 데이터 의미 전달에서 가장 널리 사용되는 그래프 중 하나일 것이다. 선 그래프는 단순히 선을 사용해 데이터 포인트를 연결하고 일반적으로 x축에 시간을 나타낸다. 선 그래프는 시간의 흐름에 따라 변수의 변경 사항을 표시하는 보편적인 방법이다. 선 그래프는 산포도와 마찬가지로 정량적 변수를 그리는 데 사용된다.

좋은 예로서 많은 사람들이 TV로 보는 것과 실제 행동 사이에 관련이 있는지 궁금하다. 내 친구는 이 생각을 한번 극단적으로 실험했다. 그는 TV 프로그램인 <X-파일>과 미국에서 UFO 관찰양의 관계를 알아낼 수 있는지 궁금했다. 매년 UFO 관찰의 수를 확인하고 시간의 흐름에 따라 도표를 그렸다. 그런 다음 도표를 보는 사람이 <X-파일>이 출시된 시점을 확인할 수 있게 설명을 추가했다.

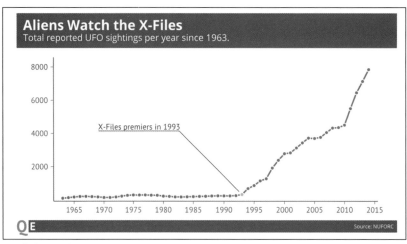

출처: http://www.questionable-economics.com/what-do-we-know-about-aliens/

<X-파일 프리미어>가 방영된 해인 1993년 직후에 UFO 목격 횟수가 급격히 증가하기 시작한 것은 분명하다.

이 그래프는 단순하지만 간단한 선 그래프의 훌륭한 예다. 각 축의 측정치를 통해서 데이터의 일반적인 추세를 빠르게 볼 수 있으며, UFO 목격 횟수와 <X-파일 프리미어> 방영 횟수 사이의 관계를 보여주려는 작성자의 의도를 파악할 수 있다.

반면에 다음 그래프는 덜 인상적인 꺾은선 차트다.

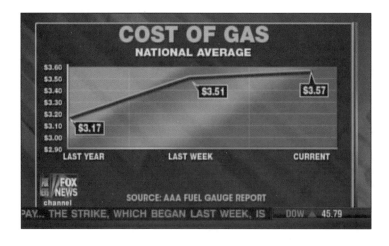

이 선 그래프는 3가지 시점을 그림으로써 가스 가격의 변화를 강조하려고 한다. 처음 보면 이전 그래프와 많이 다르지 않다. 하단 x축에는 시간이 있고 수직 y축에는 정량적인 값이 있다. 여기서 (미미한) 미묘한 차이점은 세 점이 x축에 균등한 간격으로 떨어져 있다는 것이다. 그러나 x축의 실제 시간 표시를 살펴보면 균등한 시간 간격을 두지 않는다. 연도로 처음 두 점을 구분하는 반면 7일(일주일)로 마지막 두 점을 구분한다.

막대형 차트

일반적으로 여러 그룹의 변수를 비교하려면 막대형 차트^{bar charts}로 바꾼다. 예를 들어 막대형 차트를 사용해 대륙별 국가수를 그릴 수 있다. x축은 정량적 변수를 나타내지 않는다. 실제로 막대형 차트를 사용할 때 x축은 일반적으로 범주형 변수이고 y축은 정량적 변수다.

전 세계의 국가별 알코올 소비에 관한 세계 보건기구의 보고서를 사용해 이 코드를 적용한다.

```
drinks = pd.read_csv('data/drinks.csv')

drinks.continent.value_counts().plot(kind='bar',
                                     title='Countries per Continent')
plt.xlabel('Continent')
plt.ylabel('Count')
```

다음 그래프는 각 대륙의 국가 수를 나타낸다. 막대의 바닥에 대륙 코드가 있고, 막대 높이는 각 대륙에 있는 국가의 수를 나타낸다. 예를 들어 아프리카(AF)는 설문 조사에서 가장 많은 국가를 보유하고 있으며, 남아메리카(SA)는 가장 적은 국가를 보유하고 있다.

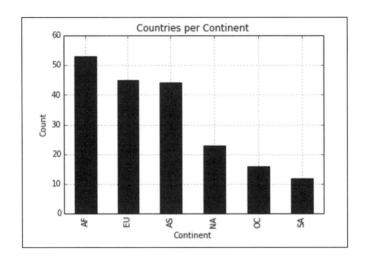

국가의 수에 다음과 같은 막대형 차트를 사용해 대륙별 평균 맥주 소비량을 표시할 수 있다.

```
drinks.groupby('continent').beer_servings.mean().plot(kind='bar')
```

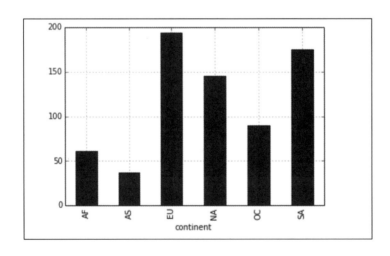

정량적 변수만 처리할 수 있기 때문에 산포도나 선 그래프는 이 데이터를 지원할 수 없음에 유의하자. 막대형 그래프는 범주형 값을 보여준다.

254

막대형 차트를 사용해 선 그래프처럼 시간 경과에 따라 변경되는 변수를 그래프로 나타낼 수도 있다.

히스토그램

히스토그램Histograms은 데이터를 범위별로 등거리의 통bin으로 분할하고, 각 통의 원시 관측치를 그림으로써 단일 정량적 변수의 빈도 분포를 보여준다. 히스토그램은 사실상 x축이 값의 통(하위 범위)이고, y축이 카운트 수인 막대형 차트다. 예를 들어 다음과 같이 매장의 일별 고유 고객수가 있다.

```
rossmann_sales = pd.read_csv('data/rossmann.csv')
rossmann_sales.head()
```

	매장	영업일	날짜	매출	고객 수	개점	프로모션	공휴일	방학
0	1	5	2015-07-31	5263	555	1	1	0	1
1	2	5	2015-07-31	6064	625	1	1	0	1
2	3	5	2015-07-31	8314	821	1	1	0	1
3	4	5	2015-07-31	13995	1498	1	1	0	1
4	5	5	2015-07-31	4822	559	1	1	0	1

첫 번째 매장 열에 여러 매장 데이터가 있는 점에 유의하자. 다음과 같이 첫 번째 통에 대해서만 이 데이터의 하위 세트를 만든다.

```
first_rossmann_sales = rossmann_sales[rossmann_sales['Store']==1]
```

이제 첫 번째 매장의 고객 수에 대한 히스토그램을 그려보자.

```
first_rossmann_sales['Customers'].hist(bins=20)
```

```
plt.xlabel('Customer Bins')
plt.ylabel('Count')
```

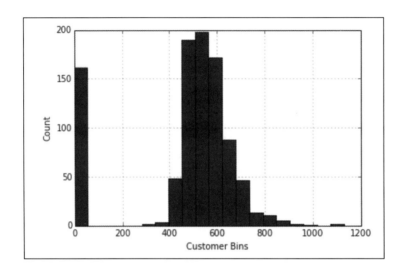

x축은 각 카테고리에서 선택된 값의 범위인 범주형이다. 예를 들어 고객의 수 600-620은 잠재적으로 카테고리가 된다. 막대형 차트와 마찬가지로 y축은 각 카테고리의 관측치를 그린다. 예를 들어 이 그래프에서 대부분의 시간대에 고객의 수가 500에서 700 사이가 될 것이라는 사실을 알 수 있다.

요컨대 히스토그램은 정량적 변수가 취할 수 있는 값의 분포를 시각화하는 데 사용된다.

 히스토그램에서는 막대 사이에 공백을 넣지 않는다.

박스 플롯

박스 플롯Box plots은 값의 분포를 표시하는 데 사용된다. 다음과 같이 5개의 숫자 요약을 플로팅해 만든다.

- 최솟값
- 제 1사분위수[1](나머지에서 25%의 최저값을 구분하는 숫자)
- 중앙값
- 제 3사분위수(나머지에서 25%의 최고값을 구분하는 숫자)
- 최댓값

Pandas에서 박스 플롯을 만들 때 빨간색 선은 중앙값을 나타내며, 상자의 상단(또는 가로인 경우 오른쪽)이 제 3사분위수고, 상자의 아래쪽(또는 가로인 경우 왼쪽) 부분이 제 1사분위수다.

다음은 대륙별 맥주 소비 분포를 보여주는 일련의 박스 플롯이다.

```
drinks.boxplot(column='beer_servings', by='continent')
```

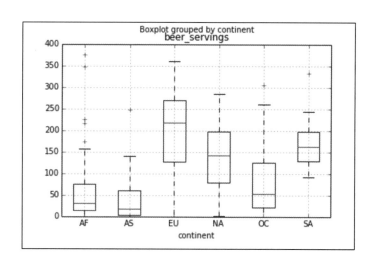

---

1. 데이터를 크기순으로 배열하고, 누적 백분율을 4등분한 각 점에 해당하는 값을 말한다. 제 1사분위수는 누적 백분율이 25%에 해당하는 점수이고, 제 2사분위수는 누적 백분율이 50%, 제 3사분위수는 75%, 제 4사분위수는 100%에 해당하는 점수다. – 옮긴이

이제 6개 대륙의 맥주 소비 분포와 그 차이점을 분명히 알 수 있다. 아프리카(AF)와 아시아(AS)는 유럽(EU)이나 북아메리카(NA)보다 맥주 소비의 중앙값이 훨씬 낮다.

박스 플롯에는 히스토그램보다 특이값을 훨씬 잘 표시할 수 있는 보너스가 추가됐다. 이것은 최솟값과 최댓값이 박스 플롯의 일부이기 때문이다.

고객 데이터로 되돌아가서 박스 플롯을 사용해 동일한 매장의 고객 번호를 살펴보자.

```
first_rossmann_sales.boxplot(column='Customers', vert=False)
```

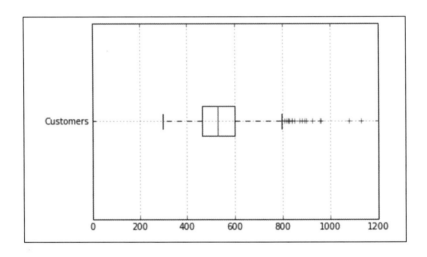

이것은 히스토그램에서 이전에 그려진 것과 정확히 같은 데이터다. 그러나 이제는 박스 플롯으로 표시된다. 비교를 위해 두 그래프를 차례대로 살펴보자.

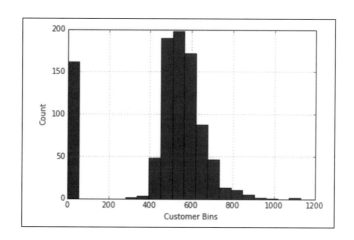

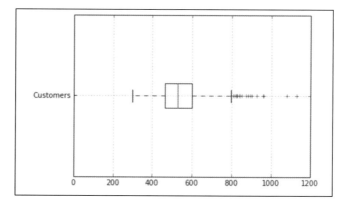

각 그래프의 x축이 0에서 1,200까지 동일한지 확인한다. 박스 플롯은 데이터의 중심을 보여주는 것이 훨씬 더 빠르다. 박스 플롯에서 빨간색 선이 중앙값이다. 반면에 히스토그램은 데이터가 어떻게 퍼져 있는지, 사람들의 가장 큰 통이 어디에 있는지를 보여준다. 예를 들어 히스토그램은 고객이 없는 0인 통이 매우 크게 있음을 보여준다. 즉, 150일이 조금 넘는 기간 동안 고객이 전혀 없었다.

다음과 같이 Pandas의 describe 기능을 사용하면 박스 플롯을 구성하는 정확한 숫자를 얻을 수 있다.

```
first_rossmann_sales['Customers'].describe()

min          0.000000
25%        463.000000
50%        529.000000
75%        598.750000
max       1130.000000
```

▌ 그래프와 통계가 거짓말할 때

분명 통계는 거짓말하지 않지만, 사람들은 거짓말을 한다. 여러분이 청중을 속이는 가장 쉬운 방법 중 하나는 상관관계와 인과관계를 혼동하는 것이다.

상관관계와 인과관계

나는 이 책이 상관관계와 인과관계 사이의 차이를 깊이 다루지 않고는 출판될 수 없다고 생각한다. 이 예에서는 TV 시청과 업무 성과에 대한 데이터를 계속 사용한다.

상관관계^{Correlation}는 두 변수가 서로 어떻게 움직이는지를 측정하는 −1과 1 사이의 정량적 측정 항목이다. 두 변수의 상관관계가 −1에 가까울수록 한 변수가 증가할 때 다른 변수는 감소하고, 두 변수가 +1에 가까운 상관관계를 갖는 경우 해당 변수가 같은 방향으로 함께 이동함을 의미한다. 하나가 증가할 때 다른 변수도 증가한다. 그 반대의 경우도 마찬가지다.

인과관계^{Causation}란 한 변수가 다른 변수에 영향을 미친다는 생각이다.

예를 들어 하루에 TV를 시청하는 평균 시간과 0-100 사이의 업무 성과(0은 매우 열악한 성과, 100은 우수한 성과), 이 두 가지 변수를 살펴본다. 이 두 요소가 부정적

260

상관관계가 있음을 예상할 수 있다. 즉, 하루 24시간 동안 TV 시청 시간이 증가하면 전반적인 업무 성과가 저하된다. 앞의 코드를 상기해보면 다음과 같다.

```
import pandas as pd
hours_tv_watched = [0, 0, 0, 1, 1.3, 1.4, 2, 2.1, 2.6, 3.2, 4.1, 4.4, 4.4, 5]
```

여기서는 이전과 같이 14명의 표본과 질문에 대한 답변을 보고 있는데, 하루 평균 TV 시청 시간은 얼마일까?

```
work_performance = [87, 89, 92, 90, 82, 80, 77, 80, 76, 85, 80, 75, 73, 72]
```

이것은 앞서 언급한 14명의 사람들과 같은 순서지만, 지금은 TV 시청 시간 대신에 회사나 제 3자 시스템에 의해 등급이 매겨진 업무 성과다.

```
df = pd.DataFrame({'hours_tv_watched':hours_tv_watched,
                   'work_performance':work_performance})
```

이전에 이 두 변수의 산포도를 조사한 결과 TV 시청이 증가하면 업무 성과가 떨어지는 것처럼 변수 간에 하향 추세를 명확하게 보여줬다. 그러나 상관 계수 −1과 1 사이의 숫자는 변수 간의 관계를 식별하는 동시에 변수의 양을 계량하고 강도를 분류하는 좋은 방법이다.

이제 이 두 변수 사이의 상관관계를 보여주는 새로운 코드 한 줄을 소개한다.

```
df.corr() # -0.824
```

상관관계가 −1에 가까울수록 강한 음의 상관관계를 의미하는 반면 +1에 가까운 상관관계는 강한 양의 상관관계를 의미한다.

이 수는 가설을 뒷받침하는 데 도움이 된다. -1에 가까운 상관 계수는 음의 상관관계를 의미할 뿐만 아니라 강한 상관관계를 의미하기 때문이다. 또다시 두 변수 사이의 산포도를 통해 이것을 볼 수 있다. 따라서 시각적 자료와 숫자는 서로 일치한다. 이것은 결과를 전달할 때 반드시 있어야 하는 중요한 개념이다. 시각적 자료와 숫자가 없다면 사람들은 분석을 진지하게 받아들이지 않는다.

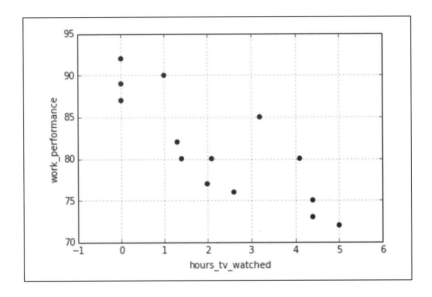

상관관계와 인과관계가 서로 다르다는 것은 아무리 강조해도 지나치지 않다. 상관관계는 단순히 변수가 함께 변하는 정도를 정량화하는 반면, 인과관계는 한 변수가 실제로 다른 변수의 값을 결정한다는 개념이다. 청중에게 상관관계 조사 결과를 공유한다면 더 많은 연구가 필요하다는 도전자를 만날 수 있다. 더욱 두려운 것은 아무도 분석이 불완전하다는 것을 알지 못할 수도 있고, 간단한 상관 작업을 기반으로 실용적인 결정을 내리기도 한다는 것이다.

두 변수에 서로 상관관계가 있지만 그 사이에는 어떤 인과관계가 없는 경우도 종종 있다. 그것은 여러 가지 이유가 있을 수 있으며, 그중 일부는 다음과 같다.

- 두 변수 사이에 혼동을 줄만한 요소, 즉 교란 요인^{confounding factor}이 있을 수 있다. 이것은 고려되지 않은 세 번째 숨어있는 변수가 있으며, 두 변수 사이의 다리 역할을 한다는 것을 의미한다. 예를 들어 이전에 TV를 시청하는 양이 업무 성과와 음의 상관관계가 있음을 알았다. 즉, TV를 시청하는 시간이 늘어나면 전반적인 업무 성과가 떨어질 수 있다. 그것은 상관관계다. TV 시청이 업무 성과의 품질 저하의 실제 원인이라고 제안하는 것은 옳지 않은 것처럼 보인다. 이 질문에 답할 수 있는 세 번째 요인은 매일 밤 수면 하는 시간이라고 제안하는 것이 더 그럴듯해 보일 수 있다. TV를 더 많이 보게 되면 잠자는 시간이 줄어들어 업무 수행이 제한될 수 있을 것이다. 하루의 수면 시간은 교란 요인이다.
- 두 변수는 서로 아무 관계가 없을 수도 있다! 우연일 수도 있다. 상관관계가 있지만 단순히 서로를 유발하지 않는 많은 변수가 있다. 다음 예를 살펴보자.

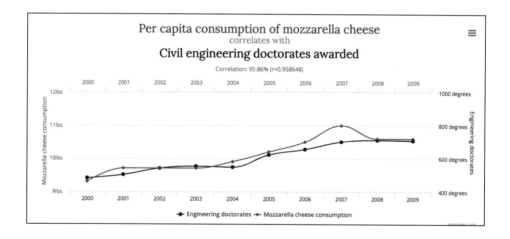

치즈 소비가 세계의 토목 공학 박사 학위 수를 결정한다는 이 두 변수가 상호 연관돼 일어날 확률이 훨씬 더 높다(앞의 예보다 강하게 나타난다).

상관관계가 인과관계를 암시하지 않는다는 말을 들어봤을 것이다. 마지막 그래프는 데이터 과학자들이 반드시 그 말을 믿어야 하는 이유다. 변수들 사이에 수학적 상관관계가 존재한다고 해서 그들 사이에 인과관계가 있음을 의미하지는 않는다. 그것들 사이에 교란 요인이 있을 수도 있고, 서로 아무 관계가 없을 수도 있다!

교란 요인을 무시하고 상관관계가 극도로 오도될 때 어떤 일이 일어나는지 살펴보자.

심슨의 역설

심슨의 역설Simpson's paradox은 교란 변수confounding variables를 왜 심각하게 받아들여야 하는지에 대한 공식적인 이유다. 역설은 두 가지 변수 간의 상관관계가 다른 요인을 고려할 때 완전히 반전될 수 있음을 말한다. 즉, 그래프가 양의 상관관계를 나타내더라도 다른 변수(가장 혼돈스러운 요소)를 고려하면 이러한 변수는 반비례가 될 수 있다. 이것은 통계학자들에게 매우 귀찮은 일이다.

두 개의 서로 다른 랜딩 페이지들 간의 관계를 탐구하고 싶다고 가정하자(7장의 A/B 테스트를 참조하자). 이것은 페이지 A와 페이지 B를 다시 한 번 호출한 것이다. 비교하고 대조해야 하는 두 개의 랜딩 페이지가 있으며, 선택을 위한 주요 측정 기준은 이전과 마찬가지로 전환율이 포함된다.

예비 검정을 실시해 다음과 같은 전환 결과를 얻었다고 가정하자.

Page A	Page B
75%(263/350)	83%(248/300)

즉, 페이지 B는 페이지 A보다 거의 10% 높은 전환율을 갖고 있음을 의미한다. 따라서 전환율이 높기 때문에 페이지 B가 더 나은 선택인 것 같다. 이 데이터를 동료들에게 알리려면 분명하게 보여줘야 할 것이다!

그러나 다음과 같이 사용자 가까이에 있는 해안을 고려할 때 어떤 일이 발생하는지 살펴보자.

	Page A	Page B
서부 해안	**95%(76/80)**	93%(231/250)
동부 해안	**72%(193/270)**	34%(17/50)
양쪽	75%(263/350)	**83%(248/300)**

이것이 역설이다! 표본을 위치별로 나누면 페이지 A는 두 카테고리 모두에서 더 나아지지만 전체적으로는 더 나빠진 것 같다. 이것이 역설의 아름다움이자 무서움이다. 이것은 네 그룹 간의 불균형한 계층으로 인해 발생한다.

페이지 A/동부 해안 그룹과 페이지 B/서부 해안 그룹은 표본에 있는 대부분의 사람들을 반영하므로 결과가 왜곡될 수 없다. 여기서 교란 변수는 페이지가 하루 중 서로 다른 시간에 보이고 서부 해안 사람들이 페이지 B를 보게 될 확률이 더 높았던 반면, 동부 해안 사람들은 페이지 A를 볼 확률이 더 높았다.

심슨의 역설에 대한 해결책은 있다. 그러나 근거는 복잡한 베이지안 네트워크 시스템에 있으며, 이는 이 책의 범위를 벗어난다.

심슨의 역설이 시사하는 바는 상관관계 변수에 인과관계를 부당하게 부여하면 안 된다는 점이다. 검사해야 할 교란 변수가 있을 수 있다. 따라서 웹사이트 카테고리와 전환 또는 TV 시청과 업무 성과 같이 두 변수 간의 상관관계를 밝힐 수 있다면 가능한 한 많은 변수를 격리하려고 시도해야 한다. 이 변수는 상관관계의 원인일 수도 있고, 적어도 사례를 더 설명하는 데 도움이 될 수 있다.

상관관계가 인과관계를 암시하지 않으면 무엇을 하는가?

데이터 과학자로서 상관관계로 작업하고 결정적인 인과관계를 이끌어내지 못하면 종종 매우 실망스럽다. 인과관계를 확실하게 파악하는 가장 좋은 방법은 일반적으로 8장에서 살펴본 것과 같은 무작위 실험을 통하는 것이다. 모집단을 무작위로 표본 추출한 집단으로 쪼개고 가설 검정을 실시해 어느 정도의 확실성을 갖고 변수들 사이에 진정한 원인이 있다고 결론 내릴 수 있어야 한다.

▌ 구두 의사소통

데이터의 시각적인 데모 이외에도 결과를 제시할 때 구두 의사소통도 마찬가지로 중요하다. 단순히 결과를 업로드하거나 게시하는 것이 아니라면 일반적으로 데이터 과학자나 경영진의 사무실, 또는 컨퍼런스 홀에서 데이터를 프레젠테이션한다.

어쨌든 구두 발표를 할 때 집중해야할 핵심 분야가 있는데, 특히 프레젠테이션이 데이터에 관한 조사와 관련돼 있을 때다.

일반적으로 두 가지 스타일의 구두 발표가 있다. 하나는 회사의 성과나 다른 핵심 성과 지표^{KPI, Key Performance Indicator}와 직접적으로 연결되는 기업적인 문제를 다룬 좀 더 전문적인 설정을 의미하고, 다른 하나는 여러분의 동료들이나 청중들로 하여금 여러분의 일에 관심을 갖게 동기를 부여하는 것이다.

이야기를 하라

공식적이든 캐주얼한 프레젠테이션이든 사람들은 이야기를 듣고 싶어 한다. 결과를 발표할 때 단지 사실과 지표를 뱉어내지 말고, 청중들이 자신이 말하는 것을 믿고 신경 쓰게 한다.

프레젠테이션을 할 때 항상 청중을 의식하고 자신이 말하는 것에 대한 반응/관심을 측정해야 한다. 청중을 사로잡지 못하는 있는 것 같다면 문제를 청중과 관련시켜야 한다.

> "왕좌의 게임(Game of Thrones)과 같은 인기 TV 드라마가 다시 방영되면 직원들이 모두 TV 시청에 더 많은 시간을 할애할 것이므로 업무 수행 능력이 떨어질 것이라고 생각합니다."

이제 여러분은 청중의 관심을 얻고 있다. 청중이 직장 상사이건 엄마의 친구이건 관계없이 여러분의 청중과 관련된 것이다. 관련성을 높이는 방법을 찾아야 한다.

좀 더 공식적인 면에서

좀 더 공식적인 청중에게 데이터 조사 결과를 프레젠테이션 할 때 다음과 같은 6가지 단계를 따르면 좋다.

1. 문제의 개요를 설명한다.

   이 단계에서는 문제가 무엇인지, 어떻게 이 문제가 데이터 과학자 팀의 주의를 끌었는지를 포함해 문제의 현재 상태를 설명한다.

2. 데이터의 본질을 정의한다.

   여기서는 이 문제가 누구에게 영향을 미치는지, 해결책으로 상황을 어떻게 바꿔야 하는지, 이전에 수행한 작업이 있다면 이에 대해 자세히 설명한다.

3. 초기 가설을 알린다.

   여기서는 여러분이 어떤 일을 하기 전에 해결책이라고 믿었던 것을 말한다. 이것은 프레젠테이션에 대한 초보적 접근 방식처럼 보일 수 있다. 그러나 이것은 초기 가설뿐만 아니라, 회사 전체에 대한 가설을 정리하는 데 좋은 시간이 될 수 있다. 예를 들어 "우리는 설문 조사를 실시했으며 회사 직원의 61%는 TV 시청 시간과 업무 성과 간에 상관관계가 없다고 생각합니다."

4. 해결책을 설명하고, 가능하면 해결책으로 이끈 도구를 설명한다.

   문제 해결 방법, 사용된 통계 검정, 문제 발생 과정에서 취해진 모든 가정으로 들어간다.

5. 해결책이 문제에 미칠 영향을 공유한다.

   해결책이 초기 가설과 다른지에 대해 이야기한다. 향후 이것은 어떤 의미가 있을까? 자신과 회사를 개선하기 위해 어떻게 이 해결책으로 조치를 취할 수 있는가?

6. 향후 단계를 말한다.

   이 해결책을 실행할 방법과 이 연구로 인해 촉발된 향후 작업처럼 문제를 해결하기 위한 앞으로의 조치를 공유한다.

이 단계를 따르면 데이터 과학적 방법의 모든 주요 영역에 접근할 수 있다. 공식적인 프레젠테이션 중에 가장 먼저 떠오르는 것은 실행이다. 전달한 말과 해결책이 실행되기를 원한다. 그러기 위해서는 프로젝트의 완성을 책임지는 명확한 계획이 있어야 하며, 향후 단계가 정의돼야 한다.

▋ 왜/어떻게/어떤 프레젠테이션 전략

덜 공식적인 수준으로 말하면 칭찬할 만한 프레젠테이션을 만드는 빠르고 쉬운 방법은 왜/어떻게/어떤 전략이다. 다음과 같이 매우 간단하다.

1. 실제로 본론에 들어가기 전에 이 질문이 왜 중요한지 청중에게 이야기한다.

2. 그런 다음 데이터 마이닝, 데이터 정제, 가설 검정 등을 사용해 어떻게 이 문제를 해결했는지로 들어간다.

3. 마지막으로 결과가 청중에게 무엇을 의미하는지 말한다.

앞의 모델은 유명한 광고에서 차용한 것이다. 3초가 될 때까지 제품이 무엇인지 알려주지 않는 것과 같은 일종이다. 광고는 여러분의 주의를 끌려고 한다. 그러고 나서 마지막에 정말 흥미 있는 것을 드러낸다. 다음 예제를 고려해보자.

> "안녕하십니까, 저는 올림픽이 방송될 때 우리가 작업에 집중하는 데 어려움을 겪는 이유에 대해 알려 드리고자 합니다. 설문 조사 결과를 분석하고 이 데이터를 회사 표준 업무 성과 데이터와 합친 후 하루에 TV를 시청하는 시간과 평균 업무 성과 사이의 상관관계가 있다는 것을 발견할 수 있었습니다. 이 점을 알면 우리는 TV 시청 습관을 좀 더 잘 인식하고 이런 습관이 업무에 영향을 미치지 않게 할 수 있습니다."

9장은 실제로 이런 식으로 포맷됐다! 데이터의 의미 전달에 관심을 가져야 하는 이유부터 시작해 그것을 성취하는 방법(상관관계, 시각적인 자료 등을 통해)과 마지막으로, 왜/어떻게/어떤 전략이 필요한지 이야기했다(여기에 청중의 마음을 흔드는 효과를 삽입해야 한다).

▌요약

데이터의 의미 전달은 쉬운 작업이 아니다. 데이터 과학이 어떻게 작동하는지는 수학을 이해하면 되지만, 데이터 과학자와 비데이터 과학자에게 결과와 가치를 똑같이 납득시키기는 것은 완전히 다른 일이다. 9장에서는 기본적인 차트 작성은 물론 잘못된 인과관계를 식별하는 방법과 구두 프레젠테이션 기술을 연마하는 방법에 대해서도 설명했다.

다음 몇 개의 장은 실제로 데이터 과학의 가장 큰 논의 포인트 중 하나에 직면할 것이다. 이전 9개의 장에서는 데이터를 얻는 방법, 데이터를 정제하는 방법, 데이터를 시각화해 데이터가 나타내는 환경을 좀 더 잘 이해하는 방법에 대해 이야기했다.

그런 다음 데이터에 대한 수량화 가능한 정리와 검정을 사용해 실용적인 결과와 대답을 얻기 위해 기본 및 고급 확률/통계 법칙을 살펴봤다.

10장에서는 머신 러닝과 머신 러닝이 잘 수행되는 특성과 잘 수행되지 못하는 특성에 대해 살펴본다. 이 책을 읽으면서 열린 마음으로 머신 러닝이 어떻게 작동하는지뿐만 아니라, 왜 그것을 사용해야 하는지 이해하기 바란다.

10

머신 러닝 요점

머신 러닝이라는 단어가 알려진 지 10년이 됐다. 차세대 신생 기업에 대해 듣거나 뉴스를 볼 때마다 머신 러닝 기술의 혁명적인 부분에 대해 듣고, 머신 러닝이 우리가 사는 방식을 어떻게 바꿀 것인지를 듣는다.

10장에서는 데이터 과학의 실질적인 부분으로, 머신 러닝에 중점을 둔다. 10장에서는 다루는 내용은 다음과 같다.

- 여러 유형의 머신 러닝 정의와 각 유형의 예
- 회귀, 분류 등의 영역
- 머신 러닝이란 무엇이며, 어떻게 데이터 과학에서 사용되는가?

- 머신 러닝과 통계적 모델링의 차이점, 어떻게 머신 러닝이 통계적 모델링의 더 넓은 범주가 되는지

우리의 목표는 마케팅과 같은 실용적인 산업에서 필수적인 머신 러닝 기술을 이해하고 적용하기 위해 통계, 확률, 알고리즘적 사고를 활용하는 것이다. 예를 들어 레스토랑 리뷰의 별점 예측, 질병 유무 예측, 스팸 메일 탐지 등이 포함된다. 10장에서는 머신 러닝 전체와 단일 통계 모델에 대해 중점적으로 설명한다. 11장에서는 더 많은 모델을 다루는데, 그중 일부는 훨씬 더 복잡하다.

모델이 얼마나 효과적인지 알려주는 측정 지표에 초점을 맞추고, 머신 러닝을 사용해 결과를 결정하고 예측하기 위해 측정 지표를 사용하겠다.

▌ 머신 러닝이란 무엇인가?

머신 러닝이 무엇인지에 대한 구체적인 정의 없이는 이해를 지속할 수 없다. 1장에서 프로그래머가 명시적으로 규칙을 주지 않고도 컴퓨터가 데이터로부터 학습할 수 있는 능력을 제공받는 것으로 머신 러닝을 정의했다. 이 정의는 여전히 사실이다. 머신 러닝은 데이터에 내재된 오차(노이즈)가 있더라도, 데이터에서 특정 패턴(신호)을 확인하는 기능과 관련이 있다.

머신 러닝 모델은 인간의 명확한 도움 없이 데이터로부터 학습할 수 있다. 이것이 머신 러닝 모델과 고전적인 알고리즘 간의 주요 차이점이다. 고전적인 알고리즘은 복잡한 시스템에서 최선의 답을 찾는 방법에 대해 알려주면 최상의 해결책을 찾고 종종 인간보다 빠르고 효율적으로 작동한다. 그러나 여기서 병목 현상은 인간이 최상의 해결책을 제시해야 한다는 것이다. 머신 러닝에서는 모델에게 최상의 해결책을 알려주지 않고, 대신 문제의 몇 가지 예를 알려주면 최상의 해결책을 제시한다.

머신 러닝은 데이터 과학자가 가진 여러 도구 중 또 다른 도구다. 머신 러닝은 통계 검정(카이 제곱 또는 t-테스트)과 동일한 수준이거나 기초 확률/통계를 사용해 모집단 모수를 추정한다. 주로 데이터 과학자들만이 머신 러닝을 수행하는 방법을 안다고 생각하지만, 이것은 사실이 아니다. 진정한 데이터 과학자는 머신 러닝이 언제 적용 가능하고, 더 중요한 것은 언제 적용하면 안 되는지를 알 수 있다.

머신 러닝은 상관관계와 관계 간의 게임이다. 존재하는 대부분의 머신 러닝 알고리즘은 데이터셋(종종 Pandas 데이터프레임의 열로 표시됨) 간의 관계를 찾아내거나 활용하는 것과 관련이 있다. 일단 머신 러닝 알고리즘은 특정 상관관계를 정확히 파악할 수 있으며, 이 관계를 사용해 향후 관측을 예측하거나 데이터를 일반화해 흥미로운 패턴을 나타낼 수 있다.

머신 러닝을 설명할 수 있는 좋은 방법은 두 가지 가능한 해결책, 즉 머신 러닝 알고리즘을 사용하는 문제와 비머신 러닝 알고리즘을 사용하는 문제의 예를 제시하는 것일 것이다.

예제: 안면 인식

이 문제는 잘 인용돼 있다. 어떤 얼굴의 그림이 주어지면 이것은 누구의 얼굴일까? 그러나 나는 이 질문을 하기 전에 더 중요한 질문이 있다고 주장한다. 누가 집에 들어오는지를 인식하는 가정 보안 시스템을 구현한다고 가정하자. 대개 하루 동안 집안은 거의 대부분 비어 있고, 안면 인식은 카메라에 사람이 잡히는 경우에만 동작한다. 이것이 우리가 시도하고 해결해야 하는 정확한 질문이다. 주어진 그림, 거기에 얼굴이 있는가?

이 문제를 고려해 다음 두 가지 해결책을 제안한다.

- 비머신 러닝 알고리즘은 얼굴을 둥근 구조, 두 눈, 머리카락, 코 등으로 정의한다. 그런 다음 이 알고리즘은 그림에서 이러한 하드 코딩된 특징을 찾고,

이러한 특징을 찾을 수 있는지 여부를 반환한다.

- 머신 러닝 알고리즘은 약간 다르게 작동한다. 모델에는 여러 개의 얼굴과 라벨이 있는 얼굴이 아닌 것이 표시돼 있다. 이 예제(훈련셋이라고 함)로 얼굴의 정의를 파악할 수 있다.

이 해결책의 머신 러닝 버전은 얼굴이 무엇인지에 대해 결코 설명하지 않았으며, 단지 몇 가지 예를 제시하고 일부는 얼굴을, 일부는 얼굴이 없는 것을 제공했다. 그런 다음 둘 사이의 차이점을 알아내는 것은 머신 러닝 모델에 달려 있다. 이 두 가지의 차이점을 파악한 후에 이 정보를 사용해 그림을 이해하고 새 그림에 얼굴이 있는지 여부를 예측한다. 예를 들어 모델을 훈련시키기 위해 다음 세 가지 이미지를 제공한다.

그러면 모델은 '얼굴'로 표시된 그림과 '얼굴 없음'으로 표시된 이미지 사이의 차이점을 찾아 향후 그림에서 얼굴을 찾는 데 그 차이를 이용할 수 있다.

▌머신 러닝은 완벽하지 않다

머신 러닝에는 많은 주의 사항이 있다. 구현되는 다른 모델에 따라 주의 사항은 다르지만, 다음과 같이 모든 머신 러닝 모델에 공통적인 몇 가지 가정이 있다.

- 사용되는 대부분의 데이터는 이전 장들에서 설명한 방법을 사용해 사전 처리되고 정리된다.
  대부분의 머신 러닝 모델은 누락된 값이나 범주형 값을 가진 오차 데이터를 허용하지 않는다. 더미 변수와 채우기^{filling}/버리기^{dropping} 기술을 사용해 이러한 불일치를 처리한다.
- 정리된 데이터셋의 각 행은 모델링하려는 환경에 대한 단일 관측을 나타낸다.
- 목표가 변수들 간의 관계를 찾는 것이라면 이 변수들 사이에는 어떤 종류의 관계가 있다는 가정이 있다. 이 가정은 특히 중요하다. 많은 머신 러닝 모델이 이 가정을 매우 중요하게 생각한다. 관계가 없으면 모델은 의사소통을 할 수 없다.
- 머신 러닝 모델은 일반적으로 반자동으로 간주되며, 이것은 사람의 지능적인 결정이 여전히 필요함을 의미한다. 머신 러닝은 매우 영리하지만 일을 상황에 맞추기는 어렵다. 대부분 모델의 출력은 모델이 얼마나 잘 수행됐는지 정량화하려는 일련의 수치와 측정 지표다. 이러한 측정 지표를 전망하고 결과를 청중에게 전달하는 것은 사람의 몫이다.
- 대부분의 머신 러닝 모델은 데이터 노이즈에 민감하다. 즉, 이해가 되지 않는 데이터를 포함하면 모델은 혼란스러워진다. 예를 들어 전 세계의 경제 데이터와 데이터 열 중 하나인 대도시의 강아지 입양율의 관계를 찾기 위해 계산한다. 이 정보는 적절하지 않으며 모델을 혼란스럽게 한다.

이러한 가정은 머신 러닝을 다룰 때 반복해서 나타난다. 매우 중요하지만 초보 데이터 과학자들에 의해 종종 무시된다.

▌머신 러닝은 어떻게 작동하는가?

머신 러닝의 각 특성과 개별 모델은 수학 및 데이터 과학의 다른 부분을 활용해 매우 다른 방식으로 작동한다. 그러나 일반적으로 머신 러닝은 다음의 다이어그램과 같이 데이터를 가져와서 데이터 내의 관계를 찾고 모델에서 얻은 결과를 출력으로 제공한다.

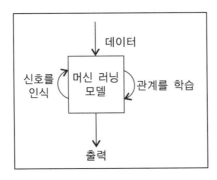

다양한 유형의 머신 러닝 모델을 탐색하면서 데이터를 다르게 조작하는 방법과 다양한 애플리케이션에 대해 서로 다른 출력을 제시하는 방법을 살펴보겠다.

▌머신 러닝의 유형

머신 러닝을 분류하고 더 깊이 살펴보는 많은 방법이 있다. 1장에서 통계와 확률 모델을 언급했다. 이 모델은 이전 장들에서 살펴봤던 통계와 확률을 사용해 데이터 간의 관계를 찾아 예측한다. 10장에서는 두 가지 유형의 모델을 모두 구현한다. 11장에서는 통계/확률과 같이 엄격한 수학적 세상 밖에서 머신 러닝을 살펴본다. 다음과 같은 다양한 특성으로 머신 러닝 모델을 분류할 수 있다.

- 이용하는 데이터의 유형/유기적인 구조(트리/그래프/신경망)
- 가장 관련이 있는 수학 분야(통계/확률)

- 훈련(딥러닝)에 필요한 계산 수준

머신 러닝 모델에 대해 내가 알고 있는 분류 방식을 교육 목적으로 소개한다. 최상위 레벨에서 머신 러닝을 분류하면 다음과 같은 세 가지 하위 세트가 있다.

- 지도 학습supervised learning
- 자율 학습unsupervised learning
- 강화 학습reinforcement learning

지도 학습

간단히 말해 지도 학습은 데이터셋의 특징과 목표 변수 간의 연관성을 발견한다. 예를 들어 지도 학습 모델은 사람의 건강 특징(심박 수, 비만 수준 등)과 그 사람의 심장 마비 위험(목표 변수) 사이의 연관성을 찾을 수 있다.

이러한 연관성을 통해 지도 학습 모델은 과거 사례를 기반으로 예측을 할 수 있다. 이것은 종종 머신 러닝이라는 단어를 듣는 사람들의 머리에 가장 먼저 떠오르지만, 머신 러닝의 영역을 포함하지는 않는다. 지도 머신 러닝 모델은 **예측 분석 모델**predictive analytics models이라고도 하며, 과거를 기반으로 미래를 예측할 수 있는 능력으로 명명된다.

지도 머신 러닝에는 **라벨이 있는 데이터**labeled data라는 특정 유형의 데이터가 필요하다. 이것은 정답으로 라벨이 있는 과거 사례를 주어서 모델을 가르쳐야 한다는 의미다. 안면 인식 예제를 상기해보자. 그것은 지도 학습 모델이다. 얼굴이 있거나 없는 것으로 라벨이 있는 그림으로 모델을 학습시킨 다음, 새로운 그림에 얼굴이 있는지 여부를 예측하게 요청하기 때문이다.

특히 지도 학습은 다른 부분을 예측하기 위해 데이터의 일부를 사용해 작동한다. 먼저 다음과 같이 데이터를 두 부분으로 분리해야 한다.

- 예측 변수^{predictors}는 예측을 수행하기 위해 사용하는 열이다.

  예측 변수는 종종 특징, 입력, 변수, 독립 변수라고도 한다.
- 응답^{response}은 예측하고자 하는 열이다.

  응답을 결과, 라벨, 대상, 종속 변수라고도 한다.

지도 학습은 예측을 하기 위해 예측 변수와 응답 간의 관계를 찾으려고 시도한다. 아이디어는 앞으로 데이터 관측은 그 자체만을 보여주고, 우리는 단지 예측 변수만 알게 된다는 것이다. 모델은 응답 값을 정확하게 예측하기 위해 예측 변수를 사용해야 한다.

예제: 심장 마비 예측

1년 이내에 심장 마비에 걸릴지 예측한다고 가정하자. 이를 예측하기 위해 그 사람의 콜레스테롤, 혈압, 신장, 흡연 습관, 그리고 더 많은 데이터를 제공받았을 것이다. 이 데이터에서 심장 마비의 가능성을 확인해야 한다. 이 예측을 위해 이전 환자의 병력을 살펴본다. 이 데이터는 이전 환자이기 때문에 예측 변수(콜레스테롤, 혈압 등) 뿐만 아니라 실제로 심장 마비가 있었는지도 알고 있다(이미 발생했기 때문에!).

다음과 같은 이유로 이것은 지도 머신 러닝 문제다.

- 누군가에 대한 예측을 한다.
- 과거의 훈련 데이터를 사용해 의료 변수와 심장 마비의 관계를 찾는다.

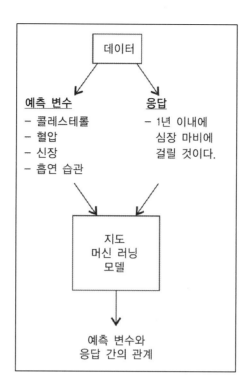

희망 사항은 내일 환자가 바로 방문하면 모델은 환자의 상태에 따라 심장 마비의 위험이 있는지 여부를 확인할 수 있는 것이다(마치 의사처럼!).

모델이 점점 더 많은 라벨이 있는 데이터를 보게 되면 모델은 주어진 올바른 라벨과 일치시키기 위해 모델 자체를 조정한다. 다양한 측정 지표(10장의 뒷부분에서 설명)를 사용해 지도 머신 러닝 모델이 얼마나 잘 작동하고 있는지, 그리고 어떻게 잘 조정될 수 있는지 정확히 파악할 수 있다.

지도 머신 러닝의 가장 큰 단점 중 하나는 이렇게 라벨이 있는 데이터가 필요하다는 것이다. 이 데이터는 확보하기가 매우 어려울 수 있다. 심장 마비를 예측하기 위해 수천 명 환자의 의료 정보 및 수년간의 후속 기록이 필요하다면 악몽일 수 있다.

즉, 지도 모델은 미래를 예측하기 위해 과거의 데이터를 사용한다. 지도 학습을 위한 몇 가지 가능한 애플리케이션은 다음과 같다.

- 주가 예측
- 날씨 예보
- 범죄 예측

앞의 각 예제에서 예측이라는 단어를 사용한 것에 유의하자. 이것은 지도 학습의 미래에 대한 예측 능력을 강조하는 데 의미가 있다. 그러나 예측이 이야기의 끝은 아니다.

다음은 지도 모델이 라벨이 있는 데이터를 사용해 스스로 적응하고 예측을 준비하는 방법을 시각화한 것이다.

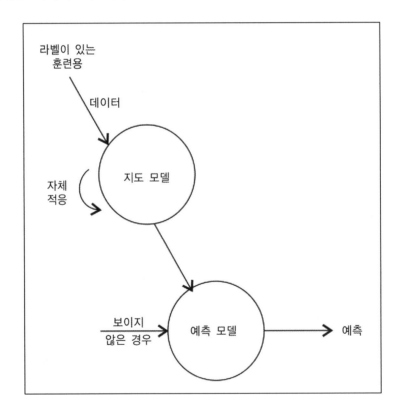

지도 모델은 일련의 훈련 데이터로부터 학습하고, 준비가 되면 보이지 않는 경우를 보고, 예측을 출력한다.

예측만 하는 것이 아니다

지도 학습은 예측을 위해 예측 변수와 응답 사이의 관계를 이용하지만, 때로는 관계가 있다는 것을 아는 것만으로도 충분하다. 고객이 주어진 상품을 구매할지 여부를 예측하기 위해 지도 머신 러닝 모델을 사용한다고 가정하자. 가능한 데이터셋은 다음과 같다.

Person ID	나이	성별	취업 상태	구매 여부
1	63	F	N	Y
2	24	M	Y	N

이 경우 예측 변수는 나이, 성별, 취업 상태며, 응답은 구매 여부다. 이것은 누군가의 나이, 성별, 취업 상태를 고려할 때 그들이 제품을 살 것인지를 알고 싶어 하기 때문이다.

모델이 이 데이터에 대해 훈련되고 누가 구매할 것인지에 대한 정확한 예측을 할 수 있다고 가정하자. 이것은 그 자체로 흥미진진하지만, 틀림없이 더 흥미진진한 뭔가가 있다. 정확한 예측을 할 수 있다는 사실은 이러한 변수들 사이에 관계가 있다는 것을 의미한다. 즉, 누가 제품을 구입할 것인지 알기 위해서는 연령, 성별, 취업 상태만 알면 된다! 이것은 그러한 예측을 할 때 잠재 고객에 대해 훨씬 더 많은 정보가 필요하다는 이전의 시장 조사와 모순될 수 있다.

이것은 어떤 예측 변수가 응답과 방법에 영향을 미치는지 알 수 있는 지도 머신 러닝의 능력을 말한다. 예를 들어 여성이 제품을 더 잘 구매하는가, 어떤 연령대가 제품을 덜 구매하는가, 어느 것보다 나이와 성별 조합이 더 나은 예측 변수가 되는가? 나이가 많을수록 구매할 가능성이 올라가는가? 내려가는가? 똑같이 유지되는가?

모든 열이 필요하지 않을 수도 있다. 머신 러닝의 출력은 예측을 수행하는 데 특정 열만 필요하고, 다른 열은 노이즈(응답과 상관되지 않으므로 모델을 혼동시킴)로 여길 수도 있다.

지도 학습의 유형

일반적으로 **회귀**regression와 **분류**classification 두 가지 유형의 지도 학습 모델이 있다. 이 둘의 차이점은 매우 간단하며, 응답 변수에 있다.

회귀

회귀 모델은 연속적인 응답을 예측한다. 이것은 응답이 무한 값의 범위를 취할 수 있음을 의미한다. 다음 예제를 생각해보자.

- 달러 금액
  - 봉급
  - 예산
- 온도
- 시간
  - 일반적으로 초 또는 분 단위로 기록

분류

분류는 범주형 응답을 예측한다. 범주형 응답에는 한정된 양의 선택만 있다. 예를 들면 다음과 같다.

- 암 등급(1, 2, 3, 4, 5)
- 다음의 예와 같은 참/거짓 질문

- ○ "이 환자는 1년 이내에 심장 마비를 일으킬 것인가?"

- ○ "이 일을 할 수 있을까?"

- 얼굴 사진이 주어지면 이것은 누구의 얼굴인가?(안면 인식)

- 누군가의 출생 연도를 예측하라.

- ○ 100개가 넘는 가능한 답이 있지만, 여전히 한정돼 있음을 유의하자.

예제: 회귀

다음 그래프는 세 가지 범주형 변수(나이, 출생 연도, 교육 수준)와 사람들의 임금 사이 관계를 보여준다.

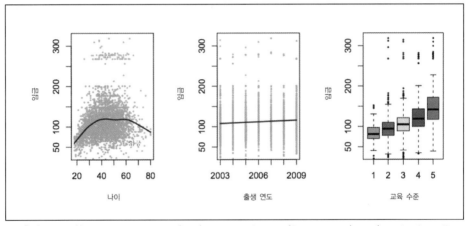

출처: https://lagunita.stanford.edu/c4x/HumanitiesScience/StatLearning/asset/introduction.pdf

각 예측 변수는 범주형이지만, Y축은 종속 변수이고 응답이 연속적이기 때문에 이 예제는 회귀적이다.

이전의 심장 마비 예는 분류가 가능하다. 그 이유는 "이 사람이 1년 이내에 심장 마비를 일으킬 것인가?"에 대한 응답이 '예' 혹은 '아니오'처럼 두 가지 가능한 답변만 있기 때문이다.

데이터는 제 눈에 안경이다

분류 또는 회귀를 사용해야 하는지 여부를 결정하는 것이 때로는 까다로울 수 있다. 바깥 날씨에 관심이 있다고 생각해보자. "밖이 얼마나 덥나요?"라고 질문할 수 있다. 이 경우 대답은 연속적인 척도이고, 가능한 대답은 60.7도 또는 98도다. 그러나 연습으로 10명에게 바깥 온도를 물어보자. 누군가는 (대부분의 사람들이 그렇지 않지만) 정확한 온도를 대답하지 않고 범주로 60도 정도라고 할 것이다.

여기서 응답 변수가 더 이상 정확한 온도가 아니지만 범주에 있어서 이 문제를 분류 문제로 생각할 수도 있다. 이론적으로 범주의 수가 제한적이므로, 모델이 60과 70 사이에서 차이점을 더 잘 학습하게 만들 수 있다.

자율 학습

두 번째 유형의 머신 러닝은 예측을 다루지 않지만 훨씬 더 개방된 목표를 갖고 있다. 자율 학습(비지도 학습)은 다음과 같은 작업을 수행하기 위해 예측 변수 세트를 취하고 예측 변수 간의 관계를 활용한다.

- 변수들을 함께 압축해 데이터의 차원을 줄인다.
  예를 들면 파일 압축이다. 압축은 데이터의 패턴을 활용하고 더 작은 형식으로 데이터를 표현함으로써 작동한다.
- 유사하게 행동하고 함께 그룹화되는 관측 그룹을 찾는다.

이 목록의 첫 번째 요소를 **차원 축소**dimension reduction라고 하고, 두 번째 요소를 **클러스터링**clustering이라고 한다. 이 두 가지 방법 모두 예측 변수와 특정 응답 사이의 관계를 찾지 않기 때문에 자율 학습의 예이며, 어떤 종류의 예측에서도 사용되지 않는다. 대신 자율 모델은 이전에는 알려지지 않았던 데이터의 조직 및 표현을 찾는 데 사용된다.

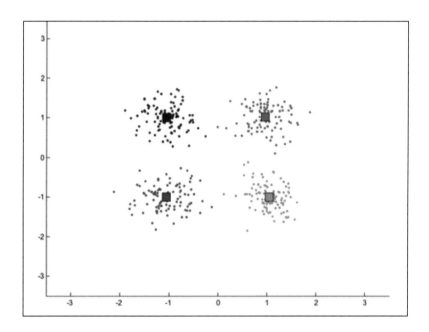

위의 그림은 클러스터 분석을 나타낸다. 모델은 관측치 각각의 독특한 컬러 클러스터가 다른 클러스터와 유사하지만, 어떤 클러스터와는 다르다는 것을 인식한다.

자율 학습에 대한 큰 이점은 라벨이 있는 데이터를 요구하지 않는다는 것이다. 이것은 자율 학습 모델을 따르는 데이터를 얻는 것이 훨씬 쉽다는 것을 의미한다. 물론 이것에 대한 단점은 모든 예측력을 잃어버린다는 것이다. 응답 변수가 예측을 위한 정보를 갖고 있는데, 그것이 없으면 모델은 어느 종류의 예측도 하지 못하기 때문이다.

큰 결점은 얼마나 잘하고 있는지 보기 어렵다는 것이다. 회귀 또는 분류 문제에서 모델의 응답을 실제 응답과 비교해 모델이 얼마나 잘 예측하는지 쉽게 알 수 있다. 예를 들어 지도 모델이 비를 예보하고 날씨가 맑으면 모델은 올바르지 않다. 지도 모델에서 가격이 1달러 오를 것이라고 예측하고 99센트 상승하면 모델은 거의 올바르다! 지도 모델링에서 모델을 비교할 답변이 없으므로 이 개념은 이질적이다. 자율 모델은 단순히 차이점과 유사점을 제안하는 것이며, 인간의 해석이 필요하다.

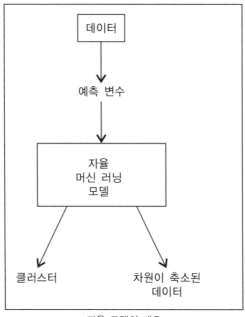

자율 모델의 개요

요컨대 자율 모델의 주요 목표는 데이터 관측치 사이에서 유사점과 차이점을 찾는 것이다. 자율 모델에 대해서는 이후 장들에서 자세히 다룬다.

강화 학습

강화 학습에서는 알고리즘이 어떤 환경에서 동작을 선택하고, 이 동작을 선택한 것에 대한 보상(양수 또는 음수)을 받는다. 그런 다음 알고리즘은 자신을 조정하고 일반적으로 더 많은 보상을 얻기 위해 목표를 달성하는 전략을 수정한다.

이 유형의 머신 러닝은 AI 지원 게임 플레이에서 인기가 아주 많다. 에이전트(AI)가 가상 세계를 탐색하고 보상을 수집하고 최상의 탐색 기술을 습득할 수 있기 때문이다. 이 모델은 또한 로봇을 비롯해 자동차를 포함한 자율 자동 ㄴ기계 분야에서 널리 사용된다.

자율 주행 차량은 센서 입력을 읽고, 그에 따라 행동하고 특정 행동을 취함으로써 보상을 받는다.
그런 다음 이 차량은 더 많은 보상을 받기 위해 행동을 조정한다.

이미지 출처: https://www.quora.com/How-do-Googles-self-driving-cars-work

강화 학습은 에이전트가 미래에 더 나은 행동을 하기 위해 과거 행동에서 배운다는 점에서 지도 학습과 유사하다고 생각할 수 있다. 그러나 주요 차이점은 보상에 있다. 보상을 '올바른' 또는 '잘못된' 결정과 같은 방식으로든 묶을 필요는 없다. 보상은 단순히 다른 행동을 조장한다(또는 단념시킨다).

세 가지 유형의 머신 러닝 중에서 강화 학습의 연구가 가장 적으므로 이 책의 본문에서 많은 부분을 다루지 않았다. 10장의 나머지 부분에서는 지도 및 자율 학습에 초점을 맞출 것이다.

머신 러닝 유형의 개요

머신 러닝의 지도, 자율, 강화 학습 이 세 가지 유형을 다음과 같이 생각해 볼 수 있다.

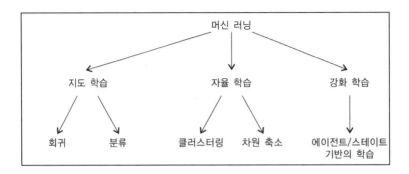

세 가지 유형의 머신 러닝은 각각 다음과 같은 장점과 단점이 있다.

- **지도 머신 러닝**Supervised machine learning: 미래의 데이터 관측치를 예측하기 위해 예측 변수와 응답 변수 간의 관계를 이용한다.

  장점:

  - 미래의 예측을 할 수 있다.
  - 예측 변수와 응답 변수 간의 관계를 정량화할 수 있다.
  - 변수가 어떻게 서로에게 영향을 미치는지, 얼마나 많은 영향을 미치는지 보여줄 수 있다.

  단점:

  - 라벨이 있는 데이터가 필요하다(얻기가 어려울 수 있음).

- **자율 머신 러닝**Unsupervised machine learning: 이것은 데이터 포인트 간에 유사점과 차이점을 찾는다.

  장점:

  - 인간이 찾기 어려운 비슷하게 행동하는 데이터 포인트의 그룹을 찾을 수 있다
  - 지도 학습을 위한 전처리 단계일 수 있다.
    한 무리의 데이터 포인트를 클러스터링한 다음, 이 클러스터를 응답으로 생각하자!

- 라벨이 없는 데이터를 사용할 수 있다. 이런 데이터는 찾기도 훨씬 쉽다.

단점:

- 예측력이 없다.
- 올바른 방향으로 가고 있는지 판단하는 것은 어려울 수 있다.
- 인간의 해석에 훨씬 더 의존한다.
- **강화 학습**^{Reinforcement learning}: 에이전트가 환경에서 특별한 행동을 취하게 권장하는 보상 기반 학습이다.

장점:

- 매우 복잡한 보상 시스템은 매우 복잡한 AI 시스템을 만든다.
- 지구상의 거의 모든 환경에서 배울 수 있다.

단점:

- 에이전트는 먼저 엉뚱한 선택을 하고, 이러한 선택에 대해 부정적인 보상이 있다는 것을 깨닫기 전에 많은 끔찍한 선택을 한다.

  예를 들어 자동차가 벽에 부딪쳐서 부정적 환경의 보상을 받기 전에는 괜찮은지 알 수 없다.
- 에이전트가 결정을 완전히 피할 때까지 시간이 걸릴 수 있다.
- 에이전트는 안전하게 단지 하나의 행동을 선택하고, 처벌이 무서워서 다른 시도를 '너무 두려워' 할 수 있다.

▌ 통계적 모델링은 이 모든 것을 어떻게 맞출까?

지금까지 머신 러닝이라는 용어를 사용했지만, 통계적 모델링은 이 모든 측면에서 어떤 역할을 하는지 묻게 된다.

이것은 여전히 데이터 과학 분야에서 논쟁이 있는 주제다. 통계적 모델링은 확률 및 통계에서 차용한 수학적 법칙을 사용해 데이터 변수 간의 관계를 생성하는 머신 러닝 모델의 또 다른 용어라고 생각한다(종종 예측적 의미로).

10장의 나머지 부분은 주로 통계적/확률적 모델인 선형 회귀에 초점을 맞출 것이다.

▌ 선형 회귀

마침내! 처음으로 진짜 머신 러닝 모델을 탐구할 것이다. 선형 회귀는 회귀의 한 형태로, 예측 변수와 응답 변수 간의 관계를 찾는 머신 러닝 모델이며, 응답 변수는 연속적이다. 이 개념은 가장 잘 맞는 선을 만드는 것과 동의어다.

선형 회귀의 경우 예측 변수와 응답 변수 사이에 선형 관계를 찾는 것이다. 다음 형식의 수식을 풀어보자.

$$y = \beta_0 + \beta_1 x_1 + \beta_2 x_2 + \cdots + \beta_n x_n$$

- y는 응답 변수다.
- x_i는 i번째 변수다(i번째 열 또는 i번째 예측 변수).
- β_0는 절편이다.
- β_i는 x_i 항의 계수다.

깊이 들어가기 전에 몇 가지 데이터를 살펴보자. 이 데이터셋은 자전거 공유 프로그램에서 특정 날짜에 필요한 자전거 수를 예측하게 공개돼 있다.

```
# 데이터를 읽고 datetime을 인덱스로 설정한다.
# Kaggle에서 가져온다: https://www.kaggle.com/c/bike-sharing-demand/data
import pandas as pd
import matplotlib.pyplot as plt
%matplotlib inline
url = 'https://raw.githubusercontent.com/justmarkham/DAT8/master/data/
bikeshare.csv'
```

```
bikes = pd.read_csv(url)

bikes.head()
```

	datetime	season	holiday	workingday	weather	temp	atemp	humidity	windspeed	casual	registered	count
0	2011-01-01 00:00:00	1	0	0	1	9.84	14.395	81	0	3	13	16
1	2011-01-01 01:00:00	1	0	0	1	9.02	13.635	80	0	8	32	40
2	2011-01-01 02:00:00	1	0	0	1	9.02	13.635	80	0	5	27	32
3	2011-01-01 03:00:00	1	0	0	1	9.84	14.395	75	0	3	10	13
4	2011-01-01 04:00:00	1	0	0	1	9.84	14.395	75	0	0	1	1

모든 행은 자전거를 사용한 하나의 시간을 나타낸다. 이 경우 그 시간의 해당 기간 동안 대여된 총 자전거 수를 나타내는 count 예측에 관심이 있다.

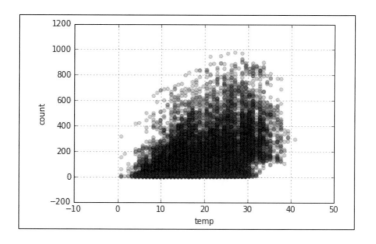

예를 들어 그림과 같이 온도(temp 열)와 대여된 자전거 수 사이의 산포도를 보자.

```
bikes.plot(kind='scatter', x='temp', y='count', alpha=0.2)
```

그리고 이제 seaborn이라는 모듈을 사용해 다음과 같이 가장 잘 맞는 선을 만들어 보자.

```
import seaborn as sns        # seaborn을 사용하면 가장 잘 맞는 선을 얻을 수 있다.
sns.lmplot(x='temp', y='count', data=bikes, aspect=1.5, scatter_
kws={'alpha':0.2})
```

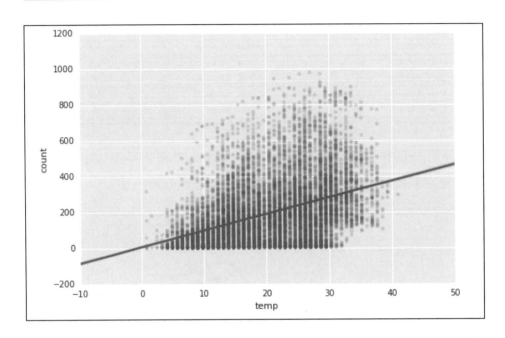

그래프의 선은 temp와 count 사이의 관계를 시각화하고 계량하려고 시도한다. 예측하기 위해 주어진 온도를 알아낸 다음 선이 예측하는 수가 어디인지 확인하면 된다. 예를 들어 기온이 20도(섭씨)라면 선은 약 200대의 자전거가 대여될 것으로 예측한다. 온도가 40도 이상이면 400대가 넘는 자전거가 필요할 것이다!

temp가 올라감에 따라 count도 계속 올라간다. 변수 사이의 선형 관계를 수량화하는 상관관계 값이 이 개념과도 일치하는지 살펴보자.

```
bikes[['count', 'temp']].corr()
# 0.3944
```

두 변수 사이에는 (약한) 양의 상관관계가 있다! 이제 선형 회귀의 형태로 돌아가
보자.

$$y = \beta_0 + \beta_1 x_1 + \beta_2 x_2 + \cdots + \beta_n x_n$$

모델은 앞의 그래프에서 모든 점 사이에 완벽한 선을 그리려고 시도할 것이다. 그러
나 물론 이 점들 사이에 완벽한 선이 없음을 분명히 볼 수 있다! 그러면 모델은
가능한 가장 잘 맞는 선을 찾는다. 방법은? 데이터 포인트 간에 무한한 선을 그릴
수는 있지만 선을 가장 잘 만드는 것은 무엇일까?

다음 다이어그램을 생각해보자.

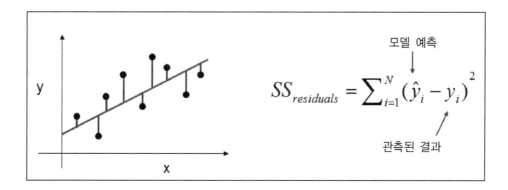

모델은 x와 y가 주어지면 모델 계수$^{model\ coefficients}$라고도 하는 베타 계수를 학습한다.

- 검정 점은 x와 y의 관측 값이다.
- 파란색 선은 가장 잘 맞는 선이다.
- 점과 선 사이의 빨간색 선을 잔차^{residuals}라고 한다. 이것은 관측 값과 선 사
  이의 거리다. 선이 얼마나 잘 맞지 않은지 알 수 있다.

각 데이터 포인트에는 잔차가 있거나 가장 잘 맞는 선과의 거리가 있다. 제곱된
잔차의 합은 제곱한 각 잔차의 합계다. 가장 잘 맞는 선은 제곱된 잔차 값의 최소

합계를 가진다. 파이썬으로 이 선을 만들어보자.

```
# X와 y를 만든다.
feature_cols = ['temp']      # 예측 변수의 목록
X = bikes[feature_cols]      # 예측 변수로 하위 집합을 지정
y = bikes['count']           # 응답 변수
```

어떻게 x와 y 변수를 만드는지 주목하자. 이것은 예측 변수와 응답 변수를 나타낸다.

그다음 머신 러닝 모듈인 scikit-learn을 다음과 같이 가져온다.

```
# 머신 러닝 모듈인 scikit-learn을 불러온다.
from sklearn.linear_model import LinearRegression
```

마지막으로 모델을 다음과 같이 예측 변수와 응답 변수에 적용한다.

```
linreg = LinearRegression()   # 새로운 모델을 인스턴스화한다.
linreg.fit(X, y)              # 모델을 데이터에 맞춘다.

# 계수를 출력한다.
print linreg.intercept_
print linreg.coef_
6.04621295962        # 베타 0
[ 9.17054048]        # 베타 매개변수
```

해석하면 다음과 같다.

- $\beta_0(6.04)$는 x = 0인 경우 y 값이다.

  기온이 0℃일 때 대여될 자전거의 추정치다.

  따라서 0도에는 6대의 자전거가 사용 중일 것으로 예측된다(춥다!).

어떤 경우에는 0의 개념이 없기 때문에 절편을 해석하는 것이 의미가 없을 수도 있다. 데이터의 수준을 상기하자. 모든 수준에 이 개념이 있는 것은 아니다. 온도는 자전거가 없다는 본질적 개념을 가진 수준에서 존재하기 때문에 안전하다. 앞으로 주의하면서 이것이 없어도 되는지 항상 스스로에게 물어보자.

- β_1(9.17)은 온도 계수다.
  - y의 변화를 x_1의 변화로 나눈 값이다.
  - x와 y가 함께 움직이는 정도를 나타낸다.
  - 섭씨 1도의 변화는 약 9대의 자전거 대여가 증가하는 것과 관련이 있다.
  - 이 계수의 부호는 중요하다. 부호가 음수이면 온도의 상승이 자전거 대여의 하락과 관련 있음을 의미한다.

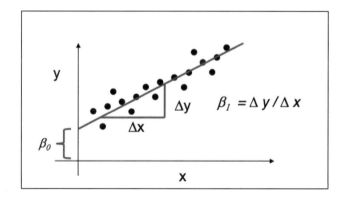

선형 회귀에서 베타 계수의 이전 표현을 고려하자.

이것은 모두 상관관계의 표현법이며, 인과관계의 표현법이 아니라는 점을 꼭 기억하자. 자전거 대여 횟수 증가가 기온 변화로 인해 발생했는지 여부를 알 수 있는 방법은 없다. 단지 함께 움직이는 것처럼 보일 뿐이다.

scikit-learn을 사용하면 쉽게 예측할 수 있다!

```
linreg.predict(20)
# 189.4570
```

즉, 기온이 20도인 경우 190대의 자전거가 대여될 것이다.

더 많은 예측 변수 추가

모델에 더 많은 예측 변수를 추가하는 것은 scikit-learn으로 선형 회귀 모델을 하는 것만큼 간단하다.

시작하기 전에 이러한 예측 변수를 좀 더 잘 이해하기 위해서 제공된 데이터 사전을 살펴봐야 한다.

- season: 1 = 봄, 2 = 여름, 3 = 가을, 4 = 겨울
- holiday: 그 날이 휴일로 간주되는지 여부
- workingday: 그 날이 주말 또는 휴일인지 여부
- weather:
  - 맑음, 적은 구름, 부분적으로 흐림
  - 안개 + 흐림, 안개 + 깨진 구름, 안개 + 약간 구름, 안개
  - 가벼운 눈, 가벼운 비 + 뇌우 + 흩어져있는 구름, 가벼운 비 + 흩어져 있는 구름
  - 폭우 + 얼음 팔레트 + 뇌우 + 안개, 눈 + 안개
- temp: 섭씨온도
- atemp: 체감 섭씨온도
- humidity: 상대 습도
- windspeed: 풍속
- casual: 등록되지 않은 사용자의 대여 건수

- registered: 등록된 사용자의 대여 건수
- count: 총 대여 횟수

이제 선형 회귀 모델을 실제로 만들어보자. 이전과 같이 먼저 보고자 하는 특징을 포함하는 목록을 작성하고, 특징과 응답 데이터셋(X와 Y)을 작성한 다음 선형 회귀를 적용한다. 일단 회귀 모델을 적용하고 나서 특징이 응답과 어떻게 상호작용하는지 보기 위해 모델의 계수를 살펴볼 것이다.

```
# 특징 목록을 만든다.
feature_cols = ['temp', 'season', 'weather', 'humidity']
# x와 y를 만든다.
x = bikes[feature_cols]
y = bikes['count']

# 인스턴스화하고 맞춘다.
linreg = LinearRegression()
linreg.fit(X, y)

# 특징 이름과 계수를 쌍으로 만든다.
zip(feature_cols, linreg.coef_)
```

이것은 다음과 같이 주어진다.

```
[('temp', 7.8648249924774403),
 ('season', 22.538757532466754),
 ('weather', 6.6703020359238048),
 ('humidity', -3.1188733823964974)]
```

의미는 다음과 같다.

- 모든 예측 변수를 일정하게 유지하고, 온도의 1단위 증가는 자전거 대여 7.86대 증가와 관련이 있다.

- 다른 모든 예측 변수를 일정하게 유지하고, 계절의 1단위 증가는 자전거 대여 22.5대 증가와 관련이 있다.
- 다른 모든 예측 변수를 일정하게 유지하고, 날씨의 1단위 증가는 자전거 대여 6.67대 증가와 관련이 있다.
- 다른 모든 예측 변수를 일정하게 유지하고, 습도의 1단위 증가는 자전거 대여 3.12대 감소와 관련이 있다.

이것은 흥미롭다. season 변수가 증가하는 경우(겨울이 다가오는 것을 의미)와 같이 weather가 올라감에 따라(흐린 날씨에 가까워짐을 의미) 자전거 수요가 증가한다. 이것은 전혀 기대하지 않았던 결과다!

그림과 같이 각 예측 변수와 응답 사이의 개별 산포도를 살펴보자.

```
feature_cols = ['temp', 'season', 'weather', 'humidity']
# 다중 산포도
sns.pairplot(bikes, x_vars=feature_cols, y_vars='count', kind='reg')
```

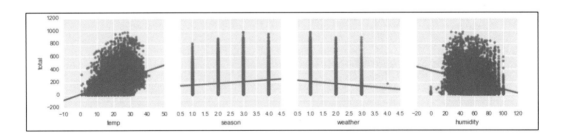

날씨 선이 아래로 기울어지는 모습에 주목하자. 이것은 지난 선형 모델에서 소개한 것과 반대다. 이제 이러한 예측 변수 중 어떤 것이 실제로 예측을 하는 데 도움이 되는지, 어떤 예측 변수들이 잡음인지를 걱정해야 한다. 그렇게 하기 위해 좀 더 발전된 측정 지표가 필요하다.

회귀 측정 지표

회귀 머신 러닝 모델을 사용할 때 세 가지 주요 측정 지표가 있다.

그것은 다음과 같다.

- 평균 절대 오차MAE, Mean Absolute Error
- 평균 제곱 오차MSE, Mean Squared Error
- 평균 제곱근 오차RMSE, Root Mean Squared Error

각 측정 지표는 예측 목록을 정답 목록과 비교해 회귀 모델의 효과를 설명하고 정량화하려고 시도한다. 언급된 각 측정 지표는 서로 약간 다르며, 다른 의미를 전달한다.

평균 절대 오차(MAE, Mean Absolute Error)는 오차 절댓값의 평균이다.

$$\frac{1}{n} \sum_{i=1}^{n} |y_i - \hat{y}_i|$$

평균 제곱 오차(MSE, Mean Squared Error)는 오차 제곱 값의 평균이다.

$$\frac{1}{n} \sum_{i=1}^{n} (y_i - \hat{y}_i)^2$$

평균 제곱근 오차(RMSE, Root Mean Squared Error)는 오차 제곱 값 평균의 제곱근이다.

$$\sqrt{\frac{1}{n} \sum_{i=1}^{n} (y_i - \hat{y}_i)^2}$$

여기에서 각 항목은 다음과 같다.

- n은 관측치 수다.
- y_i는 실제 값이다.
- $\hat{y}_i$는 예측된 값이다.

파이썬에서 살펴보자.

```
# 참과 예측된 응답 값의 예
true = [9, 6, 7, 6]
pred = [8, 7, 7, 12]
# 지난 표현의 각 값은 모델에 대한 단일 예측을 나타내는 점에 유의하자.
# 따라서 네 가지 예측을 네 가지 실제 응답과 비교한다.

# 이러한 측정 지표를 손으로 계산하자!
from sklearn import metrics
import numpy as np
print 'MAE:', metrics.mean_absolute_error(true, pred)
print 'MSE:', metrics.mean_squared_error(true, pred)
print 'RMSE:', np.sqrt(metrics.mean_squared_error(true, pred))

MAE: 2.0
MSE: 9.5
RMSE: 3.08220700148
```

이 숫자의 상세 의미는 다음과 같다.

- MAE는 평균 오차이므로 가장 이해하기 쉬울 것이다. 이는 평균적으로 모델이 얼마나 잘못됐는지를 나타낸다.
- MSE는 MAE보다 더 효과적이다. MSE가 실제 오차보다 훨씬 큰 오차를 다루기 때문이다.
- RMSE는 훨씬 해석하기 쉽기 때문에 MSE보다 훨씬 인기가 있다.

RMSE는 대개 회귀에서 선호되는 척도지만 어느 것을 선택하든지 모두 손실 함수이므로 최소화해야 할 항목이다. RMSE를 사용해 어떤 열이 도움을 되고 어떤 열이 곤란해지는지 확인하자.

우선 온도만 사용해서 시작하자. 절차는 다음과 같다.

1. X와 y 변수를 만든다.

2. 선형 회귀 모델을 적용한다.

3. 모델을 사용해 X를 기반으로 예측 목록을 만든다.

4. 예측 값과 실제 값 사이의 RMSE를 계산한다.

코드를 살펴보자.

```
from sklearn import metrics
# scikit learn에서 측정 지표를 불러온다.

feature_cols = ['temp']
# X와 y를 만든다.
X = bikes[feature_cols]
linreg = LinearRegression()
linreg.fit(X, y)
y_pred = linreg.predict(X)
np.sqrt(metrics.mean_squared_error(y, y_pred))   # RMSE
# 평균 오차로 살짝 해석될 수 있다.
#166.45
```

이제 온도와 습도를 사용해보자.

```
feature_cols = ['temp', 'humidity']
# X와 y를 만든다.
X = bikes[feature_cols]
linreg = LinearRegression()
linreg.fit(X, y)
y_pred = linreg.predict(X)
np.sqrt(metrics.mean_squared_error(y, y_pred)) # RMSE
# 157.79
```

더 좋아졌다!! 다음과 같이 더 많은 예측 변수를 사용해보자.

```
feature_cols = ['temp', 'humidity', 'season', 'holiday', 'workingday',
'windspeed', 'atemp']
# X와 y를 만든다.
X = bikes[feature_cols]
linreg = LinearRegression()
linreg.fit(X, y)
y_pred = linreg.predict(X)
np.sqrt(metrics.mean_squared_error(y, y_pred))    # RMSE
# 155.75
```

더욱 좋다! 처음에는 이것이 대단한 것처럼 보이지만, 여기에는 실제 숨겨진 위험이 있다. X와 y에 맞추기 위해 라인을 훈련하고, 다시 X를 예측할 것을 요구한다! 이것은 실제로 머신 러닝에서 큰 실수다. 모델이 **오버피팅**^{overfitting}으로 이어질 수 있기 때문이다. 이것은 모델이 단순히 데이터를 기억하고 그것을 반복하는 것을 의미한다.

이렇게 가정해보자. 여러분이 학생이고, 수업 첫날 교사는 이 수업의 기말 시험이 매우 어렵다고 말한다. 시험 준비를 위해서 교사는 반복적으로 여러분에게 연습 시험을 여러 번 보고 또 보게 한다. 기말 시험의 날이 다가오고 시험의 모든 문제는 연습 시험과 정확히 일치한다는 것을 알면 놀랄 것이다! 다행히 여러 번 시험을 봐서 정답을 기억했고, 100% 정답을 맞췄다.

더 많이 또는 더 적게 똑같은 것이 여기에 적용된다. 동일한 데이터를 피팅하고 예측함으로써 모델은 데이터를 기억하고 더 잘 이해하고 있다. 이러한 오버피팅 문제를 해결하는 가장 좋은 방법은 그림과 같이 작동하는 머신 러닝 모델을 얻도록 훈련/검정하는 방법을 사용하는 것이다.

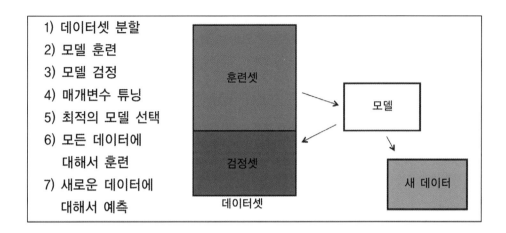

1) 데이터셋 분할
2) 모델 훈련
3) 모델 검정
4) 매개변수 튜닝
5) 최적의 모델 선택
6) 모든 데이터에
   대해서 훈련
7) 새로운 데이터에
   대해서 예측

훈련셋

모델

검정셋

새 데이터

데이터셋

기본적으로 다음 단계를 수행한다.

1. 데이터셋을 훈련셋training set과 검정셋test set, 두 부분으로 나눈다.
2. 모델을 훈련셋에 맞춘 다음 검정셋으로 검정한다. 학교에서와 마찬가지로 교사가 한 세트의 노트를 가르치고 다른 (그러나 유사한) 질문을 검정한다.
3. 모델이 (측정 지표에 기초해) 충분히 좋으면 모델의 관심을 전체 데이터셋으로 향하게 한다.
4. 모델은 이전에 누구도 볼 수 없었던 새로운 데이터를 기다리고 있다.

여기서 목표는 모델이 갖는 오차지만 이전에 본 적이 없는 오차인 모델의 표본 밖 오차를 최소화하는 것이다. 이것은 지도 모델의 주요(일반적인) 아이디어가 보이지 않는 검정 케이스를 예측하기 때문에 중요하다. 모델이 훈련 데이터로 일반화 되지 않고, 보이지 않는 케이스를 예측하기 위해서 모델을 사용할 수 없다면 그리 좋은 모델이 아니다.

앞의 다이어그램은 모델이 효과적으로 훈련 데이터를 받고, 모델 본 적 없는 데이터 요소를 예측하기 위해서 훈련 데이터를 사용하는 간단한 방법을 설명한다. 물론 데이터 과학자로서 검정셋에는 그에 대한 답이 있다는 것을 알지만, 모델은 이것을 알지 못한다.

이 모든 것이 복잡하게 들릴지도 모르지만, 운좋게도 scikit-learn에 다음과 같이 내장된 방법이 있다.

```python
from sklearn.cross_validation import train_test_split
# 데이터를 훈련 및 검정셋으로 분리하는 기능

feature_cols = ['temp']
X = bikes[feature_cols]
y = bikes['count']
# 전체 데이터에 X, y 설정
# 이 예에서는 그날의 온도와 자전거 대여 횟수 사이의 연관성을 찾으려고 한다.

X_train, X_test, y_train, y_test = train_test_split(X, y)
# 훈련 및 검정셋으로 데이터를 분할한다.
# X_train과 y_train이 모델을 훈련하는 데 사용된다.
# X_test와 y_test가 모델을 검정하는 데 사용된다.
# 위의 변수 네 개는 전체 X와 y의 부분집합이다.

linreg = LinearRegression()
# 모델을 인스턴스화한다.

linreg.fit(X_train, y_train)
# 훈련셋에 모델을 맞춘다.

y_pred = linreg.predict(X_test)
# 검정셋을 예측한다.

np.sqrt(metrics.mean_squared_error(y_test, y_pred)) # RMSE
# 측정 항목을 계산한다: 166.91
```

12장에서 이 훈련/검정셋 분할에 대한 추론에 더 많은 시간을 할애하고 더 유용한 방법을 살펴본다. 그런데 이러한 추가 작업을 하는 주된 이유는 모델이 데이터셋을 단순히 반복해서 보이지 않는 데이터 포인트를 처리할 수 없는 함정으로 빠지지 않게 하기 위해서다.

다시 말해 훈련 검정셋 분할은 우리가 살펴보는 통계가 표본 성능의 정직한 평가임을 보장한다.

이제 다음과 같이 더 많은 예측 변수를 사용해 다시 시도해보자.

```python
feature_cols = ['temp', 'workingday']
X = bikes[feature_cols]
y = bikes['count']

X_train, X_test, y_train, y_test = train_test_split(X, y)
# 새로운 무작위 훈련 및 검정셋 선택

linreg = LinearRegression()
linreg.fit(X_train, y_train)
y_pred = linreg.predict(X_test)
# 적용과 예측

np.sqrt(metrics.mean_squared_error(y_test, y_pred))
# 166.95
```

변수가 추가돼서 이제 모델이 실제로 더욱 악화됐다! workingday가 자전거 대여 횟수인 응답을 제대로 예측 못할 수 있음을 암시한다.

이 모든 것이 좋고 훌륭하지만, 모델이 실제로 얼마나 잘 예측하고 있는가? 평균 제곱근 오차가 약 167개의 자전거이면 이게 좋은 것인가? 이것을 발견하는 한 가지 방법은 null 모델을 평가하는 것이다.

지도 머신 러닝에서 null 모델은 예측된 결과를 반복적으로 추측해 실제로 어떻게 수행했는지 나타낸다. 예를 들어 회귀에서 시간당 자전거 대여 횟수의 평균을 추측할 수 있다면 그 모델이 얼마나 잘하고 있는 것인가?

먼저 다음과 같이 시간당 자전거 대여 횟수 평균을 계산해보자.

```
average_bike_rental = bikes['count'].mean()
average_bike_rental
# 191.57
```

이것은 전체적으로 이 데이터셋에서 날씨, 시간, 요일, 습도 및 그 밖의 모든 것에 관계없이 매 시간마다 대여되는 평균 자전거 수가 약 192대라는 것을 의미한다.

모든 각각의 추측이 191.57인 가짜 예측 리스트를 만들어보자. 다음과 같이 매 시간마다 이렇게 추측해보자.

```
num_rows = bikes.shape[0]
num_rows
# 10886 모두 10,886이다.
null_model_predictions = [average_bike_rental]*num_rows
null_model_predictions
[191.57413191254824,
 191.57413191254824,
 191.57413191254824,
 191.57413191254824,
 ...
 191.57413191254824,
 191.57413191254824,
 191.57413191254824,
 191.57413191254824]
```

따라서 현재 10,886개의 값이 있으며, 모두 평균 시간당 자전거 대여 횟수다. 이제 모델이 시간당 자전거 평균 대여 횟수를 예측한 경우 평균 제곱근 오차가 어떻게 되는지 살펴보자.

306

```
np.sqrt(metrics.mean_squared_error(y, null_model_predictions))
181.13613
```

간단히 추측해보면 평균 제곱근 오차는 181대의 자전거가 될 것이다. 따라서 하나 또는 두 개의 특징으로도 null 모델을 이길 수 있다! null 모델을 이기는 것은 머신 러닝에서 일종의 기준선이다. 생각해보면 추측하는 것보다 머신 러닝이 낫지 않다면 왜 이러한 노력을 기울이겠는가!

선형 회귀에 많은 시간을 보냈지만, 이제는 실제로 선형 회귀의 어느 정도 사촌격인 다음의 머신 러닝 모델을 보는 데 약간의 시간을 할애하고 싶다. 매우 유사한 아이디어를 기반으로 하지만, 한 가지 큰 차이점이 있다. 선형 회귀는 회귀 모델이며 연속 숫자를 예측하는 데만 사용할 수 있지만, 다음의 머신 러닝 모델은 특징과 범주형 응답 사이의 연관성을 확인하는 분류 모델이다.

▌ 로지스틱 회귀

첫 번째 분류 모델은 로지스틱 회귀logistic regression라고 한다. 무엇 때문에 로지스틱이라고 하는가, 이것은 분류 알고리즘인데 왜 회귀라고 부르는가, 이러한 질문을 머릿속에서 하고 있을 것이다.

로지스틱 회귀는 분류 문제에 적합한 선형 회귀 모델의 일반화이다. 선형 회귀에서는 일련의 정량적 특징 변수를 사용해 연속 응답 변수를 예측한다. 로지스틱 회귀에서는 일련의 정량적 특징 변수를 사용해 클래스 멤버십의 확률을 예측한다. 그런 다음 이러한 확률을 클래스 라벨에 매핑해 각 관측치에 대한 클래스를 예측할 수 있다.

선형 회귀를 수행 할 때 다음 함수를 사용해 가장 잘 맞는 선을 만든다.

$$y = \beta_0 + \beta_1 x$$

여기에서 y는 응답 변수(예측하려는 것)이고, 베타는 모델 매개변수를 나타내며, x는 입력 변수를 나타낸다(이 경우 하나의 변수지만, 앞에서 봤듯이 더 많이 사용할 수 있다).

간단히 말하면 분류 문제에서 응답 옵션 중 하나는 클래스 1이라고 생각하자. 로지스틱 회귀를 수행할 때 다음 형식을 사용한다.

$$\pi = \Pr(y = 1 \mid x) = \frac{e^{\beta_0 + \beta_1 x}}{1 + e^{\beta_0 + \beta_1 x}}$$

x가 주어질 때 y의 확률 = 1

여기에서 π는 응답 변수가 클래스 1, 주어진 데이터 x에 속하는 조건부 확률을 나타낸다. 그런데 도대체 오른편에 있는 함수는 무엇인지, e 변수는 어디에서 온 건지 궁금할 것이다. 이 함수를 로지스틱 기능이라고 하며, 실제로 훌륭하다. 그리고 변수 e는 전혀 변수가 아니다.

변수 e는 π처럼 특수한 숫자다. 이것은 약 2.718이며, 오일러 수^{Euler's number}라고 부른다. 자연적인 성장과 붕괴가 있는 모델링 환경에서 자주 사용된다. 예를 들어 과학자들은 박테리아와 버팔로의 객체 수 증가를 모두 모델링하기 위해 e를 사용한다. 오일러의 수는 화학 물질의 방사성 붕괴를 모델링하고 연속 복리 이자를 계산하는 데 사용된다! 여기서는 머신 러닝을 위해 아주 특별한 목적으로 e를 사용할 것이다.

왜 이와 같이 특정 클래스에 속하는 데이터 포인트의 확률에 직접 선형 회귀를 만들 수 없을까?

$$\Pr(y = 1 \mid x) = y = \beta_0 + \beta_1 x$$

몇 가지 이유로 인해 그럴 수는 없지만, 큰 이유가 있다. 선형 회귀는 연속 응답 변수와 관련되기 때문에 y가 연속적이라고 가정한다. 이 경우 y는 이벤트가 발생할 확률을 나타낸다. 확률은 연속적인 범위이지만, 사실은 단지 0과 1 사이의 범위다. 선은 0과 1을 초과해 추정하고 -4 또는 1,542의 확률을 예측할 수 있다! 하지만 그렇게 할 수 없다. 그래프는 실제 확률과 같이 y축에서 0과 1 사이에 깔끔하게 결합돼야 한다.

또 다른 이유는 다소 철학적이다. 선형 회귀를 사용해 진지한 가정을 하고 있다. 큰 가정은 확률과 특징 사이에 선형 관계가 있다는 것이다. 일반적으로 이벤트의 발생 가능성을 생각하면 단순히 재미없는 선이 아닌 부드러운 곡선을 생각하는 경향이 있다. 따라서 좀 더 적절한 것이 필요하다. 이를 위해 기초 확률을 다시 간단히 살펴보자.

▋ 확률, 공산, 로그 공산

이벤트가 발생할 수 있는 경우의 수를 모든 가능한 결과로 나누는 것처럼 이벤트가 발생할 확률을 단순하게 모델링하는 확률probability의 기본 개념을 잘 알고 있다. 예를 들어 매장에 들어간 3,000명의 사람들 중에서 1,000명이 실제로 물건을 구입한 경우 한 사람이 물건을 구입할 확률은 다음과 같다.

$$\Pr(buy) = \frac{1,000}{3,000} = \frac{1}{3} = 33.3\%$$

그런데 공산odds이라는 관련 개념이 있다. 결과가 발생할 공산은 결과가 발생하는 경우의 수를 모든 가능한 결과 대신에 모든 가능한 다른 결과로 나눈 비율이다. 같은 예에서 물건을 사는 사람의 공산은 다음과 같다.

$$Odds(buy) = \frac{1,000}{2,000} = \frac{1}{2} = .5$$

즉, 두 명의 고객 중 한 명이 구매 전환한다는 의미다. 이 개념들은 매우 관련이 깊기 때문에 하나에서 다른 것으로 갈 수 있는 수식은 다음과 같다.

$$Odds = \frac{P}{1-P}$$

다음과 같이 예제를 통해 확인해보자.

$$Odds = \frac{\dfrac{1}{3}}{1-\dfrac{1}{3}} = \frac{\dfrac{1}{3}}{\dfrac{2}{3}} = \frac{1}{2}$$

확인이 됐다!

파이썬을 사용해 다음과 같이 확률 및 관련된 공산 테이블을 만든다.

```
# 확률 대 공산 테이블을 만든다.
table = pd.DataFrame({'probability':[0.1, 0.2, 0.25, 0.5, 0.6, 0.8, 0.9]})
table['odds'] = table.probability/(1 - table.probability)
table
```

	probability	odds
0	0.10	0.111111
1	0.20	0.250000
2	0.25	0.333333
3	0.50	1.000000
4	0.60	1.500000
5	0.80	4.000000
6	0.90	9.000000

따라서 확률이 증가할수록 공산도 증가하지만, 훨씬 빠른 비율로 증가한다. 실제로 이벤트 발생 확률이 1에 가까워질수록 공산은 무한대로 올라간다. 이전에 부적절한 확률을 예측하면 선이 양성과 음성의 무한대로 뻗어 나갈 것이기 때문에 단순히 확률로 회귀할 수는 없다고 했지만, 공산으로 회귀한다면 어떨까? 공산은 양성의 무한대로 넘어가지만 바닥 0에 접근할 뿐이지 결코 0 아래로 가지 않을 것이다. 따라서 단순히 확률이나 공산으로 회귀할 수 없다.

이제 자연수와 로그로 가서 다음과 같이 로그를 생각해보자.

$$if \ 2^4 = 16 \ then \ \log_2 16 = 4$$

기본적으로 로그^{logarithms}와 지수^{exponents}는 하나이며, 동일하다. 첫 번째 방법으로 지수를 쓰는 데 너무 익숙해서 달리 쓰는 방법이 있다는 것을 잊었다. 다른 예를 들어보자. 숫자의 로그를 취하면 다음과 같은 질문을 한다. 이 숫자를 주어진 숫자로 만들려면 어떤 지수가 필요한가?

np.log는 밑이 e인 모든 로그를 자동으로 처리한다. 원하던 것이 바로 이것이다.

```
np.log(10) # == 2.3025
# e ^ 2.302 == 10을 의미한다.

# 제공하기 위해서
2.71828**2.3025850929940459 # == 9.9999
# e ^ log(10) == 10
```

다음과 같이 공산의 로그나 로그 공산$^{log \ odds}$을 테이블에 추가한다.

```
# 로그 공산(log-odds)을 테이블에 추가한다.
table['logodds'] = np.log(table.odds)
table
```

	probability	odds	logodds
0	0.10	0.111111	-2.197225
1	0.20	0.250000	-1.386294
2	0.25	0.333333	-1.098612
3	0.50	1.000000	0.000000
4	0.60	1.500000	0.405465
5	0.80	4.000000	1.386294
6	0.90	9.000000	2.197225

이제 모든 행에는 단일 이벤트가 발생할 확률, 해당 이벤트가 발생할 공산, 해당 이벤트가 발생할 로그 공산이 있다. 숫자가 잘 돼 있는지 확인하자. 다음과 같이 .25의 확률을 선택하자.

```
prob = .25

odds = prob / (1 - prob)
odds
# 0.33333333

logodds = np.log(odds)
logodds
# -1.09861228
```

확인이 됐다! 잠깐 살펴보자! logodds 변수는 0 아래로 내려가는 것처럼 보인다. 사실 logodds는 위아래로 한정돼 있지 않으므로 선형 회귀에 대한 응답 변수의 훌륭한 후보다. 실제로 이것이 로지스틱 회귀에 대한 이야기가 시작되는 곳이다.

로지스틱 회귀의 수학

요점은 로지스틱 회귀는 특징 X와 어떤 클래스에 속한 데이터의 로그 공산 사이의 선형 회귀며, 일반화를 위해 참^{true}이라고 부른다.

p가 특정 클래스에 속하는 데이터 포인트의 확률을 나타내면 로지스틱 회귀는 다음과 같이 작성될 수 있다.

$$\log_e\left(\frac{p}{1-p}\right) = \beta_0 + \beta_1 x$$

변수를 재정렬하고 이것을 p에 대해 풀면 로지스틱 함수를 얻을 수 있다. 이 함수는 S 모양을 취하는데, 여기서 y는 [0,1]로 제한된다.

$$p = \frac{e^{\beta_0 + \beta_1 x}}{1 + e^{\beta_0 + \beta_1 x}}$$

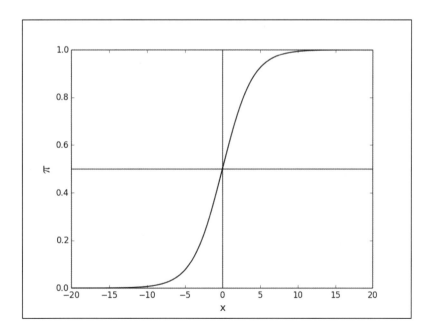

앞의 그래프는 연속 입력 x를 확률 0에 가까운 왼쪽에서 시작하는 부드러운 확률 곡선에 매핑하는 로지스틱 함수의 기능을 나타내며, x가 증가하면 특정 클래스에 속한 확률이 자연스럽고 부드럽게 확률 1로 상승한다. 다시 말하면 다음과 같다.

- 로지스틱 회귀는 특정 클래스의 확률을 참으로 출력한다.
- 그 확률은 클래스 예측으로 전환될 수 있다.

로지스틱 함수는 다음과 같이 멋진 속성을 갖고 있다.

- S 모양을 취한다.
- 확률처럼 출력은 0과 1로 제한된다.

로지스틱 기능의 출력을 해석하기 위해서는 확률과 공산의 차이를 이해해야 한다. 이벤트의 공산은 보수^{complement}에 의한 이벤트 확률의 비율로 다음과 같이 표시된다.

$$odds = \frac{p}{1-p}$$

선형 회귀에서 β_1 매개변수는 x의 단위 변경에 대한 응답 변수의 변화를 나타낸다. 로지스틱 회귀에서 β_1은 x의 단위 변화에 대한 로그 공산의 변화를 나타낸다. 이것은 e^{β_1}이 x의 단위 변화에 대한 공산의 변화를 가져온다는 것을 의미한다.

모바일 폰 구매 행동에 관심이 있다고 가정하자. y는 구매/비구매를 나타내는 클래스 라벨이고, x는 전화기가 아이폰인지 여부를 표시한다.

또한 로지스틱 회귀를 수행한다고 가정하면 β_1 = 0.693이 된다.

이 경우 공산 비율은 np.exp(0.693) = 2이며, 이것은 전화기가 아이폰인 경우 구매 확률이 두 배 높다는 것을 의미한다.

예제는 대부분 이진 분류이기 때문에 두 가지 결과 중 하나만 예측할 수 있지만, 로지스틱 회귀는 one-versus-all 접근법을 사용해 범주형 응답에서 여러 옵션을 예측할 수 있다. 이것은 각 범주형 응답에 확률 곡선을 맞추는 것을 의미한다!

scikit-learn으로 로지스틱 회귀가 동작하는 것을 보기 위해 잠시 자전거 예제로 돌아가자. 범주형으로 새로운 응답 변수를 만드는 것으로 시작한다. 간단하게 하려고 above_average라는 열을 만들었는데, 시간당 자전거 대여 횟수가 평균 이상이면 참이고 그렇지 않으면 거짓이다.

```
# 범주형 응답을 만든다.
bikes['above_average'] = bikes['count'] >= average_bike_rental
```

앞에서 언급했듯이 null 모델을 봐야 한다. 회귀에서 null 모델은 항상 평균 응답을 예측하지만, 분류에서 null 모델은 항상 가장 일반적인 결과를 예측한다. 이 경우 Pandas 값 계산을 사용해 확인할 수 있다. 약 60%의 시간에서 자전거 대여 횟수가 평균보다 높지 않다.

```
bikes['above_average'].value_counts(normalize=True)
```

이제 실제로 로지스틱 회귀를 사용해 시간별 자전거 대여 횟수가 평균보다 높은지 여부를 예측해보자.

```
from sklearn.linear_model import LogisticRegression

feature_cols = ['temp']
# 오직 온도만 사용한다.

X = bikes[feature_cols]
```

```
y = bikes['above_average']
# 전체적으로 X와 Y 변수를 만들고, 이번에는 y가
# 이진 응답 변수, above_average 이다.

X_train, X_test, y_train, y_test = train_test_split(X, y)
# 훈련 검정을 분할한다.

logreg = LogisticRegression()
# 모델을 인스턴스화한다.

logreg.fit(X_train, y_train)
# 모델을 훈련셋에 맞춘다.

logreg.score(X_test, y_test)
# 표본 성능을 더 잘 이해할 수 있게 검정셋에서 점수를 매긴다.

# 0.6565025
```

온도만을 사용했지만 항상 거짓을 추측하는 null 모델을 통제할 수 있게 보인다! 이것이 할 수 있는 최선의 모델을 만드는 첫걸음이다.

선형 회귀와 로지스틱 회귀 사이에는 이미 머신 러닝를 형성하기 위한 훌륭하고 다양한 도구가 있다고 말하고 싶지만 질문이 있다. 두 알고리즘 모두 정량적 특징의 열을 사용할 것 같지만, 응답과 연관성이 있는 범주형 특징이 있다면 어떻게 될까?

▌ 더미 변수

더미 변수^{Dummy variables}는 범주형 특징을 정량적 특징으로 변환하려고 할 때 사용된다. 명목과 서열의 두 가지 범주형 특징이 있음을 기억하자. 서열 데이터의 특징에는 자연 순서가 있지만, 명목 데이터에는 자연 순서가 없다.

별도의 열을 사용해 정성적(명목) 데이터를 인코딩하는 것을 '더미 변수 만들기'라고 부르며, 명목 열의 각 고유 범주를 참이나 거짓인 자체 열로 바꿈으로써 작동한다.

예를 들어 누군가의 대학 전공에 대한 열을 갖고 있고 그 정보를 선형 회귀나 로지스틱 회귀에 연결하려면 이것은 숫자만 취하기 때문에 할 수 없다. 따라서 각 행에서 단일 명목 열을 나타내는 새로운 열을 만든다. 이 경우에 컴퓨터 과학, 공학, 비즈니스, 문학이라는 네 가지 전공이 있지만, 세 개의 새로운 열로 끝낸다(컴퓨터 과학은 생략한다).

Major (k=4)		Engineering	Business	Literature
Computer Science		0	0	0
Engineering		1	0	0
Business		0	1	0
Literature		0	0	1
Business		0	1	0
Engineering		1	0	0

첫 번째 행은 모든 열에 0을 가진다. 즉, 이 사람은 엔지니어링을 전공하지 않았고 비즈니스를 전공하지 않았으며, 문학도 전공하지 않았다. 두 번째 사람은 엔지니어링 열에 한 개의 1을 갖고 있고, 엔지니어링을 전공했다.

자전거 예제에서 when_is_it이라는 새로운 열을 정의해보자. 이 열은 다음과 같은 네 가지 옵션 중 하나다.

- Morning
- Afternoon
- Rush_hour
- Off_hours

이러한 접근 방식은 하루 중 시간대를 나타내는 새로운 열을 만들고, 그 열을 사용해서 하루 중 언제인지를 결정하고, 그 열이 above_daily 열을 예측하는 데 도움이 될지 여부를 탐색하는 것이다.

```
bikes['hour'] = bikes['datetime'].apply(lambda x:int(x[11]+x[12]))
# 하루 중 시간대를 나타내는 열을 만든다.
bikes['hour'].head()
0
1
2
3
```

이제 이 시간을 문자열로 바꾸는 함수를 정의해보자. 이 예에서는 오전 5시부터
11시까지를 morning, 오전 11시부터 오후 4시까지를 afternoon, 오후 4시부터 6시
까지 rush_hour로 정의하고, 나머지는 off_hours로 정의한다.

```
# 이 함수는 정수 시간을 취한다.
# 그리고 네 가지 옵션 중 하나를 출력한다.
def when_is_it(hour):
    if hour >= 5 and hour < 11:
        return "morning"
    elif hour >= 11 and hour < 16:
        return "afternoon"
    elif hour >= 16 and hour < 18:
        return "rush_hour"
    else:
        return "off_hours"
```

이 특징을 새로운 hour 열에 적용하고 when_is_it이라는 새로운 열을 만들자.

```
bikes['when_is_it'] = bikes['hour'].apply(when_is_it)
bikes[['when_is_it', 'above_average']].head()
```

	when_is_it	above_average
0	off_hours	False
1	off_hours	False
2	off_hours	False
3	off_hours	False
4	off_hours	False

이 새로운 열만 사용해서 시간당 자전거 대여 횟수가 평균 이상인지 여부를 결정하자. 먼저 탐색적 데이터 분석의 기초를 세우고 하루 중 4가지 시간 차이를 시각화할 수 있는 그래프를 작성한다. 그래프는 하루 중 시간대마다 막대가 하나씩 있는 막대형 차트다. 각 막대는 하루 중 이 시간대에 일반적인 자전거 대여율보다 높은 시간대 비율을 나타낸다.

```
bikes.groupby('when_is_it').above_average.mean().plot(kind='bar')
```

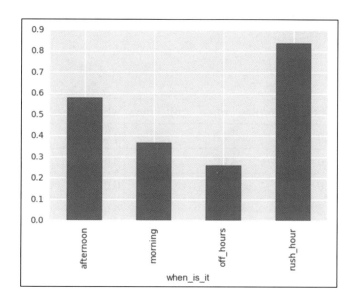

꽤 큰 차이가 있는 것을 알 수 있다! 예를 들어 오프아워(off_hours) 동안 자전거 대여 횟수가 평균 이상이 될 확률이 약 25%인 반면에 러시아워(rush_hour) 동안 평균 이상이 되는 확률은 80% 이상이다! 흥미롭다. 이제 내장된 Pandas 도구를 사용해 다음과 같이 더미 열을 추출해보자.

```
when_dummies = pd.get_dummies(bikes['when_is_it'], prefix='when__')
when_dummies.head()
```

	when___afternoon	when___morning	when___off_hours	when___rush_hour
0	0.0	0.0	1.0	0.0
1	0.0	0.0	1.0	0.0
2	0.0	0.0	1.0	0.0
3	0.0	0.0	1.0	0.0
4	0.0	0.0	1.0	0.0

```
when_dummies = when_dummies.iloc[:, 1:]
# 첫 번째 열을 제거한다.
when_dummies.head()
```

	when___morning	when___off_hours	when___rush_hour
0	0.0	1.0	0.0
1	0.0	1.0	0.0
2	0.0	1.0	0.0
3	0.0	1.0	0.0
4	0.0	1.0	0.0

이제 로지스틱 회귀에 연결할 수 있는 숫자로 가득 찬 데이터프레임을 갖게 됐다.

```
X = when_dummies
# 새로운 X는 더미 변수다.
y = bikes.above_average

logreg = LogisticRegression()
# 모델을 인스턴스화한다.

logreg.fit(X_train, y_train)
# 모델을 훈련셋에 맞춘다.

logreg.score(X_test, y_test)
# 검정셋에 점수를 매겨 표본 성능을 더 잘 이해할 수 있게 한다.

# 0.685157
```

온도를 사용하는 것보다 훨씬 낫다! 온도와 습도를 그 위에 두면 어떨까? 이제 온도,
습도, 시간대 더미 변수들을 사용해 평균 이상의 자전거 대여 여부를 예측한다.

```
new_bike = pd.concat([bikes[['temp', 'humidity']], when_dummies], axis=1)
# 온도, 습도, 더미 변수를 결합한다.

X = new_bike
# 새로운 X는 더미 변수다.
y = bikes.above_average

X_train, X_test, y_train, y_test = train_test_split(X, y)

logreg = LogisticRegression()
# 모델을 인스턴스화한다.

logreg.fit(X_train, y_train)
# 모델을 훈련셋에 맞춘다.

logreg.score(X_test, y_test)
# 검정셋에 점수를 매겨 표본 성능을 더 잘 이해할 수 있게 한다.
# 0.7182218
```

좋다. 이제 나아졌으니 그만하자.

▌ 요약

10장에서는 머신 러닝과 머신 러닝의 다른 하위 범주를 살펴봤다. 지도 학습, 자율 학습, 강화 학습 전략을 탐구하고, 각각 유용한 상황을 살펴봤다.

선형 회귀를 통해 예측 변수와 연속 응답 변수 간의 관계를 찾을 수 있었다. 훈련/검정 분할을 통해 머신 러닝 모델이 오버피팅되는 것을 피하고 좀 더 일반적인 예측을 할 수 있었다. 평균 제곱근 오차와 같은 지표를 사용해 모델도 평가할 수 있었다.

선형 회귀 개념을 로지스틱 회귀로 확장함으로써 동일한 예측 변수들 사이의 연관성을 발견할 수 있었지만, 지금은 범주형 응답에 대한 연관성을 발견할 수 있다.

더미 변수를 혼합해 모델에 범주형 특징을 추가하고 성능을 더욱 향상시킬 수 있었다.

다음 몇 장에서는 더 많은 머신 러닝 모델에 대해 자세히 살펴보고, 그 과정에서 새로운 측정 지표인 유효성 검사 기술을 배운다. 더 중요한 것은 데이터 과학을 세상에 적용하는 새로운 방법을 배우는 것이다.

11

의사 결정 트리에서
자라는 예측

11장에서는 세 가지 유형의 머신 러닝 알고리즘을 살펴본다. 처음 두 가지는 지도 학습의 예이고, 마지막 알고리즘은 자율 학습의 예다.

11장의 목표는 통찰력을 얻고 실제 데이터셋을 예측하기 위해 현대 학습 알고리즘을 구성하고 사용하도록 이전 장들에서 배운 개념을 보고 적용하는 것이다. 다음 알고리즘을 탐색하는 동안 항상 통계를 염두에 둬야 한다는 점을 기억해야 한다.

▌ 나이브 베이즈 분류

나이브 베이즈 분류^{Naïve Bayes classification}부터 시작해보자. 머신 러닝 모델은 이전 장들의 결과인 베이즈 정리에 크게 의존한다.

$$P(H \mid D) = \frac{P(D \mid H)P(H)}{P(D)}$$

이 수식의 정확한 특징을 좀 더 자세히 살펴보자.

- P(H)는 데이터를 관측하기 전의 가설 확률이며, **사전 확률**^{prior probability} 또는 그냥 **사전**^{prior}이라고 부른다.
- *P(H|D)*는 계산하고자 하는 것, 데이터를 관찰한 후의 가설 확률이며, **사후**^{posterior}라고 부른다.
- *P(D|H)*는 주어진 가설하에서 데이터의 확률이며, 가능성 또는 **우도**^{likelihood}라고 부른다.
- *P(D)*는 어느 가설하에서 데이터의 확률이며, **정규화 상수**^{normalizing constant}라고 부른다.

나이브 베이즈 분류는 분류 모델이며, 따라서 지도 모델이다. 이 점을 감안할 때 어떤 종류의 데이터가 필요할까?

- 라벨이 있는 데이터^{Labeled data}
- 라벨이 없는 데이터^{Unlabeled data}

라벨이 있는 데이터라고 답을 했다면 데이터 과학자가 되기 위한 길을 잘 알고 있는 것이다!

*n*개의 특징(x1, x2, ..., xn)과 클래스 라벨 *C*가 있는 데이터셋이 있다고 가정하자. 예를 들어 스팸 텍스트 분류와 관련된 일부 데이터를 가져오자. 데이터는 개별 텍스

324

트 표본의 행과 특징 및 클래스 라벨의 열로 구성돼 있다. 특징은 텍스트 표본 내에 포함된 단어와 구절이며, 클래스 라벨은 단순히 spam이거나 not spam이다. 이 시나리오에서는 not spam 클래스를 말하기 쉽게 ham으로 대체할 것이다.

```
import pandas as pd
import sklearn
df = pd.read_table('https://raw.githubusercontent.com/sinanuozdemir/
sfdat22/master/data/sms.tsv',
        sep='\t', header=None, names=['label', 'msg'])
df
```

이것은 행과 열 형식의 텍스트 데이터 표본이다.

	label	msg
0	ham	Go until jurong point, crazy.. Available only ...
1	ham	Ok lar... Joking wif u oni...
2	spam	Free entry in 2 a wkly comp to win FA Cup fina...
3	ham	U dun say so early hor... U c already then say...
4	ham	Nah I don't think he goes to usf, he lives aro...
5	spam	FreeMsg Hey there darling it's been 3 week's n...
6	ham	Even my brother is not like to speak with me. ...
7	ham	As per your request 'Melle Melle (Oru Minnamin...

데이터를 살펴보기 위해 예비 통계를 해보자. 처리해야 할 햄과 스팸 메시지 수의 차이를 살펴보자.

```
df.label.value_counts().plot(kind="bar")
```

다음과 같이 막대형 차트가 표시된다.

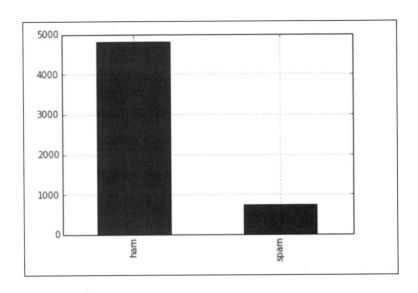

차트를 보면 스팸보다 더 많은 햄 메시지가 있다. 이것이 분류 문제이기 때문에 가장 일반적인 클래스인 ham을 추측하는 경우 한 행을 올바르게 예측할 확률인 null 정확도^{null accuracy rate}를 아는 것이 매우 유용하다.

```
df.label.value_counts() / df.shape[0]
```

```
ham 0.865937
spam 0.134063
```

따라서 맹목적으로 ham을 추측한다면 대략 87%가 될 것이지만, 그보다 더 잘 할 수 있다. 클래스 세트 C와 특징 x_i가 있는 경우 베이즈 정리를 사용하면 단일 행이 클래스 C에 속할 확률을 예측할 수 있다. 다음 수식을 사용한다.

$$P\left(class\,C|\{x_i\}\right) = \frac{P\left(\{x_i\}|class\,C\right) \cdot P\left(class\,C\right)}{P\left(\{x_i\}\right)}$$

이 수식을 좀 더 자세히 살펴보자.

- $P(class\ C\ |\ \{xi\})$: 사후 확률은 특징 $\{xi\}$가 주어진 경우 행이 $class\ C$에 속하는 확률이다.

- $P(\{xi\}\ |\ class\ C)$: 이것은 행이 $class\ C$에 있는 경우 이러한 특징을 관찰할 우도다.

- $P(class\ C)$: 이것은 사전 확률이다. 데이터를 보기 전에 데이터 포인트가 $class\ C$에 속할 확률이다.

- $P(\{xi\})$: 이것은 정규화 상수다.

예를 들어 세 단어 **send cash now**로 된 이메일이 있다고 생각하자. 나이브 베이즈를 사용해 이 이메일을 스팸이나 햄 중 하나로 분류한다.

$$P(spam|send\ cash\ now) = P(send\ cash\ now|spam) * P(spam)/P(send\ cash\ now)$$

$$P(ham|send\ cash\ now) = P(send\ cash\ now|ham) * P(ham)/P(send\ cash\ now)$$

이 두 숫자의 차이에 관심이 있다. 단일 텍스트 표본을 분류하기 위해 다음 기준을 사용할 수 있다.

- $P(spam\ |\ send\ cash\ now)$가 $P(ham\ |\ send\ cash\ now)$보다 크다면 텍스트를 스팸으로 분류한다.

- $P(ham\ |\ send\ cash\ now)$가 $P(spam\ |\ send\ cash\ now)$보다 크다면 텍스트를 햄으로 분류한다.

두 방정식 모두 분모에 $P(send\ cash\ now)$가 있으므로, 분모를 무시할 수 있다. 그러면 이제 다음과 관련이 있다.

$$P(send\ cash\ now|spam) * P(spam)\ \text{VS}\ P(send\ cash\ now|ham) * P(ham)$$

이 방정식의 수를 살펴보자.

- $P(spam) = 0.134063$

- $P(ham) = 0.865937$

- $P(send\ cash\ now \mid spam)$

- $P(send\ cash\ now \mid ham)$

최종 두 개의 우도는 계산하기가 그리 어렵지 않을 것 같다. 해야 할 일은 send cash now라는 문구가 포함된 스팸 메시지의 수를 세어서 전체 스팸 메시지 수로 나누는 것이다.

```
df.msg = df.msg.apply(lambda x:x.lower())
# 더 쉽게 검색할 수 있게 모든 문자열을 소문자로 만든다.

df[df.msg.str.contains('send cash now')] .shape
(0, 2)
```

오, 안 돼! 아무것도 없다! 문자 그대로 정확히 send cash now 문구가 있는 텍스트는 0개다. 여기서 숨겨진 문제는 이 문구는 매우 구체적이며, 세상에서 이런 정확한 문구가 여러 번 있을 정도로 충분한 데이터가 있다고 가정할 수 없다는 것이다. 대신 베이즈 정리에서 나이브 가정$^{naïve\ assumption}$을 할 수 있다. 특징(단어)이 조건적으로 독립적이면(단어가 다른 단어의 존재에 영향을 주지 않음을 의미) 수식을 다시 쓸 수 있다.

$$P(send\ cash\ now|spam) = P(send|spam) * P(cash|spam) * P(now|spam)$$

```
spams = df[df.label == 'spam']
for word in ['send', 'cash', 'now']:
    print word, spams[spams.msg.str.contains(word)].shape[0] /
float(spams.shape[0])
```

- $P(send\,|\,spam) = 0.096$

- $P(cash\,|\,spam) = 0.091$

- $P(now\,|\,spam) = 0.280$

이것으로 다음을 계산할 수 있다.

$P(send\ cash\ now|spam) * P(spam) = (.096 * .091 * .280) * .134 = 0.00032$

햄에 대해 동일한 프로시저를 반복하면 다음과 같이 표시된다.

- $P(send\,|\,ham) = 0.03$

- $P(cash\,|\,ham) = 0.003$

- $P(now\,|\,ham) = 0.109$

$P(send\ cash\ now|ham) * P(ham) = (.03 * .003 * .109) * .865 = 0.0000084$

이 수치들이 모두 매우 낮다는 사실은 스팸 확률이 햄 계산보다 훨씬 크다는 사실이다. .00032/.0000084 = 38.1을 계산해보면 send cash now가 스팸일 확률이 햄일 확률보다 38배 높다.

이렇게 하면 send cash now를 스팸으로 간단히 분류할 수 있다!

이 모든 계산을 직접 하지 말고, 파이썬을 사용해 나이브 베이즈 분류자를 구현해보자.

먼저 텍스트를 숫자 데이터로 바꾸는 scikit-learn의 count vectorizer를 다시 살펴보자. 세 가지 문서(문장)에 대해 훈련한다고 가정해보자.

```
# 간단한 count vectorizer 예제
from sklearn.feature_extraction.text import CountVectorizer
# 간단한 예제로 시작한다.
```

```
train_simple = ['call you tonight',
                'Call me a cab',
                'please call me... PLEASE 44!']
```

```
# 훈련 데이터의 '어휘'를 학습한다.
vect = CountVectorizer()
train_simple_dtm = vect.fit_transform(train_simple)
pd.DataFrame(train_simple_dtm.toarray(), columns=vect.get_feature_
names())
```

	44	cab	call	me	please	tonight	you
0	0	0	1	0	0	1	1
1	0	1	1	1	0	0	0
2	1	0	1	1	2	0	0

각 행은 세 개의 문서(문장) 중 하나를 나타내고, 각 열은 문서에 있는 단어 중 하나를 나타내며, 각 셀은 각 단어가 각 문서에 나타나는 횟수를 포함한다.

그런 다음 count vectorizer를 사용해서 새로 들어오는 검정 문서를 훈련셋(세 문장)에 맞게 변형한다.

```
# 검정 데이터를 문서 용어 행렬로 변환한다(기존 어휘를 사용).
test_simple = ["please don't call me"]
test_simple_dtm = vect.transform(test_simple)
test_simple_dtm.toarray()
pd.DataFrame(test_simple_dtm.toarray(), columns=vect.get_feature_names())
```

	44	cab	call	me	please	tonight	you
0	0	0	1	1	1	0	0

검정 문장에는 don't라는 새로운 단어가 있다. 이전에 훈련 데이터에서 그 단어를 보지 못했기 때문에 벡터화할 때 vectorizer는 단순히 그것을 무시했다. 이것은 중요하기 때문에 데이터 과학자들이 훈련셋에 가능한 한 많은 데이터를 확보하게 유도한다.

이제 실제 데이터에 대해 다음과 같이 한다.

```
# 훈련셋과 검정셋으로 분할한다.
from sklearn.cross_validation import train_test_split
X_train, X_test, y_train, y_test = train_test_split(df.msg, df.label,
random_state=1)

# vectorizer를 인스턴스화한다.
vect = CountVectorizer( )

# 단일 단계로 어휘를 학습하고 문서 용어 행렬을 만든다.
train_dtm = vect.fit_transform(X_train)
train_dtm

<4179x7456 sparse matrix of type '<type 'numpy.int64'>'
```

55209개의 저장된 요소를 압축된 희소 행 형식^{compressed sparse row format}으로 저장한다.

이 형식은 희소 행렬^{sparse matrix}에서 사용된다. 즉, 행렬이 너무 크고 0으로 가득 차 있으며, 이러한 객체를 다루는 특별한 형식이 있다. 열 수를 살펴보자.

7,456단어!!

즉, 훈련셋에는 7,456개의 독특한 단어가 있음을 의미한다. 이제 검정 데이터를 어휘에 맞게 변형할 수 있다.

```
# 검정 데이터를 문서 용어 행렬로 변환한다.
test_dtm = vect.transform(X_test)
```

```
test_dtm
```

```
<1393x7456 sparse matrix of type '<type 'numpy.int64'>'
```

17604개의 저장된 요소를 압축된 희소 행 형식으로 저장한다.

이전과 완전히 똑같은 어휘로 검정셋을 따르기 때문에 정확한 열 수를 갖는다. 그 이상, 그 이하도 아니다.

이제 나이브 베이즈 모델을 구축해보자(선형 회귀 프로세스와 유사).

```
## 나이브 베이즈 모델 구축

# train_dtm을 사용해서 나이브 베이즈 모델을 훈련한다.
from sklearn.naive_bayes import MultinomialNB
# 모델을 불러온다.

nb = MultinomialNB( )
# 모델을 인스턴스화한다.

nb.fit(train_dtm, y_train)
# 훈련셋에 맞춘다.
```

이제 변수 nb는 적합한 모델을 유지한다. 모델의 훈련 단계는 우도 함수^{likelihood} ^{function}를 계산하는 것을 포함하는데, 이것은 각 클래스에 주어진 각 특징의 조건부 확률이다.

```
# test_dtm을 사용해 검정 데이터에 대한 예측을 한다.
preds = nb.predict(test_dtm)

preds

array(['ham', 'ham', 'ham', ..., 'ham', 'spam', 'ham'], dtype='|S4')
```

모델의 예측 단계는 관찰된 특징이 주어지면 각 클래스의 사후 확률을 계산하고, 가장 높은 확률을 갖는 클래스를 선택하는 것을 포함한다. sklearn의 내장된 정확도와 오차 행렬confusion matrix을 사용해 나이브 베이즈 모델이 얼마나 잘 작동하는지 살펴본다.

```
# 예측을 실제 라벨과 비교한다.
from sklearn import metrics
print metrics.accuracy_score(y_test, preds)
print metrics.confusion_matrix(y_test, preds)

accuracy == 0.988513998564
confusion matrix ==
[[1203     5]
 [  11   174]]
```

우선 정확성은 대단하다! 87%인 null 정확도와 비교할 때 99%는 환상적인 개선이다.

이제 오차 행렬을 보면 이전에는 각 행이 실제 값을 나타내는 반면, 열은 예측된 값을 나타내기 때문에 상단 왼쪽 값인 1,203이 참된 부정을 나타낸다. 그런데 부정적이고 긍정적인 것은 무엇인가? 모델에 긍정과 부정이 아닌 spam과 ham 문자열을 클래스로 제공했다.

다음을 사용할 수 있다.

```
nb.classes_
array(['ham', 'spam'])
```

그런 다음 지수를 정렬하면 1,203이 실제 ham 예상을 나타내고, 174가 실제 spam 예측을 나타낸다.

또한 5개의 잘못된 스팸 분류가 있다는 것은 5개의 메시지가 spam으로 예측됐지만,

실제로는 ham이었으며, 11개의 잘못된 햄 분류가 있다는 것을 의미한다.

요약하면 나이브 베이즈 분류는 베이즈 정리를 사용해 클래스의 사후 확률을 맞춰 데이터 포인트가 적절한 클래스에 속하게 정확히 라벨링되게 한다.

▌ 의사 결정 트리

의사 결정 트리^{decision tree}는 회귀 또는 분류를 수행할 수 있는 지도 모델^{supervised model}이다.

1986-1987년 메이저 리그 야구선수 데이터를 살펴보자. 각 점은 리그의 단일 플레이어를 나타낸다.

- **Years(x축)**: 메이저 리그에서 플레이한 연도의 수
- **Hits(y축)**: 전년도에 선수의 히트 수
- **Salary(컬러)**: 낮은 급여는 파란색/녹색, 높은 급여는 빨간색/노란색

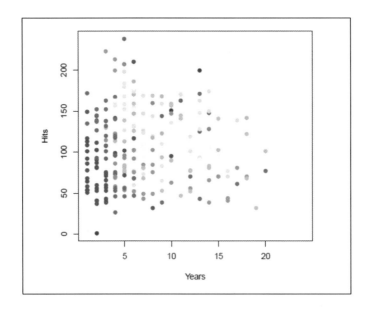

앞의 데이터는 훈련 데이터다. 목적은 Years와 Hits에 기초해 미래의 선수들 급여를 예측하는 모델을 만드는 것이다. 의사 결정 트리는 서로 비슷하게 달리 작동하는 데이터 포인트를 세그먼트별로 나누기 위해 데이터를 분할하는 것을 목표로 한다. 트리는 가장 정확한 예측을 가능하게 하기 위해 이러한 분할을 배수로 만든다. 앞의 데이터를 위해 만들어진 트리를 살펴보자.

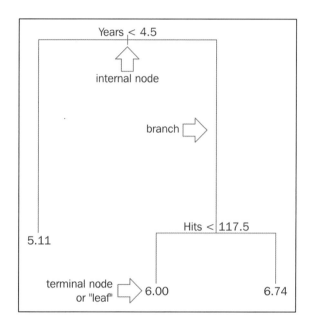

트리를 위에서 아래로 읽는다.

- 첫 번째 분할은 Years 〈 4.5, 분할 법칙이 참일 때 왼쪽 분기를 따른다. 분할 법칙이 거짓일 때 오른쪽 분기를 따른다. 따라서 새로운 선수의 경우 4.5년 미만으로 경기를 한다면 왼쪽 분기로 내려갈 것이다.
- 왼쪽 분기의 선수는 평균 급여가 $166,000이므로, 그 값으로 급여를 표시한 다(급여를 1000으로 나눈 후 계산하기 쉽게 5.11로 로그 변환).
- 오른쪽 분기의 선수는 Hits 〈 117.5로 분할해 선수를 두 개의 추가 급여 영역, $403,000(6.00으로 변환) 및 $846,000(6.74로 변환)으로 나눈다.

이 트리는 단지 예측만을 제공하지 않고, 데이터에 대한 좀 더 많은 정보를 의미한다.

- 리그에서 연도 수가 급여 결정에 있어 가장 중요한 요소며, 연도 수가 작으면 연봉이 작은 것과 관련이 있는 것으로 보인다.
- 선수가 오랫동안(<4.5년) 경기를 하지 않은 경우 선수의 히트 수는 급여와 관련해 중요한 요소가 아니다.
- 리그에서 5년 이상 플레이한 선수의 경우 히트는 급여 결정의 중요한 요소다.
- 트리는 대답을 내리기 전에 두 가지 결정만 내렸다(두 가지를 트리의 깊이라고 한다).

컴퓨터가 회귀 트리를 어떻게 만들까?

현대의 의사 결정 트리 알고리즘은 재귀적 이진 분할^{recursive binary splitting} 방식을 사용하는 경향이 있다.

1. 프로세스가 트리의 맨 위에서 시작된다.
2. 모든 특징에 대해 모든 가능한 분할을 검사하고, 결과 트리가 가능한 한 가장 작은 평균 제곱 오차^{MSE}를 갖게 특징과 분할을 선택한다. 알고리즘은 그 분할을 만든다.
3. 그러면 두 개의 결과 영역을 검사하고 MSE를 최소화하기 위해 단일 분할(영역 중 하나에서)을 다시 수행한다.
4. 정지 기준이 충족될 때까지 3단계를 반복한다.
   - 최대 트리 깊이(리프에 도달하기 위해 필요한 최대 분할 수)
   - 리프(최종) 노드의 최소 관측 수

분류 트리의 경우 알고리즘은 최적화하려는 측정 지표의 가장 큰 차이점과 매우 유사하다. MSE는 회귀 문제에만 존재하기 때문에 사용할 수 없다. 그러나 정확성 대신에 분류 트리는 지니 지수$^{gini\ index}$ 또는 엔트로피^{entorpy}를 최적화한다.

컴퓨터가 분류 트리를 어떻게 맞출까?

회귀 트리와 마찬가지로 분류 트리는 측정 지표(이 경우 지니 지수)를 최적화하고 이러한 최적화를 위한 가장 좋은 분할을 선택해서 만들어진다.

좀 더 공식적으로 각 노드에서 트리는 다음 단계를 수행한다.

1. 데이터의 순도를 계산한다.
2. 후보 분할을 선택한다.
3. 분할 후 데이터의 순도를 계산한다.
4. 모든 변수에 대해 반복한다.
5. 순도가 가장 많이 증가하는 변수를 선택한다.
6. 정지 기준이 일부 충족될 때까지 각 분할을 반복한다.

인구 통계학적 특징을 고려해 호화 유람선에 승선해서 사망할 가능성, 우도를 예측한다고 가정하자. 25명이 승선해서 그중 10명은 살아남았고 15명은 죽었다고 가정하자.

Before Split	All
Survived	10
Died	15

무엇보다도 먼저 지니 지수를 계산한다.

$$1 - \sum \left(\frac{class_i}{total} \right)^2$$

전체 클래스(이 경우 생존과 사망)는 다음과 같다.

$$1 - \left(\frac{survived}{total} \right)^2 - \left(\frac{died}{total} \right)^2$$

$$1 - \left(\frac{10}{25} \right)^2 - \left(\frac{15}{25} \right)^2 = 0.48$$

즉, 데이터셋의 순도는 0.48이다.

이제 성별에 대한 잠재적 분할을 고려해보자. 먼저 성별에 대한 지니 지수를 계산한다.

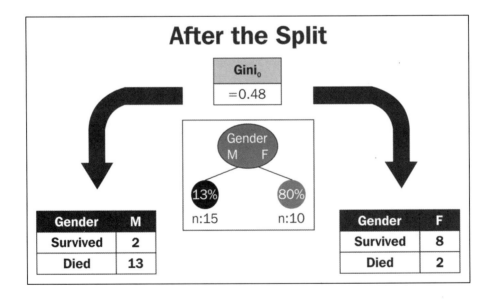

$$\text{gini(m)} = 1 - \left(\frac{2}{15}\right)^2 + \left(\frac{13}{15}\right)^2 = .23$$

$$\text{gini(f)} = 1 - \left(\frac{8}{10}\right)^2 + \left(\frac{2}{10}\right)^2 = .32$$

각 성별에 대한 지니 지수가 생기면 다음과 같이 전체 성별에 대한 지니 지수를 계산한다.

$$Gini(M)(M/M + F) + Gini(F)(F/M + F) = 0.23(15/10 + 15) + 0.32(10/10 + 15) = 0.27$$

성별로 나누는 지니 지수는 0.27이다. 그런 다음 세 가지 잠재적 분할에 대해 이 프로시저를 수행한다.

- 성별(남성 또는 여성)
- 승선한 형제의 수(0 또는 1+)
- 클래스(1, 2대 3)

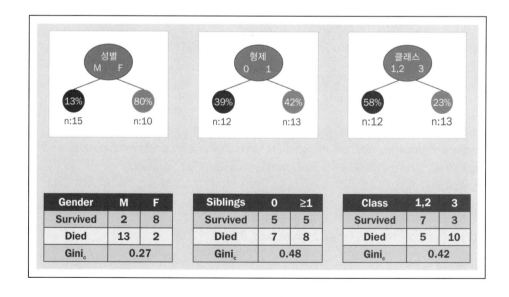

이 예에서는 성별의 지니 지수가 가장 낮으므로 분할하기 위해 성별을 선택한다!

다음 표는 분류 의사 결정 트리와 회귀 의사 결정 트리의 차이점을 간단히 요약한 것이다.

회귀 의사 결정 트리	분류 의사 결정 트리
정량적 응답을 예측한다.	질적 응답을 예측한다.
예측은 각 리프의 평균값이다.	예측은 각 리프에서 가장 일반적인 라벨이다.
분할은 MSE를 최소화하게 선택된다.	분할은 (보통) 지니 지수를 최소화하게 선택된다.

의사 결정 트리를 구축하기 위해 scikit-learn의 내장된 의사 결정 트리를 사용한다.

```
# 데이터를 읽는다.
titanic = pd.read_csv('titanic.csv')

# 여성을 0으로, 남성을 1로 인코딩한다.
titanic['Sex'] = titanic.Sex.map({'female':0, 'male':1})

# 중간 연령의 나이에 대해 누락된 값을 입력한다.
titanic.Age.fillna(titanic.Age.median(), inplace=True)

# Embarked에 대한 더미 변수의 DataFrame 만든다.
embarked_dummies = pd.get_dummies(titanic.Embarked, prefix='Embarked')
embarked_dummies.drop(embarked_dummies.columns[0], axis=1,
inplace=True)

# 원본 데이터프레임과 더미 데이터프레임을 연결한다.
titanic = pd.concat([titanic, embarked_dummies], axis=1)

# X와 Y를 정의한다.
feature_cols = ['Pclass', 'Sex', 'Age', 'Embarked_Q', 'Embarked_S']
```

```
X = titanic[feature_cols]
y = titanic.Survived

X.head( )
```

	Pclass	Sex	Age	Embarked_Q	Embarked_S
0	3	1	22.0	0.0	1.0
1	1	0	38.0	0.0	0.0
2	3	0	26.0	0.0	1.0
3	1	0	35.0	0.0	1.0
4	3	1	35.0	0.0	1.0

특징으로 클래스, 성별, 연령, 탑승한[embarked] 도시에 대한 더미 변수를 사용하려고
한다.

```
# 모든 데이터에 대해 max_depth = 3인 분류를 맞춘다.
from sklearn.tree import DecisionTreeClassifier
treeclf = DecisionTreeClassifier(max_depth=3, random_state=1)
treeclf.fit(X, y)
```

max_depth는 트리의 깊이에 대한 제한이다. 모든 데이터 포인트에 대해 트리는 최
대 세 개의 질문을 하고, 즉 최대 세 개의 분할만 만들 수 있음을 의미한다. 트리를
다음과 같이 시각적 형식으로 출력할 수 있다.

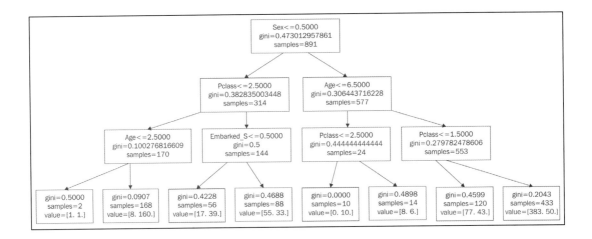

다음과 같은 몇 가지를 알 수 있다.

- Sex는 첫 번째 분할이다. 이것은 성별이 사고에서 살아남았는지 여부를 결정하는 가장 중요한 요소임을 의미한다.
- Embarked_Q는 어떤 분할에서도 사용되지 않았다.

분류 또는 회귀 트리의 경우 의사 결정 트리를 사용해 매우 흥미로운 작업을 수행할 수 있다. 즉, 데이터 포인트를 예측할 때 각 특징의 중요성을 나타내는 숫자를 출력할 수 있다.

```
# 특징의 중요성을 계산한다.
pd.DataFrame({'feature':feature_cols,
              'importance':treeclf.feature_importances_})
```

342

	feature	importance
0	Pclass	0.242664
1	Sex	0.655584
2	Age	0.064494
3	Embarked_Q	0.000000
4	Embarked_S	0.037258

중요성 점수는 각 변수에 대한 평균 지니 지수 차이이며, 높은 값은 예측에서 중요성이 높음에 해당한다. 이 정보를 사용해 앞으로 더 적은 수의 특징을 선택할 수 있다. 예를 들어 모든 embarked 변수는 나머지 특징과 비교할 때 매우 낮기 때문에 삶이나 죽음에 대한 예측에서 중요하지 않다고 말할 수 있다.

▌ 자율 학습

지도 학습 모델에 이 책의 대부분을 쓴 것을 감안하면 이제 자율 학습의 사례를 살펴볼 시간이다.

자율 학습을 사용해야 하는 경우

자율 학습이 적절한 경우가 많다. 가장 일반적인 예는 다음과 같다.

- 명확한 응답 변수가 없는 경우로, 명시적으로 다른 변수를 예측하거나 연관시키려고 하는 것이 없다.
- 명백한 구조/패턴이 없는 데이터에서 구조를 추출하는 경우(지도 학습 문제일 수 있음)
- 특징 추출이라고 하는 자율 개념이 사용되는 경우로, 특징 추출은 기존 특징

에서 새로운 특징을 생성하는 프로세스다. 이러한 새로운 특징은 원래 특징보다 더 강력할 수 있다.

첫 번째는 데이터 과학자가 자율 학습을 사용하는 가장 일반적인 이유다. 이 경우에는 데이터로 작업할 때 명시적으로 어떤 열을 예측하려고 하지 않고, 단지 유사한(유사하지 않은) 그룹의 패턴을 찾거나 할 때 자주 발생한다. 두 번째 옵션은 반응 변수를 예측하려고 지도 모델을 명시적으로 사용하는 경우에 발생한다. 때로는 단순한 EDA^{exploratory data analysis}가 몇 가지 차원의 데이터에서 명확한 패턴을 생성하지 않을 수도 있다. 사람이 상상하는 차원은 기계가 큰 차원에서 서로 유사하게 작동하는 데이터 포인트를 식별할 수 있는 곳이다.

자율 학습을 사용하는 세 번째 일반적인 이유는 이미 존재하는 특징에서 새로운 특징을 추출하는 것이다. 이 프로세스(특징 추출이라고 부름)는 향후 지도 모델에서 사용되거나 프레젠테이션 목적(마케팅 또는 기타)으로 사용될 수 있는 특징을 생성할 수 있다.

▌ K-means 클러스터링

K-means 클러스터링^{clustering}은 자율 머신 러닝 모델의 첫 번째 예다. 이것은 예측을 하지 않는다는 것을 의미한다. 그 대신 보기에 구조화되지 않은 데이터로부터 구조를 추출한다.

클러스터링은 데이터 포인트를 중심점^{centroids}과 함께 클러스터^{clusters}로 그룹화하는 자율 머신 러닝 모델의 계열이다.

정의

클러스터(cluster): 유사하게 동작하는 데이터 포인트의 그룹이다.

중심점(centroid): 클러스터의 중심. 클러스터의 평균점으로 생각할 수 있다.

위의 정의는 매우 모호할 수 있지만, 특정 도메인으로 좁히면 분명해진다. 예를 들어 유사하게 행동하는 온라인 쇼핑객은 비슷한 물건이나 비슷한 매장을 물색할 수 있고, 유사한 소프트웨어 회사는 비슷한 가격으로 유사한 소프트웨어를 만들 수 있다.

다음은 점의 클러스터를 시각화한 것이다.

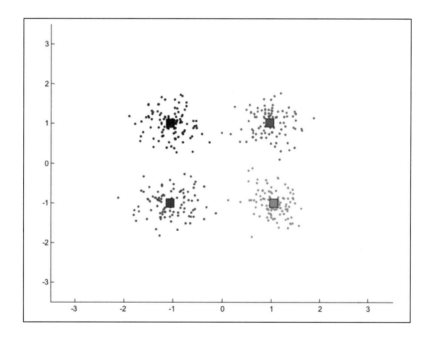

위의 그림에서 인간의 두뇌는 4개 클러스터 사이의 차이를 매우 쉽게 볼 수 있다. 빨간색 클러스터는 그래프의 왼쪽 하단에 있으며, 녹색 클러스터는 그래프의 오른쪽 하단에 있다. 즉, 빨간색 데이터 포인트는 서로 유사하지만, 다른 클러스터의 데이터 포인트와 유사하지 않다.

또한 각 클러스터의 중심점을 각 색상의 사각형으로 볼 수 있다. 중심점은 실제 데이터 포인트가 아니라 단지 클러스터의 추상화며, 클러스터의 중심을 나타낸다.

유사성^{similarity}의 개념은 클러스터 정의, 즉 클러스터 분석의 핵심이다. 일반적으로 점 사이의 유사성이 높아지면 클러스터링이 향상된다. 대부분의 경우 데이터를 n차원 공간에서 점으로 변환하고, 유사성의 형태로 이러한 점 사이의 거리를 사용한다. 그리고 클러스터의 중심점은 일반적으로 각 클러스터의 각 데이터 포인트에 대한 각 차원(열)의 평균이다. 예를 들어 적색 클러스터의 중심점은 각 적색 데이터 포인트의 각 열에 평균값을 취한 결과다.

클러스터 분석의 목적은 데이터를 그룹으로 나눠 데이터셋에 대한 이해를 높이는 데 있다. 클러스터링은 개별 데이터 포인트로부터 추상화 계층을 제공한다. 목표는 데이터의 자연스러운 구조를 추출하고 향상시키는 것이다. 많은 종류의 분류 프로시저가 있다. 여기에서는 가장 인기 있는 클러스터링 알고리즘 중 하나인 K-means 클러스터링에 집중할 것이다.

K-means는 데이터셋을 k개의 클러스터로 분할하는 반복적인 방법이다. 이것은 다음과 같은 네 단계로 작동한다.

1. 초기 중심 k를 선택한다(k는 입력이다).
2. 각 점에 대해 가장 가까운 중심의 점을 지정한다.
3. 중심 위치를 다시 계산한다.
4. 기준이 충족돼 멈출 때까지 2-3단계를 반복한다.

예제: 데이터 포인트

이차원 공간에서 다음과 같은 데이터 포인트를 갖고 있다고 상상해보자.

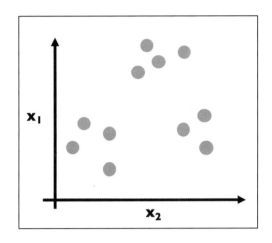

각 점은 K-means 알고리즘을 적용하기 전에 사전 그룹핑을 가정하지 않도록 회색으로 표시했다. 목표는 결국 각 점에서 색상을 지정하고 그룹핑(클러스터)을 생성하는 것이다.

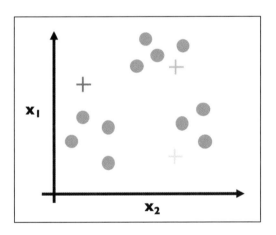

여기서 1단계가 적용됐다. (무작위로) 세 가지 중심점(빨강, 파랑, 노랑)을 선택했다.

 대부분의 K-means 알고리즘은 무작위로 초기 중심점을 배치하지만, 초기 중심점을 배치하기 위한 다른 사전 계산 방법이 있다. 지금은 무작위로 한다.

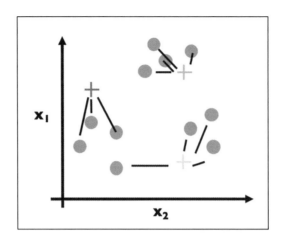

2단계의 첫 번째 부분이 적용됐다. 각 데이터 포인트에 대해 가장 유사한 중심점(가장 가까운)을 찾았다.

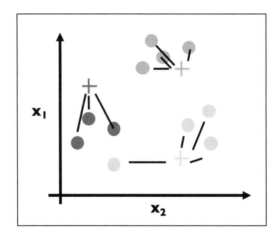

2단계의 두 번째 부분이 여기에 적용됐다. 가장 비슷한 중심점에 따라 각 데이터 포인트에 색상이 지정됐다.

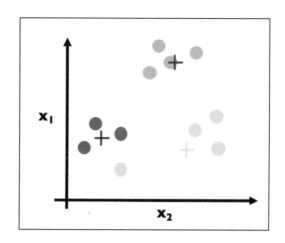

이것은 3단계이며 K-means의 핵심이다. 각 클러스터의 실제 중심이 되도록 물리적으로 중심점을 이동했다. 각 색상에 대해 평균점을 계산해 그 점을 새로운 중심점으로 만들었다. 예를 들어 세 개의 빨간색 데이터 포인트가 (1, 3), (2, 5), (3, 4) 좌표를 가진다고 가정하자. 중심(빨강색 십자가)은 다음과 같이 계산된다.

```
# 중심점 계산
import numpy as np
red_point1 = np.array([1, 3])
red_point2 = np.array([2, 5])
red_point3 = np.array([3, 4])

red_center = (red_point1 + red_point2 + red_point3) / 3.

red_center
# array([ 2., 4.])
```

즉, 점 (2, 4)는 위의 빨간색 십자가의 좌표다.

 실제 데이터 포인트는 전혀 이동하지 않는다. 데이터 포인트는 이동할 수 없다. 이동하는 유일한 실체는 실제 데이터 포인트가 아닌 중심점이다.

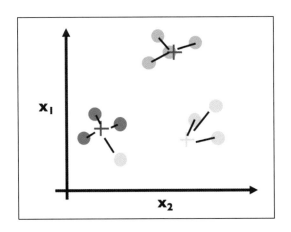

2단계를 반복해 알고리즘을 계속 진행한다. 이것은 각 점에 가장 가까운 중심을 찾는 첫 번째 부분이다. 큰 변화에 유의하자. 다음 그림에서 원으로 표시된 점은 노란색 점이었지만, 노란색 클러스터가 노란색 구성 요소에 더 가깝게 이동했기 때문에 빨간색 클러스터 점으로 바뀌었다.

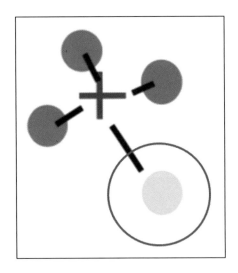

점들을 중력으로 당기는 우주의 행성이라고 생각하면 도움이 될 수 있다. 각 중심점은 행성의 중력에 의해 당겨진다.

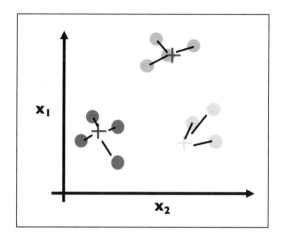

다음은 2단계의 두 번째 부분이 다시 있다. 각 점을 가장 가까운 클러스터의 색으로 지정했다.

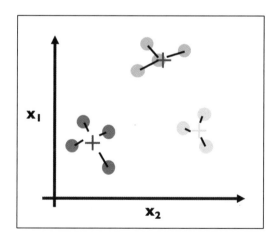

여기에서 각 클러스터에 대한 중심점을 다시 한 번 계산한다(3단계). 파란색 중심은 전혀 움직이지 않았고, 노란색과 빨간색 중심은 모두 움직였다.

정지 기준에 도달했기 때문에(2단계와 3단계를 반복하면 클러스터가 움직이지 않는다)
알고리즘을 완성하고 클러스터를 세 개 만든다!

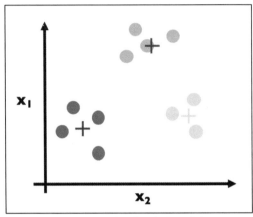

K-means 알고리즘의 최종 결과

예제: 맥주

맥주를 한번 보자. 맥주 종류가 다양하다는 것을 알고 있는가? 다른 정량적 특징에
기초해 다른 카테고리로 맥주를 분류할 수 있는지 궁금하다. 시도해보자!

```
# 맥주 데이터셋을 가져온다.
url = '../data/beer.txt'
beer = pd.read_csv(url, sep=' ')
print beer.shape
(20, 5)

beer.head()
```

	name	calories	sodium	alcohol	cost
0	Budweiser	144	15	4.7	0.43
1	Schlitz	151	19	4.9	0.43
2	Lowenbrau	157	15	0.9	0.48
3	Kronenbourg	170	7	5.2	0.73
4	Heineken	152	11	5.0	0.77

여기에는 이름, 칼로리, 나트륨, 알코올, 비용이라는 5개의 열이 있는 20개의 맥주가 있다. 클러스터링에서는 (거의 모든 머신 러닝 모델과 마찬가지로) 정량적 특징을 좋아하기 때문에 클러스터링에서 맥주의 이름을 무시한다.

```
# X를 정의한다.
X = beer.drop('name', axis=1)
```

이제 scikit-learn을 사용해 K-means를 수행한다.

```
# 3개의 클러스터로 K-means를 수행한다.
from sklearn.cluster import KMeans
km = KMeans(n_clusters=3, random_state=1)
km.fit(X)
```

 n_clusters는 k이다. 이것은 입력된 클러스터 수다. random_state는 항상 교육적인 목적을 위해 재현 가능한 결과를 생성한다. 현재 3개의 클러스터를 사용하는 것은 무작위다.

K-means 알고리즘은 데이터 포인트에서 알고리즘을 실행하고 세 개의 클러스터를 내놓는다.

```
# 클러스터 라벨을 저장하고 클러스터로 정렬한다.
beer['cluster'] = km.labels_
```

groupby와 mean문을 사용해 각 클러스터의 중심을 살펴볼 수 있다.

```
# 각 클러스터에 대한 각 특징의 평균을 계산한다.
beer.groupby('cluster').mean()
```

cluster	calories	sodium	alcohol	cost
0	150.00	17.0	4.521429	0.520714
1	102.75	10.0	4.075000	0.440000
2	70.00	10.5	2.600000	0.420000

인간의 검사 결과로 보면 클러스터 0은 평균적으로 칼로리 함량과 나트륨 함량, 알코올 함량이 모두 높고 비용이 더 많이 든다는 것을 알 수 있다. 이런 맥주들은 좀 더 무거운 맥주로 간주될 수 있다. 클러스터 2는 평균적으로 매우 낮은 알코올 함량과 매우 적은 칼로리를 갖고 있다. 이런 맥주들은 아마도 가벼운 맥주다. 클러스터 1은 중간에 있다.

좀 더 자세히 보기 위해 파이썬을 사용해 그래프를 작성해보자.

```
import matplotlib.pyplot as plt
%matplotlib inline

# 클러스터 중심의 데이터프레임을 저장한다.
centers = beer.groupby('cluster').mean()
# 플로팅을 위한 "colors" 배열을 만든다.
colors = np.array(['red', 'green', 'blue', 'yellow'])
# 클러스터 색깔 별로 칼로리 대 알코올의 산포도를 그린다.
```

```
# (0 = 빨간색, 1 = 초록색, 2 = 파란색).
plt.scatter(beer.calories, beer.alcohol, c=colors[list(beer.cluster)],
s=50)

# 클러스터 중심을 "+"로 표시한다.
plt.scatter(centers.calories, centers.alcohol, linewidths=3,
marker='+', s=300, c='black')

# 라벨을 추가한다.
plt.xlabel('calories')
plt.ylabel('alcohol')
```

> 자율 학습의 큰 부분은 인간의 검사다. 클러스터링에는 문제 도메인의 상황(context)
> 이 없으며, 클러스터가 발견됐다는 것만 알 수 있고 클러스터의 의미를 알 수는 없다.

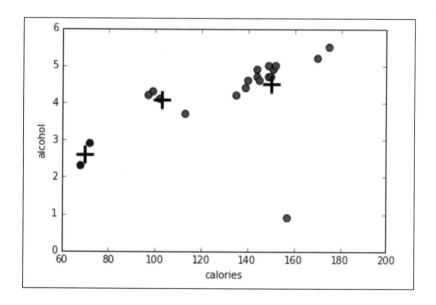

▌ K와 클러스터 검증을 위한 최적의 수 선택

K-means 클러스터링의 큰 부분은 클러스터의 최적 수를 파악하는 것이다. 미리 이 숫자를 알고 있다면 자율 학습을 사용하는 목적은 의미가 없을지도 모른다. 따라서 클러스터 분석 결과를 평가할 방법이 필요하다.

여기서 문제는 어느 종류의 예측도 수행하지 않기 때문에 알고리즘이 예측에 있어서 얼마나 적합한지를 판단할 수 없다는 것이다. 정확도와 RMSE 같은 측정 지표는 바로 쓸모없어진다.

실루엣 계수

실루엣 계수^{SC, Silhouette Coefficient}는 실제 클러스터 할당을 알 수 없는 상황에서 클러스터링 성능을 평가하는 공통적인 측정 지표다.

실루엣 계수는 다음과 같이 각 관측치에 대해 계산된다.

$$SC = \frac{b-a}{\max(a,b)}$$

이 공식의 구체적인 특징을 좀 더 자세히 살펴보면 다음과 같다.

- a: 클러스터의 다른 모든 점과의 평균 거리
- b: 근처의 가장 가까운 클러스터의 다른 모든 점과의 평균 거리

범위는 -1(최악)에서 1(최고)까지다. 글로벌 스코어^{global score}는 모든 관측치의 평균 스코어를 취해 계산된다. 일반적으로 1의 실루엣 계수가 선호되는 반면, -1의 점수는 바람직하지 않다.

\# K = 3에 대한 실루엣 계수 계산한다.

```
from sklearn import metrics
metrics.silhouette_score(X, km.labels_)
0.4578
```

K의 여러 값에 대한 계수를 계산해 최상의 값을 찾아보자.

```
# K = 2에서 K = 19까지 SC를 계산한다.
k_range = range(2, 20)
scores = []
for k in k_range:
    km = KMeans(n_clusters=k, random_state=1)
    km.fit(X_scaled)
    scores.append(metrics.silhouette_score(X, km.labels_))

# 결과를 그린다.
plt.plot(k_range, scores)
plt.xlabel('Number of clusters')
plt.ylabel('Silhouette Coefficient')
plt.grid(True)
```

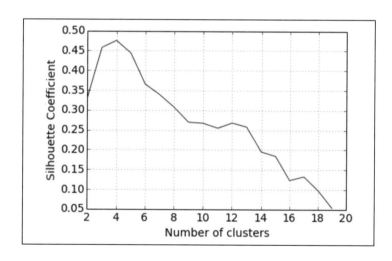

맥주 클러스터의 최적 수는 4인 것처럼 보인다! 이것은 K-means 알고리즘이 네 가지 독특한 타입의 맥주가 있다고 판단한 것을 의미한다.

K-means는 계산 효율과 간단하고 직관적인 특성 때문에 널리 사용되는 알고리즘이다. 그러나 K-means는 규모에 따라 크게 달라지며, 모양과 밀도가 매우 다양한 데이터에는 적합하지 않다. scikit-learn의 표준 스칼라를 사용해 데이터를 스케일링함으로써 이 문제를 해결할 수 있는 방법이 있다.

```
# 데이터의 중심과 스케일을 조정한다.
from sklearn.preprocessing import StandardScaler
scaler = StandardScaler()
X_scaled = scaler.fit_transform(X)

# 스케일된 데이터에 대해 3개의 클러스터로 K-means를 구한다.
km = KMeans(n_clusters=3, random_state=1)
km.fit(X_scaled)
```

쉽다!

이제 자율 방법을 사용하는 세 번째 이유를 살펴보자. 자율 방법은 특징 추출을 사용하는 이유에서 세 번째 옵션에 속한다.

▌특징 추출 및 주요 구성 요소 분석

때로는 엄청난 수의 열이 있고 이 엄청난 수의 열을 처리하기에는 충분하지 않을 것 같은 행이 있다.

이것의 좋은 예인 나이브 베이즈 예제에서 사용한 send cash now 예를 살펴본다. 문자 그대로 정확한 구절로 된 텍스트의 경우는 0이었다. 따라서 대신에 범주 모두에 대한 확률을 추론할 수 있게 나이브[naïve] 가정으로 바꿨다.

이 문제를 맨 먼저 다루는 이유는 **차원의 저주**^{curse of dimensionality}라고 불리는 것 때문이다.

차원의 저주는 기본적으로 새로운 특징의 열을 소개하고 고려할 때 만드는 빈 공간을 채우기 위해 기하급수적으로 많은 행(데이터 포인트)이 필요하다고 말한다.

4,086개의 텍스트가 있는 코퍼스^{corpus}(말뭉치)에서 점 사이 거리를 활용하는 학습 모델을 사용하려고 할 때 전체가 Countvectorized된 사례를 생각해보자. 이 텍스트 점 사이에 18,884개의 단어가 있다고 가정해보자.

```
X.shape
(4086, 18884)
```

이제 실험을 해보자. 우선 텍스트의 유일한 차원으로 한 단어를 고려할 것이다. 그다음에는 얼마나 많은 텍스트 조각이 서로 1단위 안에 있는지를 계산한다. 예를 들어 두 문장 모두에 해당 단어가 포함돼 있으면 0 단위로 떨어져 있고, 비슷하게 두 문장 중 어디에도 해당 단어가 포함돼 있지 않으면 서로 0 단위로 떨어져 있다.

```
d = 1
# 서로 1단위 안에 있는 점들을 찾아보자.

X_first_word = X[:,:1]
# 모든 행이 아닌 첫 번째 열만 본다.

from sklearn.neighbors import NearestNeighbors
# 이 모듈은 각 점 사이의 거리를 계산한다.

neigh = NearestNeighbors(n_neighbors=4086)
neigh.fit(X_first_word)
# 각 점 사이의 각 거리를 계산하도록 모듈에 지시한다.
```

스캔할 거리가 16,695,396(4086×4086)이다.

```
A = neigh.kneighbors_graph(X_first_word, mode='distance').todense( )
#이 행렬은 모든 거리(1600만 개 이상)를 가진다.

num_points_within_d = (A < d).sum( )
# 1단위 거리 내의 점들이 쌍으로 있는 수를 센다.

num_points_within_d
16258504
```

따라서 1,620만 쌍의 텍스트가 하나의 거리 단위 내에 있다. 이제 첫 번째 두 단어로 다시 시도해보자.

```
X_first_two_words = X[:,:2]
neigh = NearestNeighbors(n_neighbors=4086)
neigh.fit(X_first_two_words)
A = neigh.kneighbors_graph(X_first_two_words, mode='distance').
todense( )
num_points_within_d = (A < d).sum( )

num_points_within_d
16161970
```

훌륭하다! 이 새로운 칼럼을 추가함으로써 거리의 단일 단위 내에 있는 약 10만 쌍의 점을 잃었다. 추가하는 모든 차원에 대해 그 사이에 공간을 추가하기 때문이다. 이 검정을 한 단계 더 진행하고 첫 번째 100단어에 대해 이 수를 계산한 다음 결과를 그린다.

```
d = 1
```

```
# 1단위 내의 점을 스캔한다.

num_columns = range(1, 100)
# 처음 100개의 열을 본다.
points = []
# 그래프에 대해 1단위 내에서 점의 수를 수집한다.

neigh = NearestNeighbors(n_neighbors=X.shape[0])
for subset in num_columns:
    X_subset = X[:,:subset]
    # 첫 번째 열을 본 다음, 처음 두 개의 열을 본 다음, 처음 세 개의 열을 ...
    neigh.fit(X_subset)
    A = neigh.kneighbors_graph(X_subset, mode='distance').todense()
    num_points_within_d = (A < d).sum()
# 1단위 내에서 점의 수를 계산한다.
    points.append(num_points_within_d)
```

이제 살펴본 차원의 수와 1단위 내에서 점의 수를 플로팅해보자.

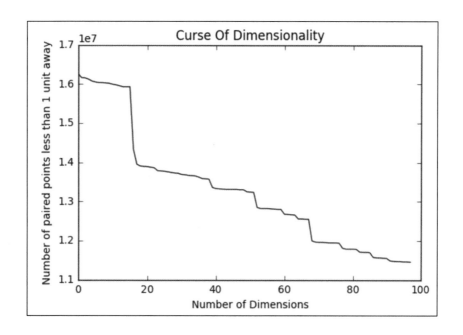

점점 더 많은 열을 도입함에 따라 서로 하나의 단위 안에 있는 점의 수가 극적으로 감소한다는 것을 분명히 알 수 있다. 그리고 이것은 처음 100개의 열이다! 18,000개 이상의 모든 단어를 고려할 때까지 얼마나 많은 점이 하나의 단위 안에 있는지 살펴보자.

```
neigh = NearestNeighbors(n_neighbors=4086)
neigh.fit(X)
A = neigh.kneighbors_graph(X, mode='distance').todense()
num_points_within_d = (A < d).sum()

num_points_within_d
4090
```

결국 4,000문장만 서로의 단위 내에 있다. 새로운 열을 위해서 추가한 이 모든 공간은 서로의 범위 내에 있어야 하는 점들의 제한된 양을 더 어렵게 만든다. 이 격차를 해소하기 위해 더 많은 점을 추가해야 한다. 이것이 차원 감소 사용을 고려해야 하는 이유다.

차원의 저주는 더 많은 데이터 포인트를 추가하거나(항상 가능하지는 않음) 차원 축소를 구현해 해결될 수 있다. 차원 축소는 단순히 행 수가 아닌 데이터셋의 열 수를 줄이는 행위다. 차원 축소를 구현하는 두 가지 방법이 있다.

- **특징 선택**: 이것은 열 특징을 서브 세트로 지정하고 최상의 기능만 사용하는 행위이다
- **특징 추출**: 이것은 특징 세트를 새롭게 추출한 좌표계로 수학적으로 변환하는 행위다.

마치 "Emabrked_Q가 의사 결정 트리에 도움이 되지 않으니 그것을 제거하고 어떻게 수행되는지 보자"는 프로세스처럼 특징을 잘 선택한다. 말 그대로 우리(또는 기계)가 특정 열을 무시하는 결정을 내려야 할 때다.

특징 추출은 좀 더 까다롭다.

특징 추출에서는 일반적으로 어떤 단일 원본 열보다 더 우수한 새로운 슈퍼 열을 얻기 위해 상당히 복잡한 수식을 일반적으로 사용한다.

이렇게 하는 주요 모델을 주요 구성 요소 분석^{PCA, Principal Component Analysis}이라고 부른다. PCA는 더 적은 수의 열로 원본 데이터를 나타내기 위해 슈퍼 열의 수를 추출한다. 구체적인 예를 들어보자. 이전에 4,086개의 행과 18,000개의 열로 된 텍스트를 언급했다. 해당 데이터셋은 실제로 Yelp[1] 온라인 리뷰 세트다.

```
url = '../data/yelp.csv'
yelp = pd.read_csv(url, encoding='unicode-escape')

# 별 5개와 별 1개 리뷰만 포함된 새로운 데이터프레임을 만든다.
yelp_best_worst = yelp[(yelp.stars==5) | (yelp.stars==1)]

# X와 y를 정의한다.
X = yelp_best_worst.text
y = yelp_best_worst.stars == 5
```

목표는 리뷰에 사용된 단어를 토대로 한 사람이 5개 또는 1개의 별점을 제출했는지 여부를 예측하는 것이다. 로지스틱 회귀로 기본 선을 설정하고 이 바이너리 카테고리를 얼마나 잘 예측할 수 있는지 살펴보자.

```
from sklearn.linear_model import LogisticRegression
lr = LogisticRegression()

X_train, X_test, y_train, y_test = train_test_split(X, y, random_state=100)
# 훈련 및 검정셋을 만든다.
```

---

1. 대표적인 지역 기반 소셜 네트워크로, 크라우드 소싱을 이용해 여러 도시의 식당, 백화점, 병원 등에 대한 평판을 모으는 서비스다. 회원들은 특정 지역의 비즈니스, 서비스, 명소 등에 대한 추천과 리뷰를 공유할 수 있다. - 옮긴이

```
vect = CountVectorizer(stop_words='english')
# 단어의 수를 세고, a, an, the, you 등과 같은 불용어를 제거한다.

X_train_dtm = vect.fit_transform(X_train)
X_test_dtm = vect.transform(X_test)
# 텍스트를 문서 용어 행렬로 변환한다.

lr.fit(X_train_dtm, y_train)
# 훈련셋에 맞춘다.

lr.score(X_test_dtm, y_test)
# 검정셋의 점수를 계산한다.
0.91193737
```

따라서 코퍼스의 모든 단어를 사용하면 모델의 정확도가 91%를 넘는 것 같다. 나쁘지 않다!

상위 100개에서 사용된 단어만 사용해보자.

```
vect = CountVectorizer(stop_words='english', max_features=100)
# 가장 많이 사용되는 100개의 단어만 사용한다.

X_train_dtm = vect.fit_transform(X_train)
X_test_dtm = vect.transform(X_test)
print X_test_dtm.shape          # (1022, 100)

lr.fit(X_train_dtm, y_train)

lr.score(X_test_dtm, y_test)
0.8816
```

훈련 및 검정 행렬에 100개의 열이 어떻게 있는지 유의하자. 이것은 vectorizer에게 상위 100개 단어만 보라고 했기 때문이다. 또한 성능에 영향을 미쳤고 88%의 정확도로 떨어졌다. 이것은 코퍼스에서 4,700개가 넘는 단어를 무시했기 때문이다.

이제 다른 접근법을 취해보자. PCA 모듈을 가져 와서 100개의 새로운 슈퍼 열을 만들고 어떻게 수행하는지 살펴보자.

```
from sklearn import decomposition
# 슈퍼 열을 100개 만들 것이다.

vect = CountVectorizer(stop_words='english')
# 어떤 단어도 무시하지 않는다.
pca = decomposition.PCA(n_components=100)
# pca 객체를 인스턴스화한다.

X_train_dtm = vect.fit_transform(X_train).todense()
# 복잡한 행렬은 PCA를 통과해야 하지만, 전반적인 메시지에 영향을 미치지는 않는다.

X_train_dtm = pca.fit_transform(X_train_dtm)

X_test_dtm = vect.transform(X_test).todense()
X_test_dtm = pca.transform(X_test_dtm)
print X_test_dtm.shape      # (1022, 100)

lr.fit(X_train_dtm, y_train)

lr.score(X_test_dtm, y_test)
.89628
```

행렬에는 여전히 100개의 열이 있지만, 이 열은 더 이상 코퍼스의 단어가 아니다. 이것은 열의 복잡한 변형이며 100개의 새로운 열이다. 또한 이 새로운 열 100개를 사용하면 100개의 최상위 단어를 사용하는 것보다 더 나은 예측 성능을 얻을 수 있다!

사전에 가장 좋은 열을 선택하는 것보다 일반적으로 더 나은 새로운 열을 추출하기 위해서 특징 추출은 좋은 방법으로 수학 공식을 사용한다.

그렇다면 이 새로운 슈퍼 열을 어떻게 시각화할 수 있을까? 이미지 분석을 사용한 예를 살펴보는 것보다 더 나은 방법은 없다고 본다. 특별히 안면 인식 소프트웨어를 만들어보자. scikit-learn을 통해 몇 개의 얼굴 이미지를 가져와서 시작하자.

```
from sklearn.datasets import fetch_lfw_people

lfw_people = fetch_lfw_people(min_faces_per_person=70, resize=0.4)

# 이미지 배열을 조사해 모양을 찾는다(플로팅용).
n_samples, h, w = lfw_people.images.shape

# 머신 러닝을 위해 2개의 데이터를 직접 사용한다.
# (상대 픽셀 위치 정보는 이 모델에서 무시한다)
X = lfw_people.data
y = lfw_people.target
n_features = X.shape[1]

X.shape
(1288, 1850)
```

사람의 얼굴을 1,288개의 이미지로 모았으며, 각각의 이미지는 그 사람을 식별하는 1,850개의 특징(픽셀)을 갖고 있다. 예를 살펴보자.

```
plt.imshow(X[0].reshape((h, w)), cmap=plt.cm.gray)
lfw_people.target_names[y[0]]
'Hugo Chavez'
```

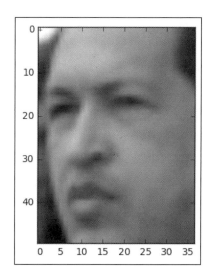

```
plt.imshow(X[100].reshape((h, w)), cmap=plt.cm.gray)
lfw_people.target_names[y[100]]
'George W Bush'
```

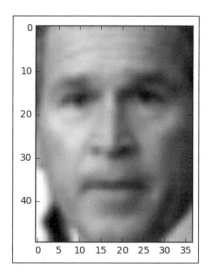

보고 있는 데이터의 유형을 살펴보기 위해 몇 가지 전반적인 측정 항목을 살펴보자.

```
# 예측할 라벨은 그 사람의 ID다.
target_names = lfw_people.target_names
n_classes = target_names.shape[0]

print("Total dataset size:")
print("n_samples: %d" % n_samples)
print("n_features: %d" % n_features)
print("n_classes: %d" % n_classes)

Total dataset size:
n_samples: 1288
n_features: 1850
n_classes: 7
```

따라서 1,288개의 이미지, 1,850개의 특징, 7개의 클래스(사람) 중에서 선택할 수 있다. 목표는 주어진 1,850개의 픽셀을 기반으로 사람의 얼굴 이름을 부여하는 분류자를 만드는 것이다.

기준선을 취하고 아무 것도 하지 않은 채 로지스틱 회귀가 데이터에서 어떻게 수행되는지 살펴보자.

```
from sklearn.linear_model import LogisticRegression
from sklearn.metrics import accuracy_score
from time import time # for timing our work

X_train, X_test, y_train, y_test = train_test_split(
        X, y, test_size=0.25, random_state=1)
# 훈련 및 검정셋을 얻는다.

t0 = time( ) # get the time now
logreg = LogisticRegression( )

logreg.fit(X_train, y_train)

# 검정셋에서 사람들의 이름을 예측한다.
```

```
y_pred = logreg.predict(X_test)

print accuracy_score(y_pred, y_test), "Accuracy"
print (time( ) - t0), "seconds"

0.810559006211 Accuracy
6.31762504578 seconds
```

6.3초 내에 검정셋에서 81%를 얻을 수 있었다. 나쁘지 않다.

이제 슈퍼 얼굴로 해보자.

```
# 훈련 및 검정셋으로 분할한다.
from sklearn.cross_validation import train_test_split

# 얼굴 데이터셋(라벨이 없는 데이터셋으로 처리됨)에서 PCA(고유 정보)를 계산한다.
# 자율(unsupervised) 특징 추출/차원 감소
n_components = 75

# %d개의 얼굴에서 상위 %d개의 eigenfaces를 추출한다.
   % (n_components, X_train.shape[0]))
pca = decomposition.PCA(n_components=n_components, whiten=True).fit(X_
train)
# whiten 매개변수는 추출된 열의 계산 속도를 높인다.
# eigenfaces 정규 직교 기준(orthonormal basis)에 대해 입력 데이터를 투영한다.
X_train_pca = pca.transform(X_train)
X_test_pca = pca.transform(X_test)
```

이 코드는 1,850개의 처리되지 않은 열에서 75개의 추출된 열을 수집한다. 이것이 슈퍼 얼굴이다. 새로 추출한 열을 로지스틱 회귀에 연결해 비교해보자.

```
t0 = time( )

# PCA로 검정셋에서 사람들의 이름을 예측한다.
```

```
logreg.fit(X_train_pca, y_train)
y_pred = logreg.predict(X_test_pca)

print accuracy_score(y_pred, y_test), "Accuracy"
print (time( ) - t0), "seconds"

0.82298136646 Accuracy
0.194181919098 seconds
```

와우! 이 전체 계산은 처리되지 않은 이미지보다 약 30배 빠를 뿐만 아니라, 예측 성능이 향상됐다. 이것은 많은 열을 가진 복잡한 데이터셋에서 머신 러닝을 수행할 때 PCA와 특징 추출이 일반적으로 도움을 준다는 것을 보여준다. 데이터셋에서 이러한 패턴을 검색하고 새로운 특징 열을 추출함으로써 학습 알고리즘의 속도를 높이고 향상시킬 수 있다.

좀 더 재미있는 것을 살펴보자. 이 예제의 목적 중 하나는 eigenfaces로 불리는 것을 검사하고 시각화하는 것이다. 슈퍼 열은 우리를 실망시키지 않을 것이다. 슈퍼 열이 인간처럼 보이도록 우리에게 보여줄 코드를 작성해보자.

```
def plot_gallery(images, titles, n_row=3, n_col=4):
    """Helper function to plot a gallery of portraits"""
    plt.figure(figsize=(1.8 * n_col, 2.4 * n_row))
    plt.subplots_adjust(bottom=0, left=.01, right=.99, top=.90, hspace=.35)
    for i in range(n_row * n_col):
        plt.subplot(n_row, n_col, i + 1)
        plt.imshow(images[i], cmap=plt.cm.gray)
        plt.title(titles[i], size=12)

# 가장 잘 나타내는 eigenfaces의 갤러리를 그린다.
eigenfaces = pca.components_.reshape((n_components, h, w))
eigenface_titles = ["eigenface %d" % i for i in range(eigenfaces.shape[0])]
plot_gallery(eigenfaces, eigenface_titles)
```

```
plt.show( )
```

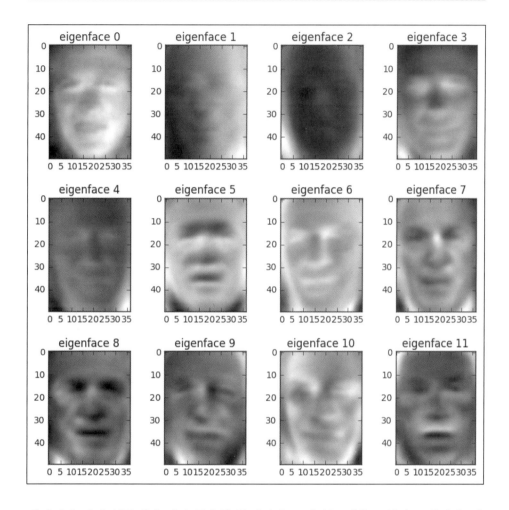

데이터가 사람 얼굴에서 가장 중요한 특징이라고 여기는 것을 표현하고 있지만, 아름답지는 않게 표현됐다. 왼쪽 위(첫 번째 슈퍼 열)에서 아래쪽으로 이동할 때 실제로 이미지가 알려주려는 것이 다소 쉽게 보인다. 첫 번째 슈퍼 열은 눈과 코와 입이 있는 매우 일반적인 얼굴 구조처럼 보인다. 거의 모든 얼굴에 있어야 하는 얼굴의 기본 특징을 나타낸다. 오른쪽에 있는 두 번째 슈퍼 열은 이미지의 그림자에 대해 알려주고 있는 것 같다. 다음 열은 피부 색조가 누구인지를 탐지하는 데 중요한 역할을 한다고 알려주는 것 같다. 세 번째 얼굴이 처음 두 개 얼굴보다 훨씬 더 어둡기 때문이다.

특징 추출을 사용하는 PCA와 같은 자율 학습 방법은 데이터를 매우 자세히 조사할 수 있게 해주고, 우리가 중요하다고 생각하는 것이 아닌 데이터가 생각하는 가장 중요한 특징을 알려준다. 특징 추출은 미래의 학습 방법을 빠르게 하고, 더 강력하게 만들며, 데이터가 어떻게 보여야 하는지에 대한 더 많은 통찰력을 주는 훌륭한 전처리 도구다. 이 절을 요약하면 다음과 같은 장단점을 나열할 수 있다.

특징 추출 사용의 장점

- 모델이 훨씬 빨라졌다.
- 예측 성능이 향상될 수 있다.
- 추출된 특징(eigenfaces)에 대한 통찰력을 줄 수 있다.

특징 추출 사용의 단점

- 과거의 열이 아닌 수학적으로 파생된 새로운 열이므로 열의 해석 가능성을 잃어버린다.
- 적은 수의 열을 추출할 때 정보가 손실되기 때문에 예측 성능이 저하될 수 있다.

▍요약

의사 결정 트리, 나이브 베이즈 분류, 특징 추출, K-means 클러스터링 사이에서 머신 러닝이 선형 및 로지스틱 회귀의 단순성을 넘어서고 다양한 유형의 복잡한 문제를 해결할 수 있음을 확인했다.

또한 지도 학습과 자율 학습의 예를 살펴봤고, 그렇게 함으로써 많은 종류의 데이터 과학 관련 문제에 익숙해졌다.

12장에서는 인공 신경망artificial neural networks과 앙상블 기술ensembling techniques을 비롯한 훨씬 더 복잡한 학습 알고리즘을 살펴본다. 또한 편향 분산 트레이드오프bias variance tradeoff와 오버피팅overfitting의 개념 등 더 복잡한 데이터 과학 개념을 살펴보고 이해해 본다.

12

필수 요소를 넘어서

12장에서는 사람들이 흥미를 잃을지도 모르는 데이터 과학의 좀 더 복잡한 부분에 대해 알아본다. 데이터 과학이 항상 재미있는 것도 아니고, 머신 러닝도 아니기 때문이다. 때로는 이론적 패러다임 및 수학적 패러다임을 토의하고 고려해야 하며, 프로시저를 평가해야 한다.

12장에서는 주제를 완전히 이해할 수 있게 많은 프로시저를 단계별로 살펴본다. 12장에서 다루는 내용은 다음과 같다.

- 교차 검증Cross-validation
- 편향 분산 트레이드오프bias variance tradeoff
- 오버피팅 및 언더피팅Overfitting and underfitting

- 앙상블 기술Ensembling techniques
- 랜덤 포레스트Random forests
- 신경망Neural networks

이것들은 다뤄야 할 주제들 중 일부일 뿐이다. 어느 부분이든 혼란스러워 하지 않기 바란다. 최대한 주의 깊게 많은 예제와 시각적인 자료로 각 프로시저/알고리즘을 설명하려고 한다.

▌ 편향 분산 트레이드오프

이전의 장들에서 편향 및 분산의 개념을 이야기했다. 이 두 가지 개념을 이야기할 때 일반적으로 지도 학습 알고리즘을 말한다. 편향과 분산으로 인해 예측 모델에서 오차가 발생하는 것에 대해 구체적으로 알아보자.

편향으로 인한 오차

편향bias으로 인한 오차를 이야기할 때 모델이 기대하는 예측과 우리가 예측하려고 하는 실제 (정확한) 값의 차이에 대해 말한다. 사실상 편향은 일반적으로 모델의 예측이 올바른 값에서 얼마만큼 떨어져 있는지를 측정한다.

편향을 단순히 예측된 값과 실제 값의 차이라고 생각하자. 예를 들어 $F(x)$로 표현된 모델이 다음과 같이 29의 값을 예측한다고 가정하자.

$$F(29) = 88$$

여기에서 29의 값은 79에서 예측된 것이어야 한다.

$$Bias(29) = 88 - 79 = 9$$

머신 러닝 모델이 예측(회귀 또는 분류)에서 매우 정확한 경향이 있는 경우 낮은 편향 모델로 간주되는 반면, 모델이 상당히 자주 틀리면 높은 편향 모델로 간주된다.

편향은 모델이 평균적으로 얼마나 정확한지 또는 정확도의 기준으로 모델을 판단하는 척도다.

분산으로 인한 오차

분산^{variance}으로 인한 오차는 주어진 데이터 포인트에 대한 모델 예측의 가변성에 따라 달라진다. 머신 러닝 모델 구축 과정을 반복한다고 가정해보자. 분산은 고정된 점에 대한 예측이 다른 최종 결과와 얼마나 다른지를 살펴봄으로써 측정된다.

분산을 머리로 상상해보려면 데이터 포인트의 모집단에 대해 생각해보자. 무작위로 추출한 표본을 반복해서 가져오는 경우 머신 러닝 모델이 크게 변경되거나 매번 다르게 적용된다. 모델이 표본 간에 크게 변하지 않으면 모델은 낮은 분산 모델로 간주된다. 표본 간에 모델이 크게 변경되면 해당 모델은 고분산$^{high\ variance}$ 모델로 간주된다.

분산은 일반화 가능성을 기준으로 모델을 판단하는 훌륭한 방법이다. 모델의 분산이 낮으면 사람의 지도/감독 없이 마음대로 설정하고 값을 예측할 때 특정 방식으로 동작할 것으로 기대할 수 있다.

우리의 목표는 편향과 분산을 모두 최적화하는 것이다. 이상적으로 가능한 가장 낮은 분산과 편향을 찾고 있다.

이것은 예제를 사용하면 가장 잘 설명할 수 있다.

예제: 포유동물의 몸과 뇌 무게 비교

포유동물의 뇌 무게와 그에 상응하는 체중 사이의 관계를 고려한다고 가정해보자. 가설은 둘 사이에 양의 상관관계가 있다는 것이다(하나가 올라가면 다른 것도 올라간다). 그런데 이 관계는 얼마나 강한가? 심지어 선형인가? 뇌 무게가 증가함에 따라 체중의 로그^{logarithmic} 또는 이차^{quadratic} 증가가 있을 것이다.

다음과 같이 파이썬을 사용해 탐색해보자.

```
# # 편향 분산 트레이드오프 탐험

import pandas as pd
import numpy as np
import seaborn as sns
%matplotlib inline
```

seaborn이라는 모듈을 사용해 데이터 포인트를 산포도로 시각화하고 선형과 더 높은 다항식 회귀 모델을 그래프로 나타낸다.

```
# ## 뇌와 몸무게

'''
이것은 62종의 포유류에 대한 몸과
뇌의 평균 무게 [데이터셋]이다.
pandas로 읽어 보자.
'''
df = pd.read_table('http://people.sc.fsu.edu/~jburkardt/
datasets/regression/x01.txt', sep='\s+', skiprows=33,
names=['id','brain','body'], index_col='id')
df.head()
```

id	brain	body
1	3.385	44.5
2	0.480	15.5
3	1.350	8.1
4	465.000	423.0
5	36.330	119.5

다음과 같이 편향과 분산의 시각적 표현을 악화시키는 표본의 작은 부분집합을 취할 것이다.

```
# 체중이 200 미만인 더 작은 부분집합에 초점을 맞출 것이다.
df = df[df.body < 200]
df.shape
(51, 2)
```

실제로 51종의 포유류만 존재한다고 가정하자. 다시 말하면 알려진 모든 포유류에 대한 뇌와 체중의 전체 데이터셋인 것으로 가정한다.

```
# 산포도를 그려 보자.
sns.lmplot(x='body', y='brain', data=df, ci=None, fit_reg=False)
sns.plt.xlim(-10, 200)
sns.plt.ylim(-10, 250)
```

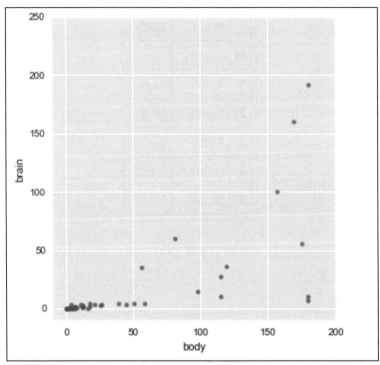

포유동물 뇌와 몸의 무게 산포도

포유동물의 뇌와 몸무게 사이에 관계가 있는 것으로 보인다. 지금까지는 양의 상관 관계라고 가정할 수 있다.

이제 선형 회귀를 시도해보자. seaborn을 사용해 1차 다항식(선형) 회귀를 만들어 그려보자.

```
sns.lmplot(x='body', y='brain', data=df, ci=None)
sns.plt.xlim(-10, 200)
sns.plt.ylim(-10, 250)
```

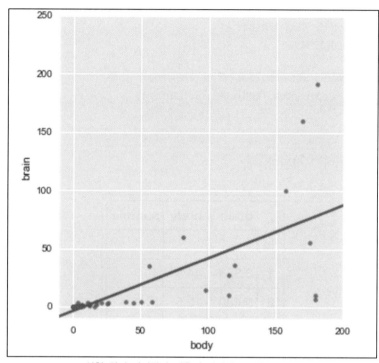

선형 회귀 시각화가 적용된 이전과 동일한 산포도

이제 새로운 포유류가 발견됐다고 가정하자. 이 포유류의 모든 구성원의 체중을 측정해 평균 체중을 100으로 계산한다. 이 포유류의 평균 뇌 무게를 예측하고 싶다 (직접 측정하는 것이 아니다). 이 선을 사용하면 뇌 무게를 약 45로 예측할 수 있다.

이 선은 그래프의 데이터 포인트에 근접하지 않으므로, 사용하는 데 가장 좋은 모델이 아닐 수도 있다. 편향이 너무 높다고 주장할 수도 있다. 나도 동의한다! 선형 회귀 모델은 높은 편향을 갖는 경향이 있지만, 선형 회귀는 뭔가 꿍꿍이가 있어서 매우 낮은 분산을 갖는다. 그런데 이것은 실제로 무엇을 의미할까?

포유동물 전체를 대상으로 다음과 같이 무작위로 두 개의 표본으로 나눈다고 가정하자.

```
# 재현성을 위해 임의의 시드를 설정한다.
np.random.seed(12345)

# 모든 행을 sample 1 또는 sample 2에 무작위로 할당한다.
df['sample'] = np.random.randint(1, 3, len(df))
df.head()
```

새로운 표본 열이 포함된다.

id	brain	body	sample
1	3.385	44.5	1
2	0.480	15.5	2
3	1.350	8.1	2
5	36.330	119.5	2
6	27.660	115.0	1

```
# 두 표본을 비교하면 상당히 다르다!
df.groupby('sample')[['brain', 'body']].mean()
```

sample	brain	body
1	18.113778	52.068889
2	13.323364	34.669091

이제 seaborn으로 왼쪽 플롯은 표본 1의 데이터만 사용하고 오른쪽 플롯은 표본 2의 데이터만 사용하는 두 개의 플롯을 생성한다.

```
# col = 'sample' 표본을 기준으로 데이터의 부분집합을 만든다. 두 개를 만든다.
# 플롯을 분리한다.
sns.lmplot(x='body', y='brain', data=df, ci=None, col='sample')
sns.plt.xlim(-10, 200)
sns.plt.ylim(-10, 250)
```

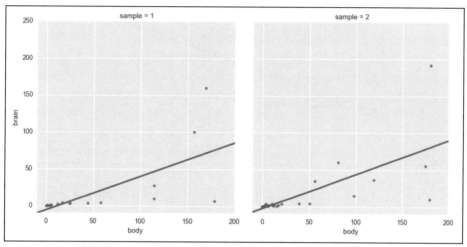

표본 1과 2에 대한 선형 회귀의 산포도

거의 다르게 보이지 않는다. 면밀히 살펴보면 표본 간에 단일 데이터 포인트가 공유되지 않고 라인이 거의 동일하게 보인다. 이 점을 더 나타내려면 그림과 같이 두 선을 모두 같은 그래프에 두고 색을 사용해 표본을 분리해보자.

```
# hue = 'sample'은 표본으로 데이터의 부분집합을 만들고 단일 플롯을 그린다.
sns.lmplot(x='body', y='brain', data=df, ci=None, hue='sample')
sns.plt.xlim(-10, 200)
sns.plt.ylim(-10, 250)
```

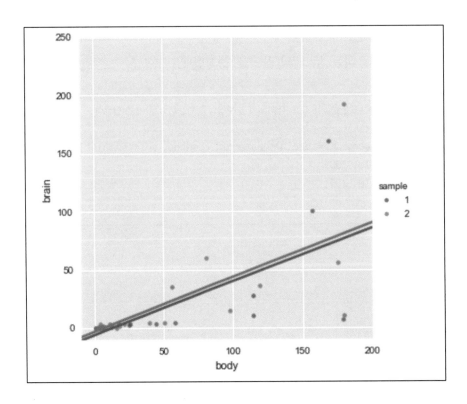

별도의 데이터 표본을 사용했음에도 불구하고 이 선은 두 플롯 간에 매우 유사하게 보인다. 두 경우 모두 뇌 무게를 약 45로 예측할 것이다.

선형 회귀가 동일한 모집단에서 추출된 완전히 다른 데이터셋에 적용됐음에도 불구하고, 매우 유사한 선을 생성해 모델의 분산은 낮다.

모델의 복잡성을 높이고 더 많이 학습시키면 어떨까? 선을 맞추는 대신 seaborn을 4차 다항식에 맞춰보자. 다항식의 차수를 증가함으로써 그래프는 다음과 같이 데이터를 더 잘 나타낼 수 있게 뒤틀릴 수 있다.

```
# 낮은 편향, 높은 분산 모델은 어떻게 생겼을까?
# 4차 다항식을 사용해 다항 회귀를 시도해보자.
sns.lmplot(x='body', y='brain', data=df, ci=None, \
```

```
col='sample', order=4)
sns.plt.xlim(-10, 200)
sns.plt.ylim(-10, 250)
```

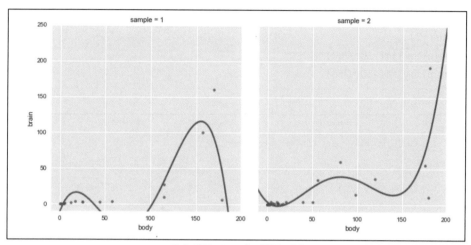

회귀 목적으로 4차 다항식 사용

예를 들어 동일한 모집단에 있는 두 개의 다른 표본에 대해 4차 다항식은 크게 다른
것처럼 보인다. 이것은 높은 분산의 표현이다.

이 모델은 데이터와 잘 일치하기 때문에 편향이 적다. 그러나 표본에 어떤 점이
있는지에 따라 모델이 크게 다르므로 높은 분산이 있다. 체중이 100인 경우 뇌의
무게 예측은 표본에 어떤 데이터가 발생했는지에 따라 40이나 0이 된다.

또한 다항식은 데이터의 일반적인 관계를 인식하지 못한다. 포유류의 뇌와 체중
간에는 양의 상관관계가 있는 것으로 보인다. 그러나 4차 다항식에서 이 관계는
어디에도 발견되지 않으며, 신뢰할 수 없다. 첫 번째 표본(왼쪽 그래프)에서는 다항식
이 아래쪽으로 끝나고, 두 번째 그래프에서는 그래프가 위쪽 끝으로 나간다. 이 모
델은 예측할 수 없으며, 주어진 훈련셋에 따라 크게 달라질 수 있다.

데이터 과학자로서의 역할은 타협점을 찾는 것이다.

선형 모델보다 편향이 덜한 모델을 만들 수 있고, 4차 다항식보다 분산이 적은 모델을 만들 수도 있을 것이다.

```
# 2차 다항식을 대신 사용해보자.
sns.lmplot(x='body', y='brain', data=df, ci=None, col='sample',
order=2)
sns.plt.xlim(-10, 200)
sns.plt.ylim(-10, 250)
```

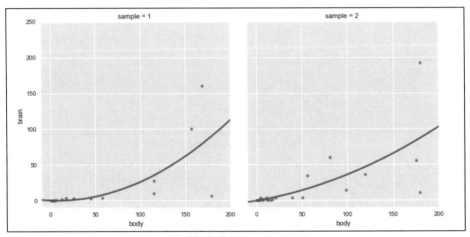

2차 다항식을 추정량으로 사용하는 산포도

이 플롯은 편향과 분산의 균형이 좋은 것처럼 보인다.

편향 분산 트레이드오프의 극단적인 두 가지 경우

우리가 살펴본 것은 모델 피팅의 극단적인 두 가지 사례다. 하나는 언더피팅이고 다른 하나는 오버피팅이다.

언더피팅

언더피팅^{underfitting}은 모델이 데이터에 전혀 맞지 않을 때 발생한다. 편향이 높고 분산이 낮은 모델이 언더피팅하는 경향이 있다. 포유동물의 뇌/몸무게 사례의 경우 선형 회귀가 데이터를 언더피팅하고 있다. 일반적인 형태의 관계를 갖고 있지만, 높은 편향을 갖고 있다.

학습 알고리즘이 높은 편향을 보이거나 언더피팅하는 경우 다음과 같은 제안이 도움이 될 수 있다.

- **더 많은 특징 사용**: 예측력에 도움이 된다면 새로운 특징을 모델에 포함시켜 본다.
- **더 복잡한 모델을 시도**: 모델에 복잡성을 추가하면 편향을 개선하는 데 도움이 된다. 지나치게 복잡한 모델은 해롭다!

오버피팅

오버피팅^{overfitting}은 모델을 훈련셋에 맞추기가 너무 힘들어 편향은 낮지만 분산은 훨씬 높은 경우다. 낮은 편향과 높은 분산을 가진 모델은 오버피팅이 발생하기 쉽다. 포유동물의 뇌/몸무게 사례의 경우 4차 다항식 (4차) 회귀가 데이터를 오버피팅하고 있다.

학습 알고리즘이 높은 분산을 보이거나 오버피팅하는 경우 다음과 같은 제안이 도움이 될 수 있다.

- **더 적은 특징 사용**: 더 적은 특징을 사용하면 분산을 줄이고 오버피팅을 방지할 수 있다.
- **더 많은 훈련 표본에 맞춤**: 교차 검증에서 더 많은 훈련 데이터 포인트를 사용하면 오버피팅의 영향을 줄이고, 높은 분산 추정량을 개선할 수 있다.

편향 분산이 오차 함수에 미치는 영향

오차 함수(모델이 얼마나 부정확한지 측정)는 편향이나 분산, 또는 줄일 수 없는 오차의 함수로 생각할 수 있다. 수학적으로 말하자면 지도 학습 모델을 사용해 데이터셋을 예측하는 오차는 다음과 같이 보일 수 있다.

$$Error(x) = Bias^2 + Variance + Irreducible\ Error$$

여기에서 $Bias^2$는 오차항[bias term] 제곱이며(복잡한 방정식에서 표현을 단순화할 때 발생), $Variance$는 무작위로 추출된 표본 간에 모델 피팅이 얼마나 다른지 측정한 것이다.

간단히 말해 편향[bias]과 분산[variance] 모두 오차에 기여한다. 모델의 복잡성을 증가시키면(예: 선형 회귀에서 8차 다항식 회귀로 이동하거나 의사 결정 트리를 더 깊게 성장시키는 경우) $Bias^2$가 감소하고 $Variance$가 증가하며, 모델의 총 오차가 포물선 모양을 형성한다는 것을 다음과 같이 알 수 있다.

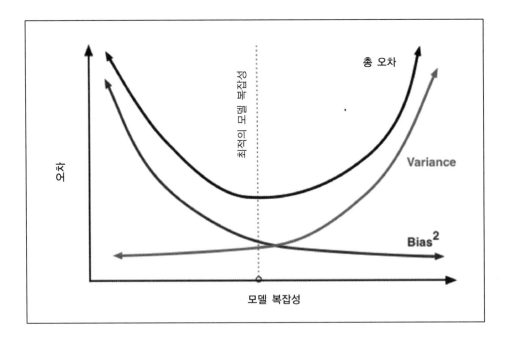

데이터 과학자의 목표는 모델의 복잡성을 최적화하는 스윗 스팟$^{sweet\ spot}$을 찾는 것이다. 데이터를 오버피팅하는 것은 쉽다. 실제로 오버피팅을 방지하려면 오차에 대한 최상의 예측 변수를 얻기 위해 교차 검증(반복적으로 데이터셋 분할, 모델 재훈련, 측정 지표 평균화)을 사용해야 한다.

이 점을 설명하기 위해 새로운 지도 알고리즘을 도입하고 편향 분산 트레이드오프를 시각적으로 보여주려고 한다.

유사 패턴 패러다임을 사용하는 지도 학습 알고리즘인 KNN$^{K\text{-}Nearest\ Neighbors}$ 알고리즘을 사용할 것이다. 이것은 앞에서 살펴본 유사한 데이터 포인트를 기반으로 예측한다는 것을 의미한다.

KNN은 복잡성 입력 값으로 K를 가진다. K는 얼마나 많은 유사한 데이터 포인트를 비교해야 하는지 나타낸다. 주어진 입력에 대해 K = 3인 경우 가장 가까운 세 개의 데이터 포인트를 찾아 예측에 사용한다. 이 경우 K는 모델의 복잡성을 나타낸다.

```
from sklearn.neighbors import KNeighborsClassifier
# 홍채 데이터를 읽는다.
from sklearn.datasets import load_iris
iris = load_iris()
X, y = iris.data, iris.target
```

따라서 X와 y가 있다. 모델을 오버피팅하는 가장 좋은 방법은 정확히 동일한 데이터를 훈련하고 예측하는 것이다.

```
knn = KNeighborsClassifier(n_neighbors=1)
knn.fit(X, y)
knn.score(X, y)
1.0
```

100%의 정확도?! 이것은 너무 정확해서 사실이 될 수 없다.

동일한 데이터를 훈련하고 예측함으로써 본질적으로 데이터가 순진하게 훈련셋을 기억하고 이것을 다시 알려주는 것이다(이것을 훈련 오차라고 한다). 이것이 10장에서 훈련 및 검정셋을 소개한 이유다.

▌ K겹 교차 검증

K겹 교차 검증K-folds cross-validation은 모델 성능의 훨씬 나은 추정량이다. 훈련-검정 분할보다 훨씬 더 좋다. 작동 방식은 다음과 같다.

1. 데이터의 균등하게 한정된 수(일반적으로 3, 5, 또는 10)를 취한다. 이 수를 k라고 한다.
2. 교차 검증의 각 '겹fold'에 대해 섹션의 k-1을 훈련셋으로 취급하고 나머지 섹션은 검정셋으로 취급한다.
3. 나머지 겹에 대해 k-1 섹션의 다른 배열은 훈련셋으로 간주되고 다른 섹션은 검정셋이다.
4. 교차 검증의 각 겹에 대해 설정된 측정 지표를 계산한다.
5. 마지막으로 평균 점수를 구한다.

교차 검증은 동일한 데이터셋에서 수행되는 여러 번의 훈련-검정 분할을 효과적으로 이용한다. 이것은 몇 가지 이유가 있지만, 주로 교차 검증은 모델의 표본 오차 sample error에서 가장 정직한 추정치이기 때문에 주로 수행된다.

이것을 시각적으로 설명하기 위해 포유류의 뇌와 몸의 무게 예를 잠깐 살펴보자. 다음 코드는 수동으로 5겹 교차 검증을 만든다. 여기서 5개의 서로 다른 훈련 및 검정셋이 동일한 모집단에서 만들어진다.

```
from sklearn.cross_validation import KFold

df = pd.read_table('http://people.sc.fsu.edu/~jburkardt/
datasets/regression/x01.txt', sep='\s+', skiprows=33,
names=['id','brain','body'])
df = df[df.brain < 300][df.body < 500]
# 가시성을 위해 점을 제한한다.

nfolds = 5
fig, axes = plt.subplots(1, nfolds, figsize=(14,4))
for i, fold in enumerate(KFold(len(df), n_folds=nfolds, shuffle=True)):
    training, validation = fold
    x, y = df.iloc[training]['body'], df.iloc[training]['brain']
    axes[i].plot(x, y, 'ro')
    x, y = df.iloc[validation]['body'], df.iloc[validation]['brain']
    axes[i].plot(x, y, 'bo')
plt.tight_layout()
```

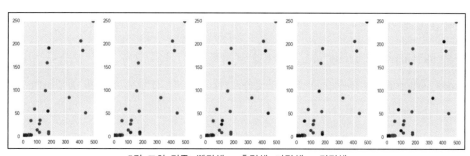

5겹 교차 검증: 빨간색 = 훈련셋, 파란색 = 검정셋

여기서 각각의 그래프는 포유류의 정확히 동일한 모집단을 보여주지만, 점이 겹의 훈련셋에 속하면 빨간색으로 표시되고, 검정셋에 속하면 파란색으로 표시된다. 이렇게 함으로써 성능이 겹 전체에서 일관되게 유지되는지 확인하기 위해 동일한 머신 러닝 모델의 다섯 가지 인스턴스를 얻는다.

충분히 오랫동안 점을 보면 각 점은 훈련셋에서 정확히 4번(k − 1) 나타나지만, 동일한 점은 검정셋에서 정확히 한 번만 나타난다.

K겹 교차 검증의 일부 특징은 다음과 같다.

- 이것은 여러 개의 독립적인 훈련-검정 분할을 취하고 결과를 평균화하기 때문에 단일 훈련-검정 분할보다 OOS 예측 오차를 더 정확하게 추정한다.
- 전체 데이터셋이 하나가 아닌 여러 개의 훈련-검정 분할에 사용되기 때문에 단일 훈련-검정 분할보다 더 효율적으로 데이터를 사용한다.
- 데이터셋의 각 레코드는 훈련 및 검정에 사용된다.
- 이 방법은 효율성과 계산 비용 간의 명확한 균형을 나타낸다. 10겹 교차 검증은 단일 훈련-검정 분할보다 계산상 10배 더 비싸다.
- 이 방법은 매개변수 튜닝과 모델 선택에 사용될 수 있다.

기본적으로 데이터셋에 대한 모델을 검정할 때마다 매개변수 튜닝이나 특징 엔지니어링을 바로 완료했는지 여부에 관계없이 K겹 교차 검증은 모델의 성능을 평가하는 훌륭한 방법이다.

물론 sklearn에는 cross_val_score라는 사용하기 쉬운 교차 검증 모듈이 있다. cross_val_score는 자동으로 데이터셋을 분할하고, 각 겹에서 모델을 실행하며, 결과를 깔끔하고 정돈한다.

```
# 훈련셋 및 검정셋 사용은 매우 중요하다.
# 교차 검증도 그만큼 중요하다.
# 교차 검증은 여러 가지 다른 훈련 검정 분할을 사용한다는 것을 기억하자.
# 결과를 평균화한다!

## 교차 검증

# K=1에 대한 교차 검증 점수를 확인한다.
from sklearn.cross_validation import cross_val_score, train_test_split
tree = KNeighborsClassifier(n_neighbors=1)
```

```
scores = cross_val_score(tree, X, y, cv=5, scoring='accuracy')
scores.mean()
0.95999999999
```

이전의 점수 1보다 훨씬 더 합리적인 정확도다. 전혀 다른 훈련 및 검정셋을 보유하고 있기 때문에 더 이상 100% 정확도를 얻지 못하는 것이다. KNN이 검정 포인트를 본 적이 없으므로 데이터를 정확하게 일치시킬 수 없다.

다음과 같이 K = 5(모델의 복잡성이 증가함)로 교차 검증 KNN을 시도해보자.

```
# K = 5에 대한 교차 검증 점수를 확인한다.
knn = KNeighborsClassifier(n_neighbors=5)
scores = cross_val_score(knn, X, y, cv=5, scoring='accuracy')
scores
np.mean(scores)
0.97333333
```

더욱 좋다! 이제 최고의 K를 찾아야 한다. 최고의 K는 정확도를 극대화하는 것이다. 몇 가지를 시도해보자.

```
# K의 최적 값을 찾는다.
k_range = range(1, 30, 2) # [1, 3, 5, 7, …, 27, 29]
errors = []
for k in k_range:
    knn = KNeighborsClassifier(n_neighbors=k)
    # k neighbors로 KNN을 인스턴스화한다.
    scores = cross_val_score(knn, X, y, cv=5, scoring='accuracy')
    # 5가지 정확도 점수를 구한다.
    accuracy = np.mean(scores)
    # 점수의 평균을 구한다.
    error = 1 - accuracy
    # 1에서 정확도를 뺀 오차를 구한다.
```

```
    errors.append(error)
    # 오차 목록을 추적한다.
```

이제 K의 각 값(1, 3, 5, 7, 9, ..., 29)에 대한 오차 값(1 - 정확도)이 있다.

```
# K 값(x축) 대 5겹 교차 검증 점수(y축)로 플로팅한다.
plt.figure()
plt.plot(k_range, errors)
plt.xlabel('K')
plt.ylabel('Error')
```

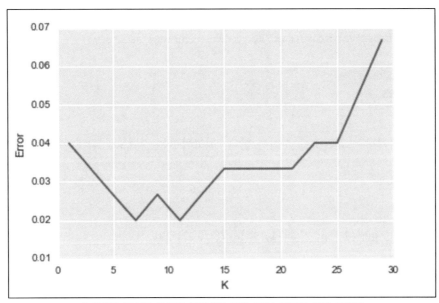

K 값으로 표시된 KNN의 복잡성에 대한 KNN 모델의 오차 그래프

이 그래프를 모델 복잡성 및 편향 분산의 이전 그래프와 비교하자. 왼쪽으로 갈수록 그래프는 편향이 높고 언더피팅된다. 모델의 복잡성이 증가함에 따라 오차가 감소하기 시작하지만, 잠시 후 모델이 지나치게 복잡해지고 분산이 높아져서 오차가 복원됐다.

K의 최적 값은 6과 10 사이인 것으로 보인다.

▍그리드 검색

sklearn은 그리드 검색grid searching이라는 또 다른 유용한 도구를 숨겨 두고 있다. 그리드 검색은 무차별적으로 많은 다른 모델 매개변수를 시도하고, 선택한 측정 지표에 따라 최상의 결과를 제공한다. 예를 들어 KNN을 다음과 같은 방식으로 정확도를 최적화하게 선택할 수 있다.

```
from sklearn.grid_search import GridSearchCV
# 그리드 검색 모듈 가져온다.

knn = KNeighborsClassifier()
# 이웃이 없는 백지 상태 KNN을 인스턴스화한다.

k_range = range(1, 30, 2)
param_grid = dict(n_neighbors=k_range)
# param_grid = {"n_ neighbors": [1, 3, 5, …]}

grid = GridSearchCV(knn, param_grid, cv=5, scoring='accuracy')

grid.fit(X, y)
```

코드의 grid.fit( ) 줄에서 일어나는 일은 각 특징 조합에서 K에 대해 15가지 다른 가능성을 갖는 경우 특징을 다섯 번 교차 검증한다. 즉, 이 코드가 끝날 때 15 × 5 = 75개의 다른 KNN 모델이 만들어진다. 이 기법을 좀 더 복잡한 모델에 적용하면 시간이 흐르면서 어떻게 어려워질 수 있는지를 알 수 있다.

```
# 그리드 검색 결과를 확인한다.
grid.grid_scores_
```

```
grid_mean_scores = [result[1] for result in grid.grid_scores_]
# 이것은 각 매개변수 조합에 대한 평균 정확도 목록이다.
plt.figure()
plt.ylim([0.9, 1])
plt.xlabel('Tuning Parameter: N nearest neighbors')
plt.ylabel('Classification Accuracy')
plt.plot(k_range, grid_mean_scores)
plt.plot(grid.best_params_['n_neighbors'], grid.best_score_, 'ro',
markersize=12, markeredgewidth=1.5,
        markerfacecolor='None', markeredgecolor='r')
```

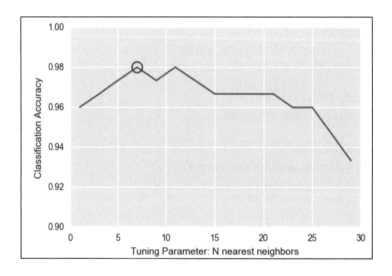

이 그래프는 for 루프로 이전에 얻은 그래프와 기본적으로 동일하지만, 훨씬 더 간단하다!

7개의 이웃들(이 그래프에서 원으로 그려진)이 최고의 정확도를 갖는 것으로 보인다. 그러나 다음과 같이 최상의 매개변수와 최상의 모델도 매우 쉽게 얻을 수 있다.

```
grid.best_params_
# {'n_neighbors': 7}
```

```
grid.best_score_
# 0.9799999999

grid.best_estimator_
# 최상의 매개변수로 부적합 모델을 실제로 반환한다.
# KNeighborsClassifier(algorithm='auto', leaf_size=30,
metric='minkowski',
      metric_params=None, n_jobs=1, n_neighbors=7, p=2,
      weights='uniform')
```

한걸음 더 나아가 보자. KNN에는 algorithm, p, weights처럼 다른 매개변수도 있다는 것을 눈치 챘을 것이다. scikit-learn 문서를 간략하게 살펴보면 다음과 같이 각각에 대해 몇 가지 옵션이 있음을 알 수 있다.

- p는 정수이며 사용하려는 거리의 유형을 나타낸다. 기본적으로 표준 거리 수식 p = 2를 사용한다.
- weights는 기본적으로 uniform이지만, distance가 될 수도 있다. 이는 거리에 따라 가중치를 부여하기 때문에 가까운 이웃이 예측에 더 큰 영향을 미친다.
- algorithm은 모델이 가장 가까운 이웃을 찾는 방법이다. ball_tree, kd_tree, brute를 시도할 수 있다. 기본 값은 auto이며, 자동으로 최상의 것을 사용하려고 시도한다.

```
knn = KNeighborsClassifier()
k_range = range(1, 30)
algorithm_options = ['kd_tree', 'ball_tree', 'auto', 'brute']
p_range = range(1, 8)
weight_range = ['uniform', 'distance']
param_grid = dict(n_neighbors=k_range, weights=weight_range,
algorithm=algorithm_options, p=p_range)
```

```
# 더 많은 옵션을 시도한다.
grid = GridSearchCV(knn, param_grid, cv=5, scoring='accuracy')
grid.fit(X, y)
```

위의 코드는 노트북에서 실행하는 데 약 1분이 걸렸지만, 서로 다른 매개변수의 조합 1,648개를 시도하고 각각을 5번 교차 검증했기 때문이다. 대체로 가장 좋은 답변을 얻으려면 8,400개의 다른 KNN 모델을 적용해야 한다!

```
grid.best_score_
0.98666666

grid.best_params_
{'algorithm': 'kd_tree', 'n_neighbors': 6, 'p': 3, 'weights': 'uniform'}
```

그리드 검색은 최선의 결과를 얻기 위해 매개변수가 모델을 튜닝하는 간단한 (그러나 비효율적인) 방법이다. 최선의 결과를 얻으려면 데이터 과학자들이 실제와 마찬가지로 더 나은 결과를 얻기 위해 특징 조작(축소 및 엔지니어링 모두)을 사용해야 한다. 최고의 성능을 달성하기 위해 단순히 모델에 의존해서는 안 된다.

시각화 훈련 오차와 교차 검증 오차

나는 교차 검증 오차와 훈련 오차를 비교하는 것이 중요하다고 다시 한 번 생각한다. 이번에는 모델의 복잡성에 따라 두 개가 어떻게 변하는지 비교하기 위해 두 개를 같은 그래프에 놓아보자.

포유류 데이터셋을 한 번 더 사용해 교차 검증 오차와 훈련 오차(훈련셋을 예측할 때 오차)를 표시한다. 우리는 포유류의 몸무게를 뇌 무게로 회귀하려고 한다는 것을 상기하자.

```
# 이 함수는 numpy polynomial fit 함수를 사용해
# 주어진 X와 y의 RMSE를 계산한다.
def rmse(x, y, coefs):
    yfit = np.polyval(coefs, x)
    rmse = np.sqrt(np.mean((y - yfit) ** 2))
    return rmse

xtrain, xtest, ytrain, ytest = train_test_split(df['body'],
df['brain'])

train_err = []
validation_err = []
degrees = range(1, 8)

for i, d in enumerate(degrees):
    p = np.polyfit(xtrain, ytrain, d)
    # numpy polynomial fit 함수를 내장한다.

    train_err.append(rmse(xtrain, ytrain, p))
    validation_err.append(rmse(xtest, ytest, p))

fig, ax = plt.subplots()
# 그래프를 만들기 시작한다.

ax.plot(degrees, validation_err, lw=2, label = 'cross-validation
error')
ax.plot(degrees, train_err, lw=2, label = 'training error')
# 두 개의 곡선 중 하나는 훈련 오차용, 다른 하나는 교차 검증 오차용이다.

ax.legend(loc=0)
ax.set_xlabel('degree of polynomial')
ax.set_ylabel('RMSE')
```

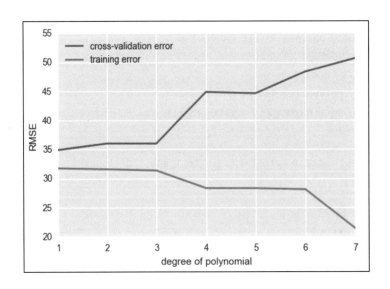

따라서 적합도를 높이면 훈련 오차가 문제없이 내려가지만, 모델의 복잡성이 커지면 모델이 데이터에 오버피팅되고 단순히 데이터를 되돌린다는 사실을 알 수 있다. 반면에 교차 검증 오차 라인은 훨씬 더 정직하며, 약 2 또는 3 정도 후에 성능이 떨어진다.

요점은 다음과 같다.

- 언더피팅은 교차 검증 오차와 훈련 오차가 모두 높을 때 발생한다.
- 오버피팅은 교차 검증 오차가 높고, 훈련 오차가 낮을 때 발생한다.
- 교차 검증 오차가 낮고, 훈련 오차보다 단지 약간 높은 경우가 적합하다.

언더피팅(높은 편향)과 오버피팅(높은 분산)은 모두 데이터를 일반화시키기에는 부족하다.

편향이나 분산이 심한 경우 몇 가지 팁이 있다.

모델에 높은 편향이 있는 경우에는 다음과 같다.

- 훈련 및 검정셋에 더 많은 특징을 추가한다.

400

- 모델의 복잡성을 추가하거나 좀 더 새롭고 세련된 모델을 시도한다.

모델에 높은 분산이 있는 경우에는 다음과 같다.

- 오버피팅의 효과를 줄이기 위해 더 많은 훈련 표본을 포함시킨다.

일반적으로 편향 분산 트레이드오프는 학습 알고리즘에서 편향과 분산을 최소화하기 위한 다툼이다. 지난 수십 년 동안 창안된 많은 새로운 학습 알고리즘은 두 영역에서 최고의 성능을 발휘할 의도로 만들어졌다.

▌ 앙상블 기술

앙상블 학습^{Ensemble learning} 또는 앙상블은 개별 모델보다 더 정확한 슈퍼 모델을 생성하기 위해 여러 예측 모델을 결합하는 프로세스다.

- **회귀**^{Regression}: 각 모델의 예측 평균을 취한다.
- **분류**^{Classification}: 투표를 해 가장 일반적인 예측을 사용하거나, 예측된 확률의 평균을 취한다.

이진 분류 문제(0 또는 1 중 하나를 예측)에 대해 작업을 한다고 가정하자.

```
# 앙상블

import numpy as np

# 재현성을 위해 임의의 시드를 설정한다.
np.random.seed(12345)

# 1000개의 관측치를 나타내는 각 모델에 대해 1000개의 임의의 숫자(0과 1 사이)를 생성한다.
mod1 = np.random.rand(1000)
mod2 = np.random.rand(1000)
```

```
mod3 = np.random.rand(1000)
mod4 = np.random.rand(1000)
mod5 = np.random.rand(1000)
```

이제 다음과 같이 각각 약 70%의 정확도를 갖는 다섯 가지 학습 모델을 시뮬레이션
한다.

```
# 난수가 적어도 0.3인 경우 각 모델은 1을 독립적으로 예측한다("올바른 응답").
preds1 = np.where(mod1 > 0.3, 1, 0)
preds2 = np.where(mod2 > 0.3, 1, 0)
preds3 = np.where(mod3 > 0.3, 1, 0)
preds4 = np.where(mod4 > 0.3, 1, 0)
preds5 = np.where(mod5 > 0.3, 1, 0)

print preds1.mean()
0.699
print preds2.mean()
0.698
print preds3.mean()
0.71
print preds4.mean()
0.699
print preds5.mean()
0.685

# 각 모델의 정확도는 약 70%다.
```

이제 마법을 적용하자. 미안해, 수학!

```
# 예측을 평균화한 다음 0 또는 1로 반올림한다.
ensemble_preds = np.round((preds1 + preds2 + preds3 + preds4 +
preds5)/5.0).astype(int)
ensemble_preds.mean()
```

0.83

투표 프로세스에 더 많은 모델을 추가하면 오차 가능성이 줄어든다. 이것은 콩도르세의 배심원 법칙Condorcet's jury theorem으로 알려져 있다.

실제로 앙상블이 잘 작동하려면 모델의 특성이 다음과 같아야 한다.

- **정확도**: 각 모델은 적어도 null 모델보다 성능이 뛰어나야 한다.
- **독립성**: 모델의 예측은 다른 모델의 예측 프로세스에 영향을 받지 않는다.

개별적으로 괜찮은 모델을 여러 개 갖고 있는 경우 한 모델에서 만들어진 극단적인 실수는 다른 모델에서는 만들어지지 않을 가능성이 높으므로, 모델을 결합할 때 실수는 무시된다.

앙상블을 위해서는 다음과 같은 두 가지 기본 방법이 있다.

- 많은 코드를 작성해 개별 모델을 수동으로 앙상블한다.
- 앙상블되는 모델을 사용한다.

앙상블되는 모델을 살펴볼 것이다. 그러려면 의사 결정 트리를 다시 살펴보자.

의사 결정 트리는 편향이 적고 분산이 높다. 임의의 데이터셋이 주어지면 트리는 데이터셋의 모든 단일 예를 간결하게 구별할 수 있을 때까지 질문(의사 결정을 내릴 수 있음)을 계속한다. 각 리프(터미널) 노드에 단 하나의 예제가 있을 때까지 계속 질문을 던질 수 있다. 트리는 너무 열심히 노력하고 너무 깊게 자라며, 훈련셋의 모든 세부 사항을 암기하는 것이다. 그러나 처음부터 다시 시작하면 트리가 다른 질문을 던질 수 있으며, 여전히 매우 깊어질 수 있다. 이것은 모든 요소를 구별할 수 있는 가능한 많은 트리가 있다는 것을 의미한다. 즉, 더 높은 분산을 의미하고 잘 일반화할 수 없다.

단일 트리의 분산을 줄이기 위해 트리에서 요청되는 질문의 수(max_depth 파라미터)를 제한하거나 랜덤 포레스트^{Random forests}라고 하는 의사 결정 트리의 앙상블 버전을 만들 수 있다.

랜덤 포레스트

의사 결정 트리의 가장 큰 약점은 훈련 데이터에서 다른 분할이 매우 다른 트리를 만들 수 있다는 것이다. 배깅^{Bagging}은 머신 러닝 방법의 분산을 줄이기 위한 범용적 목적 프로시저이지만, 의사 결정 트리에 특히 유용하다.

배깅은 부트스트랩^{Bootstrap} 표본의 집합을 의미하는 부트스트랩 집합의 줄임 말이다. 부트스트랩 표본이란 무엇일까? 이것은 대체^{replacement}를 하는 무작위 표본이다.

```
# 재현성을 위해 임의의 시드를 설정한다.
np.random.seed(1)

# 1에서 20의 배열을 만든다.
nums = np.arange(1, 21)
print nums
[ 1 2 3 4 5 6 7 8 9 10 11 12 13 14 15 16 17 18 19 20]

# 대체하기 위해 20번을 배열한 표본이다.
np.random.choice(a=nums, size=20, replace=True)
[ 6 12 13 9 10 12 6 16 1 17 2 13 8 14 7 19 6 19 12 11]
# 반복 변수가 있는 Bootstrap된 표본 알림이다!
```

그렇다면 의사 결정 트리에 대한 배강은 어떻게 작동할까?

1. 훈련 데이터의 부트스트랩 표본을 사용해 B 트리를 성장시킨다.

2. 부트스트랩 표본의 각 트리를 훈련하고 예측한다.

3. 예측을 결합한다.

- 회귀 트리에 대한 예측 평균
- 분류 트리에 투표

다음은 주의해야 할 몇 가지 사항이다.

- 각 부트스트랩 표본은 원래 훈련셋과 동일한 크기여야 한다.
- B는 오차가 안정화된 것처럼 보이도록 충분히 큰 값이어야 한다.
- 트리가 의도적으로 깊게 자라므로 낮은 편향/높은 분산을 갖는다.

트리를 의도적으로 깊게 성장시키는 이유는 배깅이 분산을 줄임으로써 예측 정확도를 본질적으로 증가시키기 때문이다. 교차 검증이 표본 오차를 추정하는 것과 관련 있는 분산을 감소시키는 것과 유사하다.

랜덤 포레스트는 배기된bagged 트리의 변형이다.

그러나 각 트리를 구축하는 경우 특징 간에 분할을 고려할 때마다 m 특징의 무작위 표본이 p 특징의 전체 세트에서 분할 후보로 선택된다. 이러한 m 특징 중 하나로 분할이 허용된다.

- 모든 단일 분할에서 모든 단일 트리에 대해 특징의 새로운 무작위 표본이 선택된다.
- 분류의 경우 m은 일반적으로 p의 제곱근이 되게 선택된다.
- 회귀의 경우 일반적으로 m은 $p/3$과 p 사이에서 임의로 선택된다.

요점은 무엇인가?

데이터셋에 매우 강력한 특징이 하나 있다고 가정하자. 의사 결정(또는 배기된) 트리를 사용할 때 대부분의 트리는 그 특징을 최상위 분할로 사용할 것이다. 이 분할은 결과적으로 서로에게 높게 상관되는 유사한 트리의 앙상블이 된다.

트리의 상호 연관성이 높으면 이러한 양을 평균화해도 분산이 크게 줄어들지 않는다(이것은 앙상블의 전체 목표다). 또한 각 분할에서 후보 특징을 임의로 제외함으로써 랜덤 포레스트가 결과 모델의 분산을 감소시킨다.

랜덤 포레스트는 분류 및 회귀 문제 모두에서 사용할 수 있으며, 쉽게 scikit-learn 에서 사용할 수 있다. 다음과 같이 운동선수에 대한 통계를 기반으로 MLB 급여를 예측해보자.

```
# 데이터를 읽는다.
url = '../data/hitters.csv'
hitters = pd.read_csv(url)

# 값이 누락된 행을 제거한다.
hitters.dropna(inplace=True)

# 범주형 변수를 정수로 인코딩한다.
hitters['League'] = pd.factorize(hitters.League)[0]
hitters['Division'] = pd.factorize(hitters.Division)[0]
hitters['NewLeague'] = pd.factorize(hitters.NewLeague)[0]

# 특징 정의: 경력 통계("C"로 시작하는)와 응답(Salary)을 제외한다.
feature_cols = [h for h in hitters.columns if h[0] != 'C' and h !=
'Salary']

# X와 y를 정의한다.
X = hitters[feature_cols]
y = hitters.Salary
```

그림과 같이 하나의 의사 결정 트리를 사용해 급여를 먼저 예측해보자.

```
from sklearn.tree import DecisionTreeRegressor

# max_depth에 대해 시도할 값 목록을 만든다.
max_depth_range = range(1, 21)
```

```
# max_depth의 각 값에 대한 평균 RMSE를 저장하는 목록을 만든다.
RMSE_scores = []

# max_depth의 각 값으로 10겹 교차 검증을 사용한다.
from sklearn.cross_validation import cross_val_score
for depth in max_depth_range:
    treereg = DecisionTreeRegressor(max_depth=depth, random_state=1)
    MSE_scores = cross_val_score(treereg, X, y, cv=10,
scoring='mean_squared_error')
    RMSE_scores.append(np.mean(np.sqrt(-MSE_scores)))

# max_depth(x축) 대 RMSE(y축)을 플로팅한다.
plt.plot(max_depth_range, RMSE_scores)
plt.xlabel('max_depth')
plt.ylabel('RMSE (lower is better)')
```

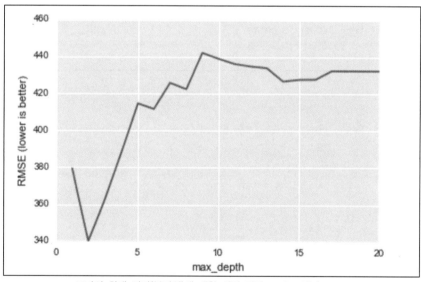

트리의 최대 깊이(복잡성)에 대한 의사 결정 트리 모델의 RMSE

이번에는 랜덤 포레스트로 같은 작업을 해보자.

```
from sklearn.ensemble import RandomForestRegressor

# n_estimators에 대해서 시도할 값 목록을 만든다.
estimator_range = range(10, 310, 10)

# n_estimators의 각 값에 대한 평균 RMSE를 저장하는 목록을 만든다.
RMSE_scores = []

# n_estimators의 각 값으로 5겹 교차 검증을 사용한다(WARNING: SLOW!).
for estimator in estimator_range:
    rfreg = RandomForestRegressor(n_estimators=estimator, random_state=1)
    MSE_scores = cross_val_score(rfreg, X, y, cv=5,
scoring='mean_squared_error')
    RMSE_scores.append(np.mean(np.sqrt(-MSE_scores)))

# n_estimators(x축) 대 RMSE(y축)을 플로팅한다.
plt.plot(estimator_range, RMSE_scores)
plt.xlabel('n_estimators')
plt.ylabel('RMSE (lower is better)')
```

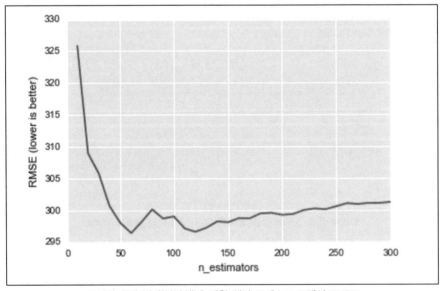

트리의 최대 깊이(복잡성)에 대한 랜덤 포레스트 모델의 RMSE

y축을 보자. RMSE는 평균보다 훨씬 낮다! 랜덤 포레스트를 사용해 예측력이 크게 향상되는지 살펴보자.

의사 결정 트리처럼 랜덤 포레스트도 중요한 특징을 갖고 있다.

```
# n_estimators = 150은 충분히 좋다.
rfreg = RandomForestRegressor(n_estimators=150, random_state=1)
rfreg.fit(X, y)
# 특징 중요성을 계산한다.
pd.DataFrame({'feature':feature_cols, 'importance':rfreg.feature_
importances_}).sort('importance', ascending = False)
```

	feature	importance
6	Years	0.263990
5	Walks	0.146786
1	Hits	0.139801
4	RBI	0.136265
0	AtBat	0.091551
9	PutOuts	0.060647
3	Runs	0.057460
2	HmRun	0.040183
11	Errors	0.024711
10	Assists	0.023367
8	Division	0.007628
12	NewLeague	0.004545
7	League	0.003067

따라서 선수가 리그에 있었던 연도 수가 선수의 급여를 결정할 때 여전히 가장 중요한 요소인 것처럼 보인다.

랜덤 포레스트와 의사 결정 트리 비교

랜덤 포레스트를 사용하는 것만으로는 데이터 과학 문제의 해결책이 아니라는 점을 인식해야 한다. 랜덤 포레스트가 많은 이점을 제공하지만, 나열된 바와 같이 많은 단점도 있다.

랜덤 포레스트의 장점은 다음과 같다.

- 랜덤 포레스트의 성능은 최상의 지도 학습 방법과 경쟁적이다.
- 특징 중요성에 대해 더 안정적인 추정을 제공한다.
- 훈련/검정 분할이나 교차 검증을 사용하지 않고 표본 밖의 오차를 예측할 수 있다.

랜덤 포레스트의 단점은 다음과 같다.

- 해석하기가 쉽지 않다(의사 결정 트리의 전체 포레스트를 시각화할 수 없음).
- 훈련과 예측이 더 느리다(대량 생산 또는 실시간 목적에는 적합하지 않음).

▌신경망

머신 러닝 모델에 관해 가장 많이 언급된 것 중 하나인 신경망^{Neural networks}은 동물의 신경계를 모델링하기 위해 만들어진 계산 네트워크일 것이다. 신경망 구조에 깊이 들어가기 전에 신경망의 큰 장점을 살펴보자.

신경망의 핵심 구성 요소는 복잡한 구조일 뿐만 아니라, 복잡하고 유연한 구조다. 이것은 다음과 같은 두 가지를 의미한다.

- 신경망은 모든 함수 모양을 예측할 수 있다(이것을 비모수적이라고 함).
- 신경망은 환경에 따라 자체 구조를 적응하고 문자 그대로 바꿀 수 있다.

기본 구조

신경망은 각각 입력(정량적 값)을 취하고, 다른 정량적 값을 출력하는 상호 연결된 노드(퍼셉트론)로 구성된다. 신호는 네트워크를 통해 이동하고 결국 예측 노드로 끝난다.

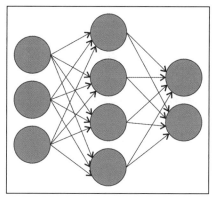

노드로 상호 연결된 신경망의 시각화

신경망의 다른 큰 이점은 지도 학습, 자율 학습, 강화 학습 문제에 사용할 수 있다는 점이다. 매우 융통성 있고, 많은 함수적 모양을 예측하고, 주변 환경에 적응할 수 있는 능력은 다음과 같은 선택 영역에서 신경망을 매우 선호한다.

- **패턴 인식**: 이것은 신경망의 가장 일반적인 애플리케이션일 것이다. 몇 가지 예는 필기 인식 및 이미지 처리다(안면 인식).
- **엔티티 이동**: 자율 주행 자동차, 로봇 동물, 드론 등이 해당된다.
- **이상 탐지**: 신경망은 패턴을 인식하는 데 능숙하므로, 데이터 포인트가 패턴에 맞지 않는 경우를 인식하는 데 사용할 수도 있다. 주가 움직임을 모니터링하는 신경망을 생각해보자. 주식 가격의 일반적인 패턴을 학습하는 동안 신경망은 무언가 움직임이 비정상적일 때 경고를 보낼 수 있다.

신경망의 가장 간단한 형태는 단일 퍼셉트론perceptron이다. 다음과 같이 시각화된 퍼셉트론은 일부 입력을 가져와서 신호를 출력한다.

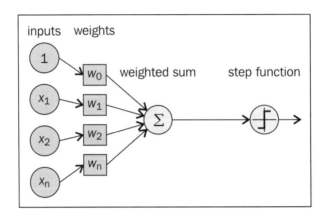

이 신호는 입력을 여러 가중치와 결합해 얻은 다음 일부 활성화 함수activation function를 거치게 된다. 간단한 바이너리 출력의 경우 일반적으로 다음과 같이 로지스틱 함수를 사용한다.

$$f_{log}(z) = \frac{1}{1 + e^{-z}}$$

여기서 f_{log}를 로지스틱 함수라고 한다.

신경망을 만들려면 다음 그래프와 같이 여러 가지 퍼셉트론을 네트워크 방식으로 서로 연결해야 한다.

다층 퍼셉트론MLP, Multilayer Perceptrons은 한정된 비순환 그래프다. 노드는 로지스틱 활성화로 된 뉴런neuron이다.

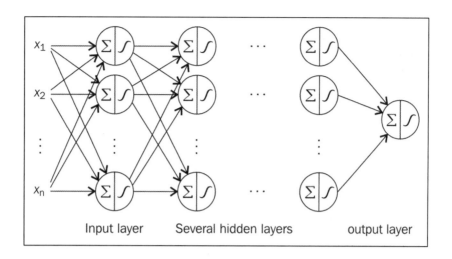

Input layer   Several hidden layers   output layer

모델을 훈련할 때 최상의 예측을 가능하게 하기 위해 모델의 가중치(처음에는 임의로)를 업데이트한다. 관측치가 모델을 통과해 참일 때 거짓으로 출력되면 단일 퍼셉트론의 로지스틱 함수가 약간 변경된다. 이것을 역전파[back-propagation]라고 한다. 신경망은 대개 일괄적으로 훈련된다. 즉, 네트워크에 여러 개의 훈련 데이터 포인트가 동시에 여러 번 주어지고, 매번 역전파 알고리즘이 네트워크의 내부 가중치 변화를 유발한다.

네트워크를 매우 깊게 성장시킬 수 있고 신경망의 복잡성과 관련된 많은 숨겨진 계층[layer, 레이어]을 가질 수 있다는 것을 쉽게 볼 수 있다. 신경망을 매우 깊게 성장시킬 때 딥러닝[deep learning]의 아이디어를 엿볼 수 있다. 심층 신경망(많은 계층이 있는 네트워크)의 주요 이점은 거의 모든 모양의 함수를 어림잡을 수 있으며, (이론적으로) 특징의 최적 조합을 학습하고 이러한 조합을 사용해 최상의 예측 능력을 얻을 수 있다는 점이다.

이것을 실제로 살펴보자. 신경망을 만들기 위해 PyBrain이라는 모듈을 사용할 것이다. 먼저 손으로 쓴 숫자의 데이터셋인 새로운 데이터셋을 살펴보자. 다음과 같이 랜덤 포레스트를 사용해 숫자를 인식하려고 한다.

```
from sklearn.cross_validation import cross_val_score
from sklearn import datasets
import matplotlib.pyplot as plt
from sklearn.ensemble import RandomForestClassifier
%matplotlib inline
digits = datasets.load_digits()

plt.imshow(digits.images[100], cmap=plt.cm.gray_r,
interpolation='nearest')
# a 4 digit
```

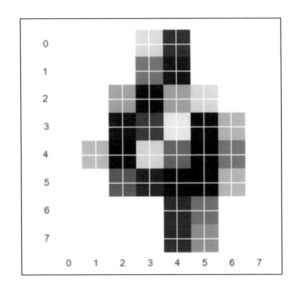

```
X, y = digits.data, digits.target
```

```
# 이미지당 64픽셀이다.
X[0].shape
```

```
# 랜덤 포레스트를 시도한다.
rfclf = RandomForestClassifier(n_estimators=100, random_state=1)
cross_val_score(rfclf, X, y, cv=5, scoring='accuracy').mean()
0.9382782
```

꽤 좋다! 94%의 정확도지만 더 잘할 수 있을까?

 경고! PyBrain 구문은 약간 까다로울 수 있다.

```python
from pybrain.datasets          import ClassificationDataSet
from pybrain.utilities         import percentError
from pybrain.tools.shortcuts   import buildNetwork
from pybrain.supervised.trainers import BackpropTrainer
from pybrain.structure.modules import SoftmaxLayer
from numpy import ravel

# pybrain에는 훈련 및 검정셋에 추가되는
# 자체 데이터 표본 클래스가 있다.
ds = ClassificationDataSet(64, 1 , nb_classes=10)
for k in xrange(len(X)):
   ds.addSample(ravel(X[k]),y[k])


# 훈련 검정 분할에 해당된다.
test_data, training_data = ds.splitWithProportion( 0.25 )

# 더미 변수의 pybrain 버전

test_data._convertToOneOfMany( )
training_data._convertToOneOfMany( )

print test_data.indim # number of pixels going in
# 64
print test_data.outdim # number of possible options (10 digits)
# 10

# 64개의 숨겨진 레이어(표준 매개변수)로 모델을 인스턴스화한다.
fnn = buildNetwork( training_data.indim, 64, training_data.outdim,
outclass=SoftmaxLayer )
trainer = BackpropTrainer( fnn, dataset=training_data, momentum=0.1,
learningrate=0.01 , verbose=True, weightdecay=0.01)
```

```
# 나은 결과를 얻기 위해 epochs 수를 변경한다!
trainer.trainEpochs (10) # 10 batches
print 'Percent Error on Test dataset: ' , \
      percentError( trainer.testOnClassData (dataset=test_data ),
      test_data['class'] )
```

모델은 검정셋에 최종 오차를 출력한다.

```
Percent Error on Test dataset: 4.67706013363
accuracy = 1 - .0467706013363
accuracy
0.95322
```

이미 더 나아졌다! 랜덤 포레스트와 신경망 모두 이 문제를 잘 처리한다. 둘 다 비모수적이기 때문이다. 즉, 예측을 하기 위해 데이터의 기본적인 모양에 의존하지 않는다. 랜덤 포레스트와 신경망은 어느 형태의 함수든지 평가할 수 있다.

모양을 예측하기 위해 다음 코드를 사용할 수 있다.

```
plt.imshow(digits.images[0], cmap=plt.cm.gray_r, interpolation='nearest' )

fnn.activate(X[0])
array([ 0.92183643, 0.00126609, 0.00303146, 0.00387049,
    0.01067609, 0.00718017, 0.00825521, 0.00917995, 0.00696929, 0.02773482])
```

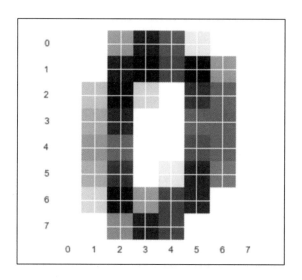

배열은 모든 단일 숫자에 대한 확률을 나타낸다. 즉, 앞 그림의 숫자는 0일 확률이 92%다. 그 다음으로 높은 확률은 9에 대한 것이고, 9와 0은 비슷한 모양(알 모양)을 갖고 있기 때문에 의미가 있다.

신경망은 중대한 결함을 갖고 있다. 혼자 내버려두면 분산이 매우 높다. 이것을 보려면 앞의 코드와 똑같은 코드를 실행하고 똑같은 데이터에 정확히 같은 유형의 신경망을 훈련시켜보자. 다음과 같다.

```
# 다시 해보고 오차의 차이점을 확인한다.
fnn = buildNetwork( training_data.indim, 64, training_data.outdim,
outclass=SoftmaxLayer )
trainer = BackpropTrainer( fnn, dataset=training_data, momentum=0.1,
learningrate=0.01 , verbose=True, weightdecay=0.01)

# 더 나은 결과를 얻기 위해 eopchs의 수를 변경한다!
trainer.trainEpochs (10)
print 'Percent Error on Test dataset: ' , \
      percentError( trainer.testOnClassData ( dataset=test_data ),
      test_data['class'] )
```

```
accuracy = 1 - .06458797327 39
accuracy
0.93541
```

모델을 다시 실행하고 다른 가중치를 인스턴스화해 네트워크가 이전과 다르게 되는 것을 확인하자. 이것은 고분산 모델의 증상이다. 또한 신경망은 일반적으로 모델의 높은 변이^{varianceness}를 극복하기 위해 많은 훈련 표본을 요구하며, 생산 환경에서 잘 작동하려면 많은 양의 계산 능력이 필요하다.

▌요약

이것으로 데이터 과학의 원리에 대한 오랜 여행을 마친다. 지난 여러 페이지에 걸쳐 확률, 통계, 머신 러닝에서 다양한 기술을 살펴봤고, 가장 어려운 질문에 대답했다. 여러분이 이 책을 마무리하게 된 것을 개인적으로 축하한다. 이 책이 여러분에게 유용하고 더 많은 것을 배우고 싶게 자극을 줬기 바란다.

이게 내가 알아야 할 전부인가?

아니다! 이 책은 원리 수준의 책이라 한계가 있다. 아직 배울 게 많다.

어디에서 더 배울 수 있을까?

오픈소스 데이터 문제를 찾는 것이 좋다(https://www.kaggle.com/ 이 좋은 소스이다). 또한 집에서 자신의 문제를 찾아보고 해결하는 것도 좋다!

언제 내 스스로를 데이터 과학자라고 부를 수 있을까?

크고 작은 데이터셋에서 기업과 사람들이 사용할 수 있는 실용적인 통찰력을 키우면 진정한 데이터 과학자라고 자처하는 영예를 누릴 수 있다.

13

사례 연구

13장에서는 지금까지 살펴본 주제에 대한 이해를 돕기 위해 몇 가지 사례 연구를 살펴본다.

▌사례 연구 1: 소셜 미디어를 기반으로 주가 예측

첫 번째 사례 연구는 매우 흥미롭다! 소셜 미디어의 심리^{sentiment}만 사용해서 상장 회사의 주식 가격을 예측하려고 한다. 이 예에서는 명시적인 통계/머신 러닝 알고리즘을 사용하지 않는 대신 EDA$^{Exploratory\ Data\ Analysis,\ 탐색적\ 데이터\ 분석}$를 활용하고 목표를 달성하기 위해 시각적인 자료를 사용한다.

텍스트 심리 분석

심리에 대해 이야기할 때 의미가 무엇인지 명확해야 한다. 여기서는 심리를 −1과 1 사이의 정량적 가치(등간 수준에서)로 말한다. 텍스트 일부의 심리 점수가 −1에 가깝다면 부정적인 심리가 있다. 심리 점수가 1에 가까울 경우 텍스트에 긍정적인 심리가 있다. 심리 점수가 0에 가까울 경우 중립적인 심리가 있다. Textblob이라는 파이썬 모듈을 사용해 텍스트 심리를 측정한다.

```
# textblob 모듈을 사용해 stringToSentiment라는 함수를 만든다.
that returns a sentences sentiment
def stringToSentiment(text):
    return TextBlob(text).sentiment.polarity
```

이제 Textblob 모듈을 호출해 독창적으로 텍스트 점수를 취하는 함수를 사용할 수 있다.

```
stringToSentiment('i hate you')
-0.8

stringToSentiment('i love you')
0.5

stringToSentiment('i see you')
0.0
```

이제 연구를 위해 트윗을 읽어보자.

```
# 트윗 데이터를 dataframe으로 읽는다.
from textblob import TextBlob
import pandas as pd
%matplotlib inline
```

```
# 이 트윗은 지난 5월의 자료이며, 애플(AAPL)에 대한 내용이다.
tweets = pd.read_csv('../data/so_many_tweets.csv')
tweets.head()
```

	Text	Date	Status	Retweet
0	RT @j_o_h_n_danger: $TWTR now top holding for ...	2015-05-24 03:46:08	602319644234395648	6.022899e+17
1	RT diggingplatinum RT WWalkerWW: iOS 9 vs. And...	2015-05-24 04:17:42	602327586983796737	NaN
2	RT bosocial RT insidermonkey RT j_o_h_n_danger...	2015-05-24 04:13:22	602326499534966784	NaN
3	RT @WWalkerWW: iOS 9 vs. Android M â The New...	2015-05-24 04:08:34	602325288740114432	6.023104e+17
4	RT @seeitmarket: Apple Chart Update: Big Test ...	2015-05-24 04:04:42	602324318903771136	6.023215e+17

탐색적 데이터 분석

다음과 같은 네 개의 열을 갖고 있다.

- Text: 명목 수준$^{nominal\ level}$의 비구조적 텍스트
- Date: 날짜와 시간(datetime을 연속 데이터로 간주한다)
- Status: 명목 수준의 상태 고유 ID$^{Status\ unique\ ID}$
- Retweet: 명목 수준의 트윗이 리트윗됐을 때 트윗의 상태 ID$^{Status\ ID}$

따라서 네 개의 열을 갖고 있지만, 행은 몇 개인가? 또한 각 행은 무엇을 나타내는가? 각 행은 그 회사에 관한 하나의 트윗을 나타내는 것처럼 보인다.

```
tweets.shape
```

```
(52512, 4)
```

따라서 4개의 열과 52512개의 트윗/행을 처리할 수 있다! 목표는 결국 트윗의 심리를 사용하는 것이므로 데이터프레임에 심리 열이 필요할 것이다. 앞의 예제에서 매우 직접적인 함수를 사용해 이 열을 추가해보자!

```
# 트윗에 심리라는 새로운 열을 만든다.
stringToSentiment to the text column
tweets['sentiment'] = tweets['Text'].apply(stringToSentiment)

tweets.head( )
```

위 코드는 트윗 데이터프레임의 Text 열 각각의 모든 요소에 stringToSentiment 함수를 적용한다.

```
tweets.head( )
```

	Text	Date	Status	Retweet	sentiment
0	RT @j_o_h_n_danger: $TWTR now top holding for ...	2015-05-24 03:46:08	602319644234395648	6.022899e+17	0.500000
1	RT diggingplatinum RT WWalkerWW: iOS 9 vs. And...	2015-05-24 04:17:42	602327586983796737	NaN	0.136364
2	RT bosocial RT insidermonkey RT j_o_h_n_danger...	2015-05-24 04:13:22	602326499534966784	NaN	0.500000
3	RT @WWalkerWW: iOS 9 vs. Android M â The New...	2015-05-24 04:08:34	602325288740114432	6.023104e+17	0.136364
4	RT @seeitmarket: Apple Chart Update: Big Test ...	2015-05-24 04:04:42	602324318903771136	6.023215e+17	0.000000

이제 이 데이터셋의 각 트윗에 대한 심리 점수를 얻었다. 문제를 단순화하고 AAPL의 주가가 24시간 이내에 오를지를 예측하기 위해 하루 전체의 트윗을 사용하려고 한다. 이 경우 다른 문제가 있다. Date 열은 매일 여러 개의 트윗을 갖고 있음을 보여준다. 첫 번째 다섯 개의 트윗을 살펴보자. 이 트윗들은 모두 같은 날로 돼 있다. 매일 트위터에서 주식의 평균 심리를 이해하기 위해 이 데이터셋을 다시 표본 추출할 것이다.

다음과 같이 3단계로 진행한다.

1. Date 열이 파이썬의 datetime 유형인지 확인한다.
2. 데이터프레임의 인덱스를 datetime 열로 대체한다(복잡한 datetime 함수를 사용할 수 있음).

3. 데이터를 다시 표본 추출해 각 행이 트윗을 나타내는 대신, 매일 매일의 집계된 심리 점수를 나타내게 한다.

 데이터프레임의 인덱스는 구조의 행을 식별하는 데 사용되는 특별한 시리즈다. 기본적으로 데이터프레임은 행을 나타내기 위해 증분형 정수를 사용한다(첫 번째 행은 0, 두 번째 행은 1, …).

```
tweets.index
RangeIndex(start=0, stop=52512, step=1)

# 그것을 목록으로 연결한다.
list(tweets.index)[:5]

[0, 1, 2, 3, 4]
```

4. 날짜 문제를 다뤄보자! date 열이 파이썬의 datetime 유형인지 확인한다.

```
# date 열을 datetime으로 변환한다.
tweets['Date'] = pd.to_datetime(tweets.Date)
tweets['Date'].head()

Date
2015-05-24 03:46:08    2015-05-24 03:46:08
2015-05-24 04:17:42    2015-05-24 04:17:42
2015-05-24 04:13:22    2015-05-24 04:13:22
2015-05-24 04:08:34    2015-05-24 04:08:34
2015-05-24 04:04:42    2015-05-24 04:04:42

Name: Date, dtype: datetime64[ns]
```

5. 데이터프레임의 인덱스를 datetime 열로 대체한다(복잡한 datetime 함수를 사용할 수 있다).

```
tweets.index = tweets.Date
tweets.index
Index([u'2015-05-24 03:46:08', u'2015-05-24 04:17:42', u'2015-05-24
        04:13:22', u'2015-05-24 04:08:34',
       u'2015-05-24 04:04:42', u'2015-05-24 04:00:01',
       u'2015-05-24 03:54:07', u'2015-05-24 04:25:29',
       u'2015-05-24 04:24:47', u'2015-05-24 04:06:42',
       ...
       u'2015-05-02 16:30:02', u'2015-05-02 16:29:35',
       u'2015-05-02 16:28:26', u'2015-05-02 16:27:53',
       u'2015-05-02 16:27:02', u'2015-05-02 16:26:39',
       u'2015-05-02 16:25:00', u'2015-05-02 16:23:39',
       u'2015-05-02 16:23:38', u'2015-05-02 16:23:21'],
       dtype='object', name=u'Date', length=52512)

tweets.head()
```

Date	yesterday_sentiment	Close	yesterday_close	percent_change_in_price	change_close_big_deal
2015-05-05	0.084062	125.800003	128.699997	-0.022533	True
2015-05-06	0.063882	125.010002	125.800003	-0.006280	False
2015-05-07	0.066166	125.260002	125.010002	0.002000	False
2015-05-08	0.078892	127.620003	125.260002	0.018841	True
2015-05-11	0.102898	126.320000	127.620003	-0.010187	True

 왼쪽의 검정색 인덱스는 숫자로 사용됐지만, 이제는 트윗을 보낸 정확한 datetime이다.

6. 각 행이 트윗을 표시하는 대신, 매일 매일 집계된 심리 점수를 나타내게 데이터를 다시 표본 추출한다.

```
# daily_tweets라는 dataframe을 만들어서
# 트윗을 D로 다시 표본 추출하고, 열의 평균을 낸다.
```

```
daily_tweets = tweets[['sentiment']].resample('D', how='mean')
# 새로운 Dataframe에서 심리 열만 만든다.
daily_tweets.head()
```

	sentiment
Date	
2015-05-02	0.083031
2015-05-03	0.107789
2015-05-04	0.084062
2015-05-05	0.063882
2015-05-06	0.066166

이제 더 나아 보인다! 이제 각 행은 하루를 나타내고 심리 점수 열은 심리의 당일 평균을 보여준다. 가치 있는 트윗이 며칠 동안이나 있었는지 살펴보자.

```
daily_tweets.shape

(23, 3)
```

좋다. 따라서 단지 23일간 50,000개 이상의 트윗을 살펴봤다! 여러 날 동안 심리의 진행 상황을 살펴보자.

```
# 심리를 선 그래프로 그린다.
daily_tweets.sentiment.plot(kind='line')
```

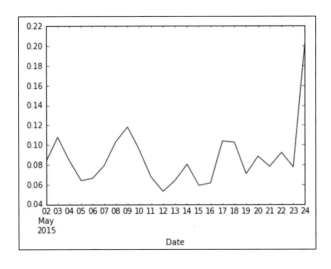

```
# Yahoo Finance API를 통해 과거 주가를 가져온다.
from yahoo_finance import Share
yahoo = Share("AAPL")
historical_prices = yahoo.get_historical('2015-05-2', '2015-05-25')
prices = pd.DataFrame(historical_prices)

prices.head()
```

	Adj_Close	Close	Date	High	Low	Open	Symbol	Volume
0	129.180748	132.539993	2015-05-22	132.970001	131.399994	131.600006	AAPL	45596000
1	128.059901	131.389999	2015-05-21	131.630005	129.830002	130.070007	AAPL	39730400
2	126.763608	130.059998	2015-05-20	130.979996	129.339996	130.00	AAPL	36454900
3	126.773364	130.070007	2015-05-19	130.880005	129.639999	130.690002	AAPL	44633200
4	126.890318	130.190002	2015-05-18	130.720001	128.360001	128.380005	AAPL	50882900

이제 다음과 같은 두 가지가 남았다.

- 실제로 거래일에 설정된 최종 주가인 Close 열에만 관심이 있다.

426

- 심리와 주가 데이터프레임을 함께 병합할 수 있도록 이 데이터프레임의 인덱스를 datetimes로 설정해야 한다.

```
# 주가 데이터프레임의 인덱스를 datetimes로 설정한다.
prices.index = pd.to_datetime(prices['Date'])

prices.info()    #이 열은 숫자가 아님!

<class 'pandas.core.frame.DataFrame'>
DatetimeIndex: 15 entries, 2015-05-22 to 2015-05-04
Data columns (total 8 columns):
Adj_Close    15 non-null object
Close        15 non-null object           # 숫자가 아님
Date         15 non-null object
High         15 non-null object
Low          15 non-null object
Open         15 non-null object
Symbol       15 non-null object
Volume       15 non-null object
dtypes: object(8)
```

여기에 그 날에 거래된 주식의 수를 나타내는 Volume도 고정해보자.

```
# 열을 숫자로 변환한다.
prices.Close = not_null_close.Close.astype('float')
prices.Volume = not_null_close.Volume.astype('float')
```

이제 AAPL의 거래량과 주가를 둘 다 같은 그래프에 플로팅해보자.

```
# 같은 그래프에서 선 그래프로 volume과 close를 모두 플로팅한다. 무엇이 문제인가?
prices[["Volume", 'Close']].plot()
```

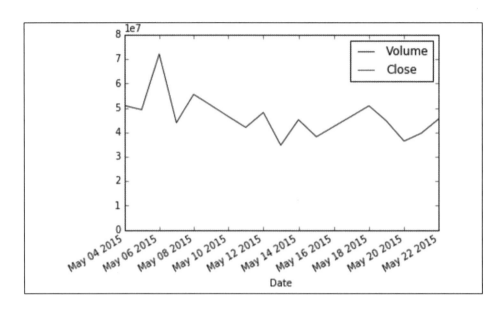

여기에서 뭐가 잘못됐는지 살펴보자. 주의 깊게 보면 Volume과 Close가 매우 다른 척도^{scale}에 있다!

```
prices[["Volume", 'Close']].describe()
```

	Volume	Close
count	1.500000e+01	15.000000
mean	4.649939e+07	128.170667
std	9.167054e+06	2.386393
min	3.469420e+07	125.010002
25%	4.088310e+07	125.940002
50%	4.520350e+07	128.699997
75%	5.007715e+07	130.065002
max	7.214100e+07	132.539993

428

거래량(Volume) 열은 평균이 수천만이지만, 평균 종가(Close)는 125다.

```
# StandardScaler를 사용해 z score로 열을 스케일링한다.
# 스케일링된 데이터로 플로팅한다.
s = StandardScaler()
only_prices_and_volumes = prices[["Volume", 'Close']]
price_volume_scaled = s.fit_transform(only_prices_and_volumes)
pd.DataFrame(price_volume_scaled, columns=["Volume", 'Close']).plot()
```

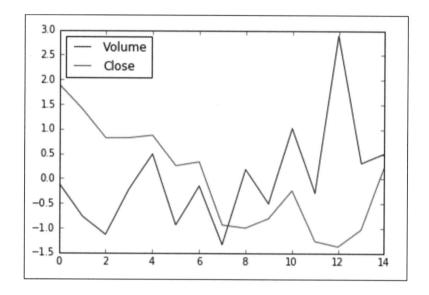

이제 훨씬 나아 보인다! AAPL의 주가가 중간 어딘가에서 내려갔을 때 거래량은 올라갔다는 것을 알 수 있다! 이것은 실제로 매우 일반적이다.

```
# prices.Close와 daily_tweets.sentiment를 연결한다.

merged = pd.concat([prices.Close, daily_tweets.sentiment], axis=1)
merged.head()
```

	Close	sentiment
Date		
2015-05-02	NaN	0.083031
2015-05-03	NaN	0.107789
2015-05-04	128.699997	0.084062
2015-05-05	125.800003	0.063882
2015-05-06	125.010002	0.066166

흠, 왜 일부 null Close 값이 있을까? 캘린더에서 2015년 5월 2일을 검색하면 토요일 이라는 것을 알게 될 것이며, 토요일에는 주식시장이 열리지 않기 때문에 종가가 있을 수 없다. 따라서 여전히 그 날에 대한 심리가 있기 때문에 이 행을 제거할지 여부를 결정해야 한다. 궁극적으로 다음날의 종가를 예측하고 가격이 상승했는지 여부를 예측할 것이므로 데이터셋에서 null 값은 제거한다.

```
# 모든 열에서 누락된 값이 있는 행을 삭제한다.
merged.dropna(inplace=True)
```

이제 그래프를 그려보자.

```
merged.plot()
# 끔찍해 보인다.
```

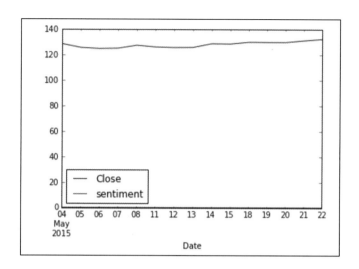

이건 끔찍하다. 다시 한 번 가치 있는 통찰력을 찾기 위해 특징을 스케일링해야
한다.

```
# StandardScaler를 사용해 z-score로 열을 스케일링한다.
from sklearn.preprocessing import StandardScaler
s = StandardScaler()
merged_scaled = s.fit_transform(merged)

pd.DataFrame(merged_scaled, columns=merged.columns).plot()
# 심리가 종가를 따르는 것처럼 보인다.
```

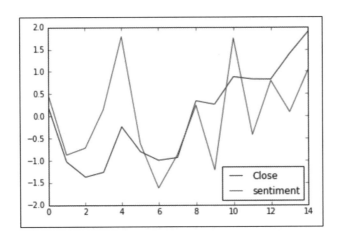

훨씬 낫다! 주식 종가가 실제로 심리와 함께 움직이는 것처럼 보이는 것을 알 수 있다. 한 단계 더 나아가 지도 학습 모델을 적용해보자. 이를 위해 특징과 응답을 정의해야 한다. 응답은 예측하려는 값이며, 특징은 그 응답을 예측하기 위해 사용하는 값이라는 것을 기억하자.

데이터의 각 행을 보면 해당 날짜의 심리와 그날 최종 주가인 종가가 있다. 그러나 내일 주가가 오를지 여부를 예측하기 위해 오늘의 심리를 사용하고자 한다. 이것에 대해 좀 생각해보자. 종가로 주식시장이 마감된 이후의 트윗이 오늘의 심리를 포함하기 때문에 일종의 속임수다. 이를 단순화하기 위해 오늘의 주가 예측을 위한 특징으로써 오늘의 트윗은 무시할 것이다.

따라서 각 행에 대해 응답은 오늘 종가이어야 하며, 특징은 주식에 대한 어제의 심리이어야 한다. 이렇게 하기 위해 Pandas에서 Shift라는 내장 함수를 사용해 심리 열을 한 항목 뒤로 이동시킨다.

```python
# sentiment 열을 한 항목 뒤로 이동시킨다.
merged['yesterday_sentiment'] = merged['sentiment'].shift(1)
merged.head()
```

	Close	sentiment	yesterday_sentiment
Date			
2015-05-04	128.699997	0.084062	NaN
2015-05-05	125.800003	0.063882	0.084062
2015-05-06	125.010002	0.066166	0.063882
2015-05-07	125.260002	0.078892	0.066166
2015-05-08	127.620003	0.102898	0.078892

어제의 심리를 포함한 데이터프레임

좋다. 이제 매일 진정한 특징 yesterday_sentiment를 갖고 있다. 헤드(첫 번째 행)에는 새로운 null 값이 있다! 첫 번째 날에는 어제의 가치가 없어서 제거해야 하기 때문이다. 그러나 그렇게 하기 전에 응답 열을 정의해보자.

다음과 같은 두 가지 옵션이 있다.

- 응답을 정량적으로 유지하고 회귀 분석을 사용한다.
- 응답을 정성적인 상태로 변환하고 분류를 사용한다.

선택할 경로는 데이터 과학자에게 달려 있으며, 상황에 따라 다르다. 심리를 단순히 주가 움직임과 연관시키려는 경우에는 분류 경로를 사용하는 것이 좋다. 주가 움직임의 양을 심리와 연관시키려면 회귀를 권장한다. 나는 둘 다 할 것이다!

회귀 경로

응답으로 "오늘의 종가", 특징으로 "어제의 주식에 대한 심리"가 있기 때문에 이제 바로 시작할 수 있다. 계속 진행하기 전에 먼저 null 값 하나를 제거해야 한다.

```
# 회귀를 위한 새로운 데이터프레임을 만들고 null 값을 버린다.

regression_df = merged[['yesterday_sentiment', 'Close']]
```

```
regression_df.dropna(inplace=True)
regression_df.head()
```

Date	yesterday_sentiment	Close
2015-05-05	0.084062	125.800003
2015-05-06	0.063882	125.010002
2015-05-07	0.066166	125.260002
2015-05-08	0.078892	127.620003
2015-05-11	0.102898	126.320000

랜덤 포레스트와 선형 회귀를 모두 사용하고 측정 지표로 RMSE를 사용해 어떤 것이
더 나은 수행을 하는지 살펴보자.

```
# 회귀에 대해서 불러온다.

from sklearn.linear_model import LinearRegression
from sklearn.ensemble import RandomForestRegressor
from sklearn.cross_validation import cross_val_score
import numpy as np
```

두 모델을 비교하기 위해 교차 검증된 RMSE를 사용한다.

```
# 교차 검증 선형 회귀의 결과인 RMSE

linreg = LinearRegression()
rmse_cv = np.sqrt(abs(cross_val_score(linreg, regression_
df[['yesterday_sentiment']], regression_df['Close'], cv=3,
scoring='mean_squared_error').mean()))
rmse_cv
```

```
3.49837
```

```
# 교차 검증 랜덤 포레스트의 결과인 RMSE

rf = RandomForestRegressor()
rmse_cv = np.sqrt(abs(cross_val_score(rf, regression_df[['yesterday_
sentiment']], regression_df['Close'], cv=3, scoring='mean_squared_
error').mean()))
rmse_cv
```

```
3.30603
```

RMSE를 살펴보면 두 모델 모두 약 3.5다. 즉, 평균적으로 모델은 약 3.5달러 정도 떨어져 있음을 의미한다. 실제로 주가가 그다지 움직이지 않는다고 생각하면 큰 문제다.

```
regression_df['Close'].describe()

count     14.000000
mean     128.132858
std        2.471810    # 표준 편차가 RMSE보다 작다(나쁜 신호).
min      125.010002
25%      125.905003
50%      128.195003
75%      130.067505
max      132.539993
```

모델의 타당성을 검정하는 또 다른 방법은 RMSE와 null 모델의 RMSE를 비교하는 것이다. 회귀 모델에 대한 null 모델은 각 값에 대한 평균값을 예측한다.

```
# 회귀에 대한 null 모델
mean_close = regression_df['Close'].mean()
preds = [mean_close]*regression_df.shape[0]
```

```
preds
from sklearn.metrics import mean_squared_error
null_rmse = np.sqrt(mean_squared_error(preds, regression_df['Close']))
null_rmse
```

2.381895

모델이 null 모델을 능가하지 않았기 때문에 회귀가 가장 좋은 방법은 아닐 수도 있다.

분류 경로

분류를 하려면 아직 범주적인 응답이 없기 때문에 해야 할 일이 좀 더 있다. 첫 번째 작업으로 종가 열을 몇 가지 범주적 옵션으로 변환해야 한다. 다음과 같은 응답을 만들도록 선택한다. change_close_big_deal이라는 새로운 열을 다음과 같이 정의한다.

$$change\_close\_big\_deal = \begin{cases} 1, & \text{주가 변화가 >1\% 또는 <-1\%} \\ 0, & \text{그 밖의 주가 변화} \end{cases}$$

따라서 응답은 주가가 크게 바뀌면 1이 될 것이고, 주가의 변화가 무시할 수 있는 정도라면 0이 될 것이다.

```
# 분류를 위해서 불러온다.
from sklearn.linear_model import LogisticRegression
from sklearn.ensemble import RandomForestClassifier
from sklearn.cross_validation import cross_val_score
import numpy as np

# 분류를 위한 새로운 데이터프레임을 만들고 null 값을 버린다.
```

436

```
classification_df = merged[['yesterday_sentiment', 'Close']]

# 어제 종가를 나타내는 변수
classification_df['yesterday_close'] = classification_df['Close'].
shift(1)

# 어제 이후 주가 변화율을 나타내는 열
classification_df['percent_change_in_price'] = (classification_
df['Close']-classification_df['yesterday_close']) / classification_
df['yesterday_close']

# 모든 null 값을 삭제한다.
classification_df.dropna(inplace=True)
classification_df.head()

# 새로운 분류 응답

classification_df['change_close_big_deal'] = abs(classification_
df['percent_change_in_price'] ) > .01
classification_df.head()
```

	yesterday_sentiment	Close	yesterday_close	percent_change_in_price	change_close_big_deal
Date					
2015-05-05	0.084062	125.800003	128.699997	-0.022533	True
2015-05-06	0.063882	125.010002	125.800003	-0.006280	False
2015-05-07	0.066166	125.260002	125.010002	0.002000	False
2015-05-08	0.078892	127.620003	125.260002	0.018841	True
2015-05-11	0.102898	126.320000	127.620003	-0.010187	True

True 또는 False인 change_close_big_deal이라는 새로운 열이 있는 데이터프레임

이제 회귀와 동일한 교차 검증을 수행한다. 대신 이번에는 교차 검증 모듈의 정확성 특징을 사용하고 회귀 모듈 대신 두 가지의 분류 머신 러닝 알고리즘을 사용한다.

```
# 교차 검증 랜덤 포레스트의 결과로써 정확성
```

```
rf = RandomForestClassifier()
accuracy_cv = cross_val_score(rf, classification_df[['yesterday_
sentiment']], classification_df['change_close_big_deal'], cv=3,
scoring='accuracy').mean()

accuracy_cv

0.1777777
```

그렇게 좋지는 않다. 로지스틱 회귀를 시도해보자.

```
# 교차 검증 로지스틱 회귀의 결과로서의 정확성

logreg = LogisticRegression()
accuracy_cv = cross_val_score(logreg, classification_df[['yesterday_
sentiment']], classification_df['change_close_big_deal'], cv=3,
scoring='accuracy').mean()

accuracy_cv

0.5888
```

좀 더 낫다! 물론 null 모델의 정확성으로 검사를 해야 한다.

```
# null 모델 분류
null_accuracy = 1 - classification_df['change_close_big_deal'].mean()

null_accuracy

0.5833333
```

모델은 null 정확성을 이길 수 있다! 이 말은 무작위로 추측하는 것보다 머신 러닝 알고리즘이 소셜 미디어 심리를 사용해 주가의 움직임을 잘 예측할 수 있다는 의미다.

정리

좀 더 강력한 예측을 위해 이 예제를 향상시킬 수 있는 많은 방법이 있다. 단순히 전날의 심리를 살펴보는 대신 심리의 이동 평균을 포함해 더 많은 특징을 포함시킬 수 있다. 심리에 대한 아이디어를 향상시키기 위해 더 많은 예제를 들 수 있다. 주가가 미래에 어떻게 움직일지에 대한 더 많은 정보를 얻기 위해 페이스북, 대중 매체 등을 살펴볼 수 있다.

우리는 실제로 14개의 데이터 포인트만 이용했다. 이것은 즉시 생산 가능한 알고리즘을 만들기에 충분하지 않다. 물론 이 책의 목적으로는 충분하다. 그러나 주가 움직임을 효과적으로 예측할 수 있는 파이낸셜 알고리즘을 만드는 데 대해 진지하게 생각한다면 매체와 주가에 대한 더 많은 날의 데이터가 필요할 것이다.

모델을 최대한 활용하기 위해서 sklearn 패키지의 gridsearchCV 모듈을 활용해 모델에서 매개변수를 최적화하는 데 더 많은 시간을 할애할 수 있다. ARIMA라는 모델을 포함해 시계열 데이터(시간이 지남에 따라 변하는 데이터)를 구체적으로 다루는 다른 모델도 있다. ARIMA 같은 모델과 이와 유사한 모델은 구체적인 시계열 특징에 초점을 맞추고 있다.

■ 사례 연구: 왜 일부 사람들은 배우자를 속일까?

1978년 주부들을 대상으로 설문 조사를 실시해 외도를 하는 요인을 파악했다. 이 연구는 남성과 여성 모두에 대한 많은 미래 연구의 기초가 됐으며, 배우자 몰래 다른 데에서 파트너를 찾게 되는 사람들과 결혼의 특징에 초점을 두려고 시도했다.

지도 학습이 항상 예측만 하는 것은 아니다. 이 사례 연구에서 누군가가 외도를 경험할 때 가장 중요하다고 생각되는 많은 요소 중 몇 가지를 파악하려고 한다.

먼저 데이터를 읽는다.

```
# 여성의 외도 가능성을 측정하기 위해 실시한 1978년 조사의 데이터셋을 사용한다.
# http://statsmodels.sourceforge.net/stable/datasets/generated/fair.html

import statsmodels.api as sm
affairs_df = sm.datasets.fair.load_pandas().data
affairs_df.head()
```

	rate_marriage	age	yrs_married	children	religious	educ	occupation	occupation_husb	affairs
0	3.0	32.0	9.0	3.0	3.0	17.0	2.0	5.0	0.111111
1	3.0	27.0	13.0	3.0	1.0	14.0	3.0	4.0	3.230769
2	4.0	22.0	2.5	0.0	1.0	16.0	3.0	5.0	1.400000
3	4.0	37.0	16.5	4.0	3.0	16.0	5.0	5.0	0.727273
4	5.0	27.0	9.0	1.0	1.0	14.0	3.0	4.0	4.666666

statsmodels 웹사이트는 다음과 같은 데이터 사전을 제공한다.

- rate_marriage: 결혼에 주어진 등급(아내가 부여함), 1 = 매우 나쁨, 2 = 나쁨, 3 = 보통, 4 = 좋음, 5 = 매우 좋음; 서열 수준

- age: 아내의 나이; 비율 수준

- yrs_married: 결혼한 년 수; 비율 수준

- children: 남편과 아내 사이의 자녀 수; 비율 수준

- religious: 아내가 얼마나 종교적인가, 1 = 그렇지 않음, 2 = 약간, 3 = 상당히, 4 = 강하게; 서열 수준

- educ: 교육 수준, 9 = 초등학교, 12 = 고등학교, 14 = 대학, 16 = 대학 졸업, 17 = 대학원, 20 = 고급 학위; 비율 수준

- occupation: 1 = 학생, 2 = 농업, 반숙련공, 비숙련공; 3 = 화이트칼라, 4 = 교사, 카운슬러, 사회 복지사, 간호사, 예술가, 작가, 기술자, 숙련된 근로자, 5 = 경영, 행정, 비즈니스, 6 = 고급 학위 소지자; 명목 수준

- occupation_husb: 남편의 직업. occupation과 같음; 명목 수준

- affairs: 외도에 소요된 시간의 측정; 비율 수준

좋다. 정량적인 응답이 있다. 그러나 질문은 어떤 요인들로 인해 사람이 외도를 하는지에 대한 것이다. 분이나 시간의 정확한 숫자는 그다지 중요하지 않다. 이런 이유로 affair_binary라는 새로운 범주형 변수를 만들어보자. 이 변수는 참(0분을 넘는 외도) 또는 거짓(0분의 외도)이다.

```
# 범주형 변수를 만든다.
affairs_df['affair_binary'] = (affairs_df['affairs'] > 0)
```

다시 이 열은 참 또는 거짓의 값을 가진다. 어떤 사람이 0분을 넘는 외도를 한 경우 이 값은 참이다. 그렇지 않은 경우 값은 거짓이다. 이제부터 이런 이진 응답을 기본 응답으로 사용한다. 이제 이러한 변수 중 어떤 변수가 응답과 관련돼 있는지 알아본다.

간단한 상관관계 행렬부터 시작하자. 이 행렬은 정량적 변수와 반응 사이의 선형 상관관계를 보여준다. 상관 행렬을 10진수 행렬과 히트 맵으로 표시한다. 숫자를 먼저 살펴보자.

```
# 변수와 affair_binary 사이의 선형 상관관계를 찾는다.
affairs_df.corr()
```

	rate_marriage	age	yrs_married	children	religious	educ	occupation	occupation_husb	affairs	affair_binary
rate_marriage	1.000000	-0.111127	-0.128978	-0.129161	0.078794	0.079869	0.039528	0.027745	-0.178068	-0.331776
age	-0.111127	1.000000	0.894082	0.673902	0.136598	0.027960	0.106127	0.162567	-0.089964	0.146519
yrs_married	-0.128978	0.894082	1.000000	0.772806	0.132683	-0.109058	0.041782	0.128135	-0.087737	0.203109
children	-0.129161	0.673902	0.772806	1.000000	0.141845	-0.141918	-0.015068	0.086660	-0.070278	0.159833
religious	0.078794	0.136598	0.132683	0.141845	1.000000	0.032245	0.035746	0.004061	-0.125933	-0.129299
educ	0.079869	0.027960	-0.109058	-0.141918	0.032245	1.000000	0.382286	0.183932	-0.017740	-0.075280
occupation	0.039528	0.106127	0.041782	-0.015068	0.035746	0.382286	1.000000	0.201156	0.004469	0.028981
occupation_husb	0.027745	0.162567	0.128135	0.086660	0.004061	0.183932	0.201156	1.000000	-0.015614	0.017637
affairs	-0.178068	-0.089964	-0.087737	-0.070278	-0.125933	-0.017740	0.004469	-0.015614	1.000000	0.464046
affair_binary	-0.331776	0.146519	0.203109	0.159833	-0.129299	-0.075280	0.028981	0.017637	0.464046	1.000000

1978년 실시된 리커트(Likert) 조사의 외도 관련 데이터에 대한 상관 행렬

1의 대각선 시리즈는 무시해야 한다는 것을 기억하자. 이것은 단지 모든 정량적 변수가 상호 연관돼 있다고 말하기 때문이다. 마지막 행이나 열에서 1과 –1에 가장 가까운 값인 다른 상관관계 변수에 주목하자(행렬은 항상 대각선에서 대칭이다).

다음과 같은 몇 가지 뛰어난 변수를 볼 수 있다.

- affairs
- age
- yrs_married
- children

이것들은 가장 큰 크기(절댓값)를 가진 상위 4개의 변수다. 그러나 이러한 변수 중 하나는 속임수다. affairs 변수는 규모면에서 가장 크지만, affairs에 따라 직접 affair_binary 변수를 만들었기 때문에 affair_binary와 상관관계가 있다. 따라서 그것을 무시하자. 상관관계를 보기 위해 상관관계 히트 맵을 살펴보자.

```
import seaborn as sns
sns.heatmap(affairs_df.corr())
```

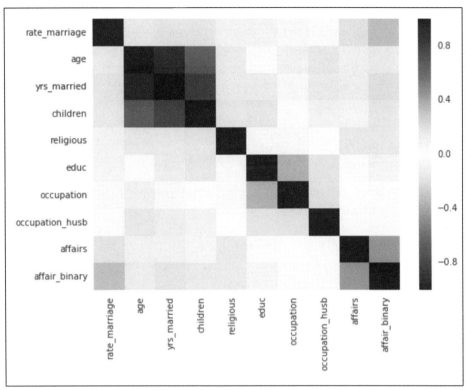

동일한 상관 행렬이지만 이번은 히트 맵이다.
진한 빨간색과 진한 파란색에 가까운 색상에 주의하자(대각선 제외).

히트 맵의 진한 빨간색과 진한 파란색 영역을 찾는다. 이 색상은 가장 상관된 특징과 관련이 있다.

상관관계가 응답과 관련된 어떤 특징을 식별할 수 있는 유일한 방법은 아니다. 이 방법은 변수가 서로 얼마나 선형적으로 상관돼 있는지를 보여준다. 의사 결정 트리 분류자의 계수를 평가함으로써 affairs에 영향을 미치는 또 다른 변수를 발견할 수 있다. 이러한 방법을 사용하면 변수와 관련된 새로운 변수가 나타날 수 있지만, 선형 변수는 아니다.

또한 실제로 여기에 속하지 않는 두 개의 변수가 있음을 주목하자. 그것은 occupation 과 occupation_husb 변수다. 이전에 이 변수들을 명목 수준으로 간주했으므로 이 상관 행렬에 포함될 자격이 없다는 것을 상기하자. Pandas는 모르고 이 변수들을 정수로 변환해 이제 정량적 변수로 간주하기 때문이다. 걱정할 필요는 없다. 곧 해결할 것이다.

먼저 X와 y의 데이터프레임을 만든다.

```
affairs_X = affairs_df.drop(['affairs', 'affair_binary'], axis=1)
# affairs 또는 affair_binary 열이 없는 데이터

affairs_y = affairs_df['affair_binary']
```

이제 모델이 데이터에 적합하게 잘 작동하는지 여부를 결정하기 위해 의사 결정 트리 분류자를 인스턴스화하고 모델을 교차 검증한다.

```
model = DecisionTreeClassifier()
# 모델을 인스턴스화한다.

from sklearn.cross_validation import cross_val_score
# 교차 검증 모듈을 가져온다.

# 훈련셋의 정확성을 확인한다.
scores = cross_val_score(model, affairs_X, affairs_y, cv=10)

print scores.mean(), "average accuracy"
0.659756806845 average accuracy

print scores.std(), "standard deviation"     # 매우 낮음, 모델의 분산이 낮음을 의미한다.

0.0204081732291 standard deviation

# 교차 검증 측면에서 괜찮아 보인다.
```

표준 편차가 낮기 때문에 모델의 분산이 낮다고 가정할 수 있다(분산은 표준 편차의 제곱이기 때문에). 이것은 모델이 교차 검증의 각 겹에 크게 다르게 적용되지 않으며, 일반적으로 신뢰할 수 있는 모델이므로 의미가 있다.

의사 결정 트리 구분자는 일반적으로 신뢰할 수 있는 모델이라는 데 동의하기 때문에 트리를 전체 데이터셋에 적용할 수 있고, 중요도 측정 지표를 사용해 트리가 가장 중요하게 여기는 변수를 식별할 수 있다.

```python
# rate_marriage, yrs_married, occupation_husb에서
# 가장 큰 영향을 주는 개별 특징을 탐색한다.
# 그런데 이 변수들 중 하나는 말이 안 된다.
# occupation 변수가 명목 변수이기 때문이다.
model.fit(affairs_X, affairs_y)
pd.DataFrame({'feature':affairs_X.columns, 'importance':model.feature_
importances_}).sort('importance').tail(3)
```

	feature	importance
2	yrs_married	0.136953
0	rate_marriage	0.142588
7	occupation_husb	0.173304

yrs_married와 rate_marriage 모두 중요하지만, 가장 중요한 변수는 occupation_husb다. 그러나 이 변수는 명목 수준이기 때문에 이해가 되지 않는다! 따라서 더미 변수 기법을 적용해 occupation_husb와 occupation에 대해 각 옵션을 나타내는 새로운 열을 만든다.

occupation 열의 경우에는 다음과 같다.

```python
# Dummy 변수:
```

```
# 별도의 열을 사용해 정성적(명목 수준) 데이터 인코딩
# (자세한 내용은 선형 회귀를 위한 슬라이드 참조)
occuptation_dummies = pd.get_dummies(affairs_df['occupation'],
prefix='occ_').iloc[:, 1:]

# Dummy 변수 열을 원본 데이터프레임에 연결한다.
(axis=0 means rows, axis=1 means columns)
affairs_df = pd.concat([affairs_df, occuptation_dummies], axis=1)
affairs_df.head()
```

이 새로운 데이터프레임에는 많은 새로운 열이 있다.

educ	occupation	occupation_husb	affairs	affair_binary	occ__2.0	occ__3.0	occ__4.0	occ__5.0	occ__6.0
17.0	2.0	5.0	0.111111	True	1.0	0.0	0.0	0.0	0.0
14.0	3.0	4.0	3.230769	True	0.0	1.0	0.0	0.0	0.0
16.0	3.0	5.0	1.400000	True	0.0	1.0	0.0	0.0	0.0
16.0	5.0	5.0	0.727273	True	0.0	0.0	0.0	1.0	0.0
14.0	3.0	4.0	4.666666	True	0.0	1.0	0.0	0.0	0.0

이 새로운 열인 occ_2.0, occ_4.0 등은 아내가 job 2, job 4 등을 갖고 있는지 여부를 표시하는 이진 변수를 나타낸다.

```
# 현재 남편의 직업
occuptation_dummies = pd.get_dummies(affairs_df['occupation_husb'],
prefix='occ_husb_').iloc[:, 1:]

# dummy 변수 열을 원본 데이터프레임에 연결한다.
(axis=0 means rows, axis=1 means columns)
affairs_df = pd.concat([affairs_df, occuptation_dummies], axis=1)
affairs_df.head()

(6366, 15)
```

이제 15개의 새로운 열이 생겼다! 트리를 다시 실행하고 가장 중요한 변수를 찾아 보자.

```
# 특징 세트로 적합한 열을 제거한다.
affairs_X = affairs_df.drop(['affairs', 'affair_binary', 'occupation',
 'occupation_husb'], axis=1)
affairs_y = affairs_df['affair_binary']

model = DecisionTreeClassifier()
from sklearn.cross_validation import cross_val_score
# 훈련셋의 정확성을 확인한다.
scores = cross_val_score(model, affairs_X, affairs_y, cv=10)
print scores.mean(), "average accuracy"
print scores.std(), "standard deviation" # 매우 낮음, 모델의 분산이 낮음을 의미한다.

# 여전히 괜찮아 보인다.

# 가장 큰 영향을 미치는 개별 특징을 탐색한다.
model.fit(affairs_X, affairs_y)
pd.DataFrame({'feature':affairs_X.columns, 'importance':model.feature_
importances_}).sort('importance').tail(10)
```

	feature	importance
15	occ_husb__6.0	0.024299
11	occ_husb__2.0	0.030418
14	occ_husb__5.0	0.042021
13	occ_husb__4.0	0.047874
4	religious	0.098630
1	age	0.111628
5	educ	0.131468
2	yrs_married	0.132034
3	children	0.134374
0	rate_marriage	0.139502

- age
- yrs_married
- children

그리고 다음과 같은 변수를 갖고 있다.

- rate_marriage: 의사 결정 트리로 알려진 결혼 등급
- children: 의사 결정 트리와 상관 행렬로 알려진 자녀의 수
- yrs_married: 의사 결정 트리와 상관 행렬로 알려진 결혼 연차
- educ: 의사 결정 트리로 알려진 여성의 교육 수준
- age: 의사 결정 트리와 상관 행렬로 알려진 여성의 나이

이것들은 1978년 조사에서 한 여성이 외도와 관련되는지 여부를 결정할 때 가장 중요한 다섯 가지 변수로 보인다.

사례 연구 3: 텐서플로1 사용

구글의 머신 러닝 부서에서 최근 소개한 텐서플로[TensorFlow][1]라는 다소 현대적인 모듈을 살펴보면서 마무리하자 한다.

텐서플로는 간소화한 딥러닝과 신경망 기능을 위해 주로 사용되는 오픈소스 머신 러닝 모듈이다. 이 모듈을 소개하고 텐서플로를 사용해 몇 가지 문제를 해결해보려고 한다. 12장의 PyBrain처럼 텐서플로의 구문은 일반적인 scikit-learn 구문과 조금 다르므로 단계별로 살펴본다. 몇 개를 임포트[imports]하는 것부터 시작하자.

---

1. 텐서플로(TensorFlow)는 구글에서 개발한 머신 러닝 엔진이다. 검색, 음성 인식, 번역 등의 구글 앱에 사용되는 머신 러닝 엔진으로, 2015년에 오픈소스 소프트웨어로 전환됐다. 텐서플로는 C++ 언어로 작성됐고, 파이선 애플리케이션 인터페이스(API)를 제공한다. – 옮긴이

```
from sklearn import datasets, metrics
import tensorflow as tf
import numpy as np
from sklearn.cross_validation import train_test_split
%matplotlib inline
```

sklearn에서 가져온 것에는 train_test_split, datasets, metrics가 포함된다. 오버피팅을 줄이기 위해 훈련-검정 분할을 활용할 것이고, 아이리스^{iris} 분류 데이터를 가져오기 위해 데이터셋을 사용할 것이며, 학습 모델에 대한 간단한 측정 지표를 계산하기 위해 메트릭 모듈을 사용할 것이다.

텐서플로는 항상 오차 함수를 최소화하려고 다른 방식으로 학습한다. 반복적으로 전체 데이터셋을 거치며 이를 수행함으로써 데이터에 좀 더 적합하게 모델을 업데이트한다.

텐서플로는 신경망을 구현하는 것이 아니라 더 단순한 모델을 구현할 수 있다는 점이 중요하다. 예를 들어 텐서플로를 사용해 고전적인 로지스틱 회귀를 구현해보자.

```
# 아이리스 꽃의 데이터셋
iris = datasets.load_iris()

# 데이터셋을 로딩하고 훈련과 검정을 위해서 분할한다.
X_train, X_test, y_train, y_test = train_test_split(iris.data, iris.target)

####### 텐서플로 #######

# 여기에 특징을 정의하기 위한 텐서플로의 구문이 있다.
# 모든 특징이 실제 값 데이터를 갖게 지정해야 한다.
feature_columns = [tf.contrib.layers.real_valued_column("", dimension=4)]
# 네 개의 열이 있기 때문에 차원이 4로 설정돼 있다.

# 얼마나 빨리 학습하는지
# 네트워크에 알려줄 수 있게 10진수로 "학습률"을 설정한다.
```

```
optimizer = tf.train.GradientDescentOptimizer(learning_rate=.1)
# 0에 가까운 학습률은 네트워크가 느리게 학습한다는 것을 의미한다.

# 선형 분류자를 만든다(로지스틱 회귀).
# 찾고 있는 클래스의 수를 텐서플로에 알려줘야 한다.
# 아리리스의 3가지 클래스다.
classifier = tf.contrib.learn.LinearClassifier(feature_
columns=feature_columns, optimizer=optimizer, n_classes=3)

# 모델을 맞춘다. 확률 기울기 하강(stochastic gradient descent)과 같은
# 오류 최적화 기법을 사용한다.
classifier.fit( x=X_train,
                y=y_train,
                steps=1000 )        # 반복 횟수
```

위 조각 코드의 핵심 라인을 짚어가며 알아봄으로써 실제로 어떤 일이 일어나는지
확인해보자.

- `feature_columns = [tf.contrib.layers.real_valued_column("",`
  `dimension=4)]`
  여기서는 꽃의 꽃받침 길이, 꽃받침 너비, 꽃잎 길이, 꽃잎 너비가 서로 관련
  이 있다는 것을 알고 있는 4개의 입력 열을 만든다.

- `optimizer = tf.train.GradientDescentOptimizer(learning_rate=.1)`
  여기서는 텐서플로에게 기울기 하강gradient descent이라는 것을 사용해 최적화
  하게 한다. 즉, 다음 단계에서 발생할 오차 함수를 정의하고 조금씩 이 오차
  함수를 최소화하게 노력할 것이다.
  모델이 천천히 학습하게 학습률은 0에 가깝게 움직여야 한다. 모델이 너무
  빨리 학습하면 올바른 답을 건너 뛸 수 있다!

- `classifier = tf.contrib.learn.LinearClassifier(feature_columns=`
  `feature_columns, optimizer=optimizer, n_classes=3)`

LinearClassifier를 지정할 때 로지스틱 회귀가 최소화되는 동일한 오차 함수를 표시한다. 즉, 이 분류자가 로지스틱 회귀 분류자로 작동한다. 1단계에서 정의한 대로 모델에 feature_columns를 제공한다.

optimizer는 오차 함수를 최소화하는 방법이다. 이 경우 기울기 하강을 선택한다.

또한 클래스 수를 3으로 지정해야 한다. 모델에서 선택할 수 있는 3개의 다른 아이리스 꽃이 있다.

- classifier.fit(x=X_train, y=y_train, steps=1000)

  훈련은 steps라는 추가 매개변수가 있는 scikit-learn 모델과 유사하다. steps는 데이터셋을 몇 번이나 검토할지 알려준다. 따라서 1000을 지정하면 데이터셋을 1000번 반복한다. steps가 많을수록 모델이 더 많이 학습할 기회를 얻는다.

앞의 코드를 실행하면 선형 분류기(로지스틱 회귀) 모델이 맞춰지고, 이것이 완료되면 점정할 준비가 된다.

```
# 정확성을 평가한다.
accuracy_score = classifier.evaluate(x=X_test,
                                     y=y_test)["accuracy"]

print('Accuracy: {0:f}'.format(accuracy_score))
Accuracy: 0.973684
```

훌륭하다! 텐서플로를 사용할 때 마찬가지로 단순한 predict 함수를 사용할 수 있다는 점에 주목할 필요가 있다.

```
# 두 개의 새로운 꽃 표본을 분류한다.
new_samples = np.array(
```

```
    [[6.4, 3.2, 4.5, 1.5], [5.8, 3.1, 5.0, 1.7]], dtype=float)

y = classifier.predict(new_samples)
print('Predictions: {}'.format(str(y)))
Predictions: [1 2]
```

이제 이것을 표준 scikit-learn 로지스틱 회귀와 비교해 누가 이겼는지 확인하자.

```
from sklearn.linear_model import LogisticRegression
# 위의 결과를 단순한 scikit-learn 로지스틱 회귀와 비교한다.

logreg = LogisticRegression()
# 모델을 인스턴스화한다.

logreg.fit(X_train, y_train)
# 훈련셋에 맞춘다.

y_predicted = logreg.predict(X_test)
# 오버피팅을 피하기 위해 검정셋에서 예측한다!

accuracy = metrics.accuracy_score(y_predicted, y_test)
# 정확성 점수를 얻는다.

accuracy
# 똑같다!
```

와우, 1,000단계의 경우 기울기 하강 최적화된 텐서플로 모델이 간단한 sklearn 로지스틱 회귀보다 별로 나을게 없다. 괜찮다. 하지만 모델이 iris 데이터셋을 반복하게 하면 어떨까?

```
feature_columns = [tf.contrib.layers.real_valued_column("", dimension=4)]

optimizer = tf.train.GradientDescentOptimizer(learning_rate=.1)
```

```
classifier = tf.contrib.learn.LinearClassifier(feature_
columns=feature_columns,
                              optimizer=optimizer,
                              n_classes=3)

classifier.fit(x=X_train,
             y=y_train,
             steps=2000)      # 지금 반복 횟수는 2000이다.
```

코드는 이전과 똑같지만, 이제는 1000단계가 아닌 2000단계다.

```
# 정확성을 평가한다.
accuracy_score = classifier.evaluate(x=X_test, y=y_test)["accuracy"]

print('Accuracy: {0:f}'.format(accuracy_score))
Accuracy: 0.973684
```

그리고 지금 정확성이 더 나아졌다!

 단계 수를 선택할 때는 매우 신중해야 한다. 이 숫자를 늘리면 모델이 똑같은 훈련 과정을 반복적으로 보는 횟수가 늘어난다. 오버피팅될 기회가 있다! 이 문제를 해결하려면 여러 훈련 검정 분할을 선택하고 각각 하나씩 모델을 실행하는 것이 좋다(K겹 교차 검증).

텐서플로는 매우 낮은 편향, 높은 분산 모델을 구현한다는 점도 언급할 필요가 있다. 즉, 텐서플로에서 앞의 코드를 다시 실행하면 다른 응답이 될 수 있다는 의미다. 이것은 딥러닝의 경고 중 하나다. 이런 것들은 매우 크고 낮은 편향 모델로 수렴할 수도 있지만 그 모델은 높은 분산을 가질 것이고, 놀랍게도 모든 표본 데이터로 일반화되지 못할 수도 있다. 앞서 언급했듯이 교차 검증은 이 문제를 완화하는 데 도움이 된다.

텐서플로와 신경망

이제 iris 데이터셋에서 좀 더 강력한 모델에 주목해보자. 아이리스 꽃을 분류하는 것이 목표인 신경망을 만들어보자.

```
# 모든 특징이 실제 값 데이터를 갖게 지정한다.
feature_columns = [tf.contrib.layers.real_valued_column("", dimension=4)]

optimizer = tf.train.GradientDescentOptimizer(learning_rate=.1)

# 각각 10, 20, 10 단위로 3 레이어 DNN을 구축한다.
classifier = tf.contrib.learn.DNNClassifier(
                            feature_columns=feature_columns,
                            hidden_units=[10, 20, 10],
                            optimizer=optimizer,
                            n_classes=3)
# 모델을 맞춘다.
classifier.fit(x=X_train,
               y=y_train,
               steps=2000)
```

코드는 실제로 마지막 세그먼트에서 변경되지 않았다. 이전부터 feature_columns 가 있었지만, 선형 분류자 대신에 지금은 **심층 신경망 분류자**^{Deep Neural Network Classifier}를 나타내는 DNNClassifier를 소개한다.

다음은 신경망을 구현하기 위한 텐서플로의 구문이다. 좀 더 자세히 살펴보자.

```
tf.contrib.learn.DNNClassifier(feature_columns=feature_columns,
                            hidden_units=[10, 20, 10],
                            optimizer=optimizer,
                            n_classes=3)
```

454

같은 feature_columns, n_classes, optimizer를 입력하고 있지만 hidden_units라는 새 매개변수가 있는 것을 확인하자. 이 목록은 입력 레이어와 출력 레이어 사이의 각 레이어에 포함될 노드 수를 나타낸다.

전체적으로 이 신경망은 다섯 개의 레이어를 가질 것이다.

- 첫 번째 레이어에는 아이리스의 특징 변수 각각에 대해 하나씩 네 개의 노드가 있다. 이 레이어는 입력 레이어다.
- 10개의 노드로 구성된 숨겨진 레이어가 있다.
- 20개의 노드로 구성된 숨겨진 레이어가 있다.
- 10개의 노드로 구성된 숨겨진 레이어가 있다.
- 최종 레이어에는 네트워크의 각각 가능한 결과에 대해 하나씩 세 개의 노드가 있다. 이것을 출력 레이어라고 한다.

이제 모델을 학습했으므로, 검정셋에서 평가해보자.

```
# 정확성을 평가한다.
accuracy_score = classifier.evaluate(x=X_test,
                                     y=y_test)["accuracy"]
print('Accuracy: {0:f}'.format(accuracy_score))
Accuracy: 0.921053
```

신경망은 이 데이터셋에서 그렇게 잘하지 못했지만, 아마도 단순한 데이터셋의 경우 네트워크가 너무 복잡하기 때문일 수 있다. 좀 더 많은 새로운 데이터셋을 소개한다.

MNIST 데이터셋은 5만 개 이상의 손으로 쓴 숫자(0-9)로 구성되며, 목표는 손으로 쓴 숫자를 인식하고 어떤 글자가 쓰였는지 출력하는 것이다. 텐서플로에는 이러한 이미지를 다운로드하고 로드할 수 있는 메커니즘이 내장돼 있다. 12장에서 훨씬 작은 스케일로 이 이미지들을 살펴봤다.

```
from tensorflow.examples.tutorials.mnist import input_data
mnist = input_data.read_data_sets("MNIST_data/", one_hot=False)

Extracting MNIST_data/train-images-idx3-ubyte.gz
Extracting MNIST_data/train-labels-idx1-ubyte.gz
Extracting MNIST_data/t10k-images-idx3-ubyte.gz
Extracting MNIST_data/t10k-labels-idx1-ubyte.gz
```

mnist를 다운로드하기 위한 입력 중 하나를 one_hot이라고 한다. 이 매개변수는 데이터셋의 목표 변수(숫자 자체)를 단일 숫자로 가져오거나 더미 변수를 갖는다.

예를 들어 첫 번째 숫자가 7일 경우 목표는 다음 중 하나가 된다.

- 7: one_hot이 거짓인 경우
- 0 0 0 0 0 0 0 1 0 0: one_hot이 참인 경우(0에서 시작해서 일곱 번째 인덱스는 1임을 알 수 있다)

텐서플로 신경망과 sklearn 로지스틱 회귀를 사용하기 때문에 목표를 이전 방법으로 인코딩한다.

데이터셋은 이미 훈련 및 검정셋으로 분리돼 있으므로, 이것을 보관할 새 변수를 만들어보자.

```
x_mnist = mnist.train.images
y_mnist = mnist.train.labels.astype(int)
```

y_mnist 변수의 경우 모든 목표를 정수로 뽑는다(기본 값은 실수로 제공됨). 그렇지 않으면 텐서플로가 오류를 던지기 때문이다.

호기심에서 하나의 이미지를 살펴보자.

```python
import matplotlib.pyplot as plt
plt.imshow(x_mnist[10].reshape(28, 28))
```

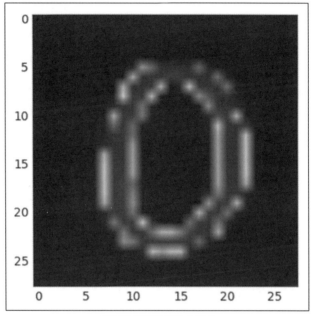

MNIST 데이터셋의 숫자 0

그리고 잘하면 목표 변수도 10번째 인덱스와 일치한다.

```python
y_mnist[10]
0
```

훌륭하다! 데이터셋의 크기가 얼마나 큰지 살펴보자.

```python
x_mnist.shape
(55000, 784)

y_mnist.shape
```

```
(55000,)
```

훈련 크기는 55000개의 이미지와 목표 변수다.

이미지에 심층 신경망^{deep neural network}을 맞추고 입력 패턴을 고를 수 있는지 살펴보자.

```
# 모든 특징이 실제 값 데이터를 갖게 지정한다.
feature_columns = [tf.contrib.layers.real_valued_column("", dimension=784)]
optimizer = tf.train.GradientDescentOptimizer(learning_rate=.1)

# 각각 10, 20, 10 단위로 3 레이어 DNN을 구축한다.
classifier = tf.contrib.learn.DNNClassifier(feature_
columns=feature_columns,
                                            hidden_units=[10, 20, 10],
                                            optimizer=optimizer,
                                            n_classes=10)

# 모델을 맞춘다.
classifier.fit(x=x_mnist,
               y=y_mnist,
               steps=1000)
# 경고! 이것은 매우 느리다.
```

이 코드는 DNNClassifier를 사용하는 이전 세그먼트와 매우 유사하다. 그러나 코드의 첫 번째 줄에서 열 수를 784로 변경시켰다. 반면에 분류자에서는 출력 클래스의 수를 10으로 변경했다. 이것은 텐서플로가 작동하게 해줘야 하는 수동 입력이다.

위의 코드는 매우 느리게 실행된다. 이것은 훈련셋에서 최상의 성능을 얻기 위해 조금씩 조정된다. 물론 여기서 궁극적인 검정은 알려지지 않은 검정셋에서 네트워크를 검정하는 것이다. 또한 이 검정셋은 텐서플로에서 제공한다.

```
x_mnist_test = mnist.test.images
```

```
y_mnist_test = mnist.test.labels.astype(int)

x_mnist_test.shape
(10000, 784)

y_mnist_test.shape
(10000,)
```

따라서 검정할 이미지를 10,000장 갖고 있다. 네트워크가 데이터셋에 어떻게 적응할 수 있었는지 살펴보자.

```
# 정확성을 평가한다.
accuracy_score = classifier.evaluate(x=x_mnist_test,
                                     y=y_mnist_test)["accuracy"]
print('Accuracy: {0:f}'.format(accuracy_score))
Accuracy: 0.920600
```

데이터셋에서 92%의 정확성은 나쁘지 않다. 잠시 시간을 내서 이 성능을 표준 sklearn 로지스틱 회귀와 비교해보자.

```
logreg = LogisticRegression()
logreg.fit(x_mnist, y_mnist)
# 경고! 이것은 느리다.

y_predicted = logreg.predict(x_mnist_test)
from sklearn.metrics import accuracy_score
# 오버피팅을 피하기 위해 검정셋에서 예측한다!

accuracy = accuracy_score(y_predicted, y_mnist_test)
# 정확성 점수를 얻는다.

accuracy
0.91969
```

성공이다! 신경망이 표준 로지스틱 회귀보다 잘 수행됐다. 네트워크가 픽셀 사이의 관계를 찾아내고 이러한 관계를 사용해 손으로 쓴 숫자로 매핑하려고 시도했기 때문이다. 로지스틱 회귀에서는 모델이 모든 단일 입력은 서로 독립적이라는 것을 전제로 하므로, 서로 간의 관계를 파악하는 데 어려움을 겪는다.

신경망을 다르게 학습시키는 방법이 있다.

- 네트워크를 더 넓게 만들 수 있다. 즉, 적은 수의 노드로 구성된 여러 레이어를 갖는 대신 숨겨진 레이어의 노드 수를 늘릴 수 있다.

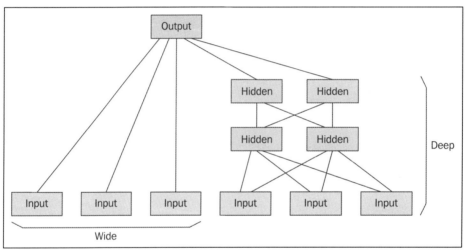

출처: http://electronicdesign.com/site-files/electronicdesign.com/files/uploads/2015/02/0816_
Development_Tools_F1_0.gif

```
# 더 넓은 네트워크
feature_columns = [tf.contrib.layers.real_valued_column("",
dimension=784)]

optimizer = tf.train.GradientDescentOptimizer(learning_rate=.1)

# 각각 10, 20, 10 단위로 3 레이어 DNN을 구축한다.
classifier = tf.contrib.learn.DNNClassifier(
```

```
                                      feature_columns=feature_columns,
                                      hidden_units=[1500],
                                      optimizer=optimizer,
                                      n_classes=10)

# 모델을 맞춘다.
classifier.fit(x=x_mnist,
               y=y_mnist,
               steps=100)
# 경고! 이것은 매우 느리다.
# 정확성을 평가한다.
accuracy_score = classifier.evaluate(x=x_mnist_test,
                                     y=y_mnist_test)["accuracy"]
print('Accuracy: {0:f}'.format(accuracy_score))
Accuracy: 0.898400
```

- 네트워크를 더 빠른 응답으로 수렴하게 해서 학습률을 높일 수 있다. 앞에서 언급했듯이 이 경로를 따라간다면 응답을 전혀 얻지 못하게 되는 모델의 위험을 감수해야 한다. 일반적으로 더 작은 학습률을 고수하는 것이 좋다.

- 최적화 방법을 변경할 수 있다. 기울기 하강은 매우 일반적이지만, 최적화하기 위한 다른 알고리즘이 있다. 한 가지 예로 Adam Optimizer가 있다. 차이점은 오차 함수를 통과하는 방식과 최적화 포인트에 접근하는 방식에 있다. 다른 도메인의 다른 문제점에는 다른 최적화 알고리즘이 필요하다.

- 네트워크가 모든 것을 파악하게 만드는 것 외에는 과거의 특징 선택 단계에 대신할 방법은 없다. 관련성 있고 의미 있는 특징을 찾을 수 있게 시간을 주면 네트워크는 실제로 응답을 빠르게 찾을 수 있다!

▌ 요약

13장에서는 다양한 통계 및 머신 러닝 방법을 사용하는 세 가지 분야에서의 세 가지 사례 연구를 살펴봤다. 그러나 분야에 관계없이 올바른 해결을 위해 데이터 과학적 사고방식으로 구현해야 한다는 공통점이 있다. 데이터를 수집하고, 데이터를 정제하고, 데이터를 시각화하고, 최종적으로 데이터를 모델링하는 흥미로운 방식으로 문제를 해결하고 사고 프로세스를 평가해야 한다.

이 책의 내용이 여러분에게 흥미로웠기 바라며, 이 책이 마지막이 아니었으면 좋겠다. 여러분이 데이터 과학의 세계를 계속 탐구하기를 바란다. 마음을 열고 파이썬을 계속 배워야 하고, 통계와 확률도 계속 배워야 한다. 이 책은 여러분이 나아가서 주제에 관해 더 많이 발견할 수 있게 도와주는 촉매제가 되기를 바란다.

이 책 이후로 더 알고 싶다면 다음과 같이 잘 알려진 데이터 과학 서적과 블로그를 살펴보는 것이 좋다.

- 케빈 마크햄^{Kevin Markham}의 블로그: Dataschool.io
- 팩트출판사의 『Python for Data Scientists』

어떤 이유로든 나에게 연락하고 싶다면 언제든지 sinan.u.ozdemir@gmail.com으로 연락하면 된다.

| 찾아보기 |

type 함수 96

에이콘출판의 기틀을 마련하신 故 정완재 선생님 (1935-2004)

데이터 과학자가 되는 핵심 기술

데이터 분석에 필요한 수학, 통계, 프로그래밍의 기본

발 행 | 2018년 1월 2일

지은이 | 시난 오즈데미르
옮긴이 | 유 동 하

펴낸이 | 권 성 준
편집장 | 황 영 주
편 집 | 조 유 나
디자인 | 박 주 란

에이콘출판주식회사
서울특별시 양천구 국회대로 287 (목동)
전화 02-2653-7600, 팩스 02-2653-0433
www.acornpub.co.kr / editor@acornpub.co.kr

한국어판 ⓒ 에이콘출판주식회사, 2018, Printed in Korea.
ISBN 979-11-6175-076-7
ISBN 978-89-6077-210-6 (세트)
http://www.acornpub.co.kr/book/principle-data-science

이 도서의 국립중앙도서관 출판시도서목록(CIP)은 서지정보유통지원시스템 홈페이지(http://seoji.nl.go.kr)와
국가자료공동목록시스템(http://www.nl.go.kr/kolisnet)에서 이용하실 수 있습니다.(CIP제어번호: CIP2017031994)

책값은 뒤표지에 있습니다.